博士文库

全域旅游是应对全面小康社
会大众旅游规模化需求的新
理念、新模式和新战略

基于
特色小镇的
全域旅游
发展战略研究

倪维秋　著

知识产权出版社
全国百佳图书出版单位

图书在版书目（CIP）数据

基于特色小镇的全域旅游发展战略研究 / 倪维秋著. —北京：知识产权出版社，2018.8
ISBN 978-7-5130-5728-8

Ⅰ. ①基… Ⅱ. ①倪… Ⅲ. ①小城镇—旅游业发展—研究—内蒙古 Ⅳ. ① F592.726

中国版本图书馆 CIP 数据核字（2018）第 182301 号

内容提要

本书围绕内蒙古自治区宁城特色小镇的发展这一主题，分上下两篇进行论述。上篇为
理论篇，介绍关于特色小镇和全域旅游的内涵、特征及发展模式等，为案例研究提供理论指
导；下篇是实证篇，以内蒙古自治区宁城作为案例，在对宁城县旅游资源进行翔实调研的基
础上，提出宁城全域发展战略，通过建设温泉小镇带动区域旅游发展，推动宁城全域旅游示
范区建设，为我国县域旅游发展提供借鉴和参考。

责任编辑：李石华　　　　　　　　　　责任印制：孙婷婷

基于特色小镇的全域旅游发展战略研究

JIYU TESE XIAOZHEN DE QUANYU LÜYOU FAZHAN ZHANLÜE YANJIU

倪维秋　著

出版发行：知识产权出版社有限责任公司		网　　址：http://www.ipph.cn	
电　　话：010-82004826		http://www.laichushu.com	
社　　址：北京市海淀区气象路 50 号院		邮　　编：100081	
责编电话：010-82000860 转 8072		责编邮箱：lishihua@cnipr.com	
发行电话：010-82000860 转 8101		发行传真：010-82000893	
印　　刷：北京中献拓方科技发展有限公司		经　　销：各大网上书店、新华书店及相关专业书店	
开　　本：710mm×1000mm　1/16		印　　张：14	
版　　次：2018 年 8 月第 1 版		印　　次：2018 年 8 月第 1 次印刷	
字　　数：240 千字		定　　价：49.00 元	

ISBN 978-7-5130-5728-8

前　言

我国经济发展进入新常态，国家正大力推进供给侧结构性改革，特色小镇建设作为新型城镇化建设的重要载体，成为激发区域经济内生发展的动力、促进经济转型发展的有效途径。特色小镇作为新事物，无疑是新型城镇化建设中优化产业结构、破解空间资源瓶颈的重要载体和呈现模式。我们现在所提到的特色小镇，学界和官方一致认为起源于浙江省。浙江省的"特色小镇"是相对独立于市区，具有明确产业定位、文化内涵、旅游和一定社区功能的发展空间平台，区别于行政区划单元和产业园区。兴起于浙江省的特色小镇，获得了习近平总书记的肯定。在 2016 年 2 月，国务院印发《关于深入推进新型城镇化建设的若干意见》，要求加快培育中小城市和特色小城镇，并要求总结推广特色小镇行之有效的建设经验，深入推进特色小镇建设，特色小镇建设在全国如火如荼地开展起来。2016 年 10 月，住房和城乡建设部公布了 127 个中国特色小镇；2017 年 7 月，住房和城乡建设部又公布了第二批 276 个全国特色小镇。国家对特色小镇的支持力度非常大，对于符合条件的特色小镇项目，国家将给予资金上的支持。

目前，我国已经进入全面建成小康社会的决胜阶段，全面小康社会必然伴随着大众旅游的兴起。2016 年，我国国内旅游人数达 44.4 亿人次，人均出游率达 3 次，旅游成为中国老百姓的必需品。全域旅游是应对全面小康社会大众旅游规模化需求的新理念、新模式和新战略。

2016 年 7 月，习近平总书记到宁夏视察时明确指出："发展全域旅游，路子是对的，要坚持走下去。"在经济发展新常态下，大力发展全域旅游具有非常重大的意义。首先是走出了中国旅游发展新道路，全域旅游为旅游资源数量和品质一般，甚至缺乏旅游资源的地区提供了一种旅游发展的可能，"青山绿水、蓝天白云"和"特色文化、生活方式"等全域旅游资源成为旅游业发展的重要基础条件；其次全域旅游是脱贫致富新出路，旅游扶贫又是"造血式"扶贫，是物质和精神"双扶贫"。发展全域旅游扩大了对贫困人口的覆盖率和扶贫的有效性；最后发展全域旅游是建设"幸福中国"的重要源泉，它扩大了老百姓的出游空间，为老百姓提供了多元化的旅游选择，大幅提升了老百姓的出游意愿、出游频率，全面提高了国民旅游福利，提高百姓生活的幸福指数。

宁城县位于蒙、冀、辽三省区六县市交界处，处于蒙东与东北、河北的交汇地带、京津冀都市圈入蒙的前沿地带、京津冀500公里旅游辐射圈，距北京、沈阳400公里，距承德、朝阳100公里。区内旅游资源丰富，尤其是温泉旅游，水源温度高、水质好，在古代的时候为皇家专享，具有建设温泉特色小镇的天然资源优势。目前，宁城县已经把旅游产业确立为县域经济社会发展中的战略性支柱产业地位，正在全面推进创建"国家全域旅游示范县"，推动宁城县旅游业由"景区旅游"向"全域旅游"发展模式的转变，构建新型旅游发展格局，提升旅游业总体发展水平，把宁城县打造成中国北方最美生态文化旅游目的地。

全书共分为上、下两篇，上篇为理论篇，介绍关于特色小镇和全域旅游的内涵、特征及发展模式等，为案例研究提供理论指导；下篇是实证篇，选择内蒙古自治区宁城县作为案例，在对宁城县旅游资源进行翔实调研的基础上，以皇家温泉和宁城老窖作为切入点，结合宁城其他自然和人文旅游资源，提出宁城全域旅游发展战略，通过建设温泉小镇带动区域旅游发展，推动宁城全域旅游示范区建设，为我国县域全域旅游发展提供借鉴和参考。

本书得到了北方中郡投资（北京）有限公司孙守杰副总经理、中国社会科学院城市发展与环境研究所所长助理李学锋研究员、北京市社会科学院城市问题研究所副所长张佰瑞副研究员、北京市社会科学院外国所所长刘波研究员、北方中郡投资（北京）有限公司刘娟、宁城县旅游局的大力支持。最后，感谢所有对本书在写作过程中给予帮助和贡献智慧的同人。

编者

2018 年 4 月

目录

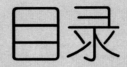

实 证 篇

附 录

理论篇

LILUNPIAN

第一篇　特色小镇相关理论

第一节　特色小镇的内涵

特色小镇是相对独立于城市地区，具有明确产业定位、文化内涵、旅游功能和社区特征的发展空间载体，是实现生产、生活、生态融合的未来城市发展方向。它既有特色产业，又是一个宜居宜业的大社区；既有现代化的办公环境，又有宜人的自然生态环境、丰富的人性化交流空间和高品质的公共化服务设施。它是地区发展过程中具有某类特色元素的聚集区（或居民点）试图用最小的空间资源达到生产力的最优化布局；是一个"产、城、人、文"四位一体、有机结合的功能平台，也是融合产业功能、文化功能、旅游功能和社区功能的城镇地区。在这样的地区，产业是支柱，文化是内核，旅游是生活，社区是归属。

特色小城在管理方面是指以建制镇的行政区划单元为基础，进行新型城镇化探索的一种特殊的空间。一般来说，特色小镇是小城镇的核心聚焦区，小城镇的其他地区是特色小镇的腹地。城镇化的具体实施进程是以特色小镇为起点，逐步向外推进，最终促使整个建制镇地区实现美丽小城镇的发展目标。

特色小镇是指在特定空间上形成的聚焦区（或聚集点），其产业（产品或服务）在一定地区范围内有很高的知名度，居民生活和社区组织有自身独特的运行体系。其发展依赖的资源基于本地，资本却可以来自区外的任何一个地方；区位条件基于本地，服务可以远至区外；居民包括本地居民与游客，以及生产者和投资者。政府通过培育特色小镇，聚集人才、技术和资本等生产要素，推进产业集聚、产业创新和产业升级，实现"小空间大集聚、小平台大产业、小载体大创新"，从而形成新的经济增长点。

　　一般来说，城镇的发展主要通过城镇化过程实现，是一个相对自然和自发的过程。但由于各国的政治体制和管理制度不同，在引导城镇发展过程中，政府与市场关系有诸多差异。因此，特色小镇既可以是地区居民自发行动，共同朝着一个目标努力而形成的具有他们自由意愿的特色城镇，也可以是在政府主导下有意识、有目标、有计划地推动的城镇化进程。前者主要在欧美国家基层民主基础上进行，我国的"特色小镇"建设无疑更接近后一种情形。

　　国外的建制镇是根据人口在特定空间的密集程度而设立的，只要人口在这个空间共同居住、使用和享受相似的公共服务，这个地方就可以设立为镇。如果一个建制镇的产业和服务业以及其运行体系具有上述特色小镇的融合性和独特性特征，那么它就是一个特色小镇。❶因而，一个特色小镇就是一个建制镇，而且其管理机构也与任何规模的城市平级，同属于地方政府。

　　我国城镇的行政体系包括了直辖市、副省级城市、地级城市、县级城市、建制镇五个级别。建制镇又分县城所在地和独立镇，仅是最低一级的行政区划单元，而不是真正意义上的聚集区；而特色小镇却是建制镇或城市行政区的核心聚集区。因此，特色小镇地处城市的行政区或是乡村（县）的行政区，可以是城市行政区范围内相对独立的区块或街区，也可以是城市郊区某个区（县）的乡镇内的聚集区，还可以是边远农村乡镇内的聚集中心；可以是一个村落、一个园区的核心部分，也可以是边远农村乡镇内的聚集中心；可以是一个村落、一个园区的核心部分，也可以是一个独立性的特殊地区，其部分城市功能可以与所在的行政中心共享。特色小镇仅是建制镇内的一个特殊集聚中心，核心区规模一般是3~5平方公里，周边区域大致在10平方公里范围内。其中，发达地区的特色小镇人口可以为3万~5万人，总人口不超过10万人；而多数发达地区的建制镇人口都超过了10万人，面积也远大于10平方公里。因此，其核心区面积和人口都小于一个建制镇，往往属于乡镇所在地的一个特殊空间范围，这个特殊区域是该行政镇的中心地区或具有特色文化、特色产业、特色服务业、特

---

❶ 赵庆海.国外特色小镇建设的经验与启示［J］.人文天下，2017（22）：35-40.

色景点的一个聚集中心。但是由于我国经济社会等各种管理以及生产单位和社会单元都是以行政区划进行的，特色小镇虽然与行政建制镇不完全重合，但却是以建制镇为单元实施管理和建设的，因而各种经济和社会行为往往需要落实在建制镇的行政级别上，尤其是政府的管理行为。

本次新一轮的特色小镇非行政概念，不是行政区划单位的建制镇，也不是产业园区，更不是工业生产和旅游区等产业功能区或产业园、旅游景点和文化设施的叠加，而是具有明确产业定位、文化内涵、旅游资源和一定社会功能的聚集发展平台，是产业发展载体，是同业企业协同创新、合作共赢的企业社区，是企业为主体、市场化运作、空间边界明确的创新创业空间。例如浙江杭州市西湖区云栖小镇是因阿里云开发者和云栖大会在此召开而形成的，以云计算为核心、云计算大数据和智能硬件产业为特点的特殊聚集中心；美妆小镇位于浙江省湖州市吴兴区埭溪镇的化妆品生产基地，是一个围绕着化妆品的全产业链，包含设计、研发、生产、包装等环节的核心聚集区，随着各种项目的扩建和完善其范围逐渐向全镇扩大；一些以自然风景和文物古迹旅游而形成的小镇其核心地区也仅是景点及其周围部分区域，而不是建制镇。

第二节　特色小镇的起源

特色小镇于 2015—2016 年成为国家层面和地方层面以及学界关注的热点，其实由来已久，古代的人口和商业聚集中心本身就是特色小镇。这是因为古代小镇都体现了当地民俗和生活风格，是地方产业、商业和文化的中心，从今天的角度来看，过去的城池基本都可以称为特色小镇，真正与城市发展结合，是从新中国成立之初对"梁陈方案"（建筑学家梁思成和陈占祥为保护北京古城而提出的《关于中央人民政府行政中心区位置的建议》）的争论开始，后来在城市规划界也一直存在城市历史建筑保护方面的不同观点。[1] 真正探索城市经济和社会发展的特色小镇，始自 20 世纪 80 年代费孝通先生的《小城镇，大问题》报告。于是自 20 世纪 90 年代开始，

---

[1] 卫龙宝，史新杰.浙江特色小镇建设的若干思考与建议［J］.浙江社会科学，2016（03）：28-32.

学界和地方政府开始了对城市特色的认识，包括文化特色、民族特色、古镇特色、产业特色、空间特色等全方位的内容。产业界使用特色小镇主要指房地产开发中的特色小区建设和文化旅游业发展。真正作为政府指导工作的文件最早始于 1996 年中共昆山市委、市政府的小城镇建设经验。随后，尤其是"十二五"期间，各地政府分别在生态城市建设和小城镇建设等方面不断提到各具特色的小城镇。但是以上内容主要以建制镇的行政边界为基础，来讨论城镇化进程中最低级别行政区的发展。如北京市于 2011年设立 100 亿元的小城镇发展基金，引导 42 个特色小城镇建设；天津市在"十二五"期间重点建设了周边 50 个小镇；黑龙江省首先在哈尔滨市开始了六类 21 个特色小城镇建设；同期云南省安排专项资金重点扶持和鼓励社会投资参与包括现代农业型、旅游型、商贸型和边境口岸四类 210 个特色小城镇建设；江西省以南昌市为开端，分批分期建设包括历史文化名镇、旅游休闲名镇和都市现代农业休闲观光名镇三类 17 个不同类型的特色小城镇；安徽省的目标是力争打造 200 个特色小城镇。事实上，这些城镇在经过五年建设后多数成了著名的旅游城镇和全国的重点镇。真正突破行政界线而探索其聚焦功能的始自浙江省为解决"块状"经济出现的缺乏创新、产业低端、资源利用粗放等问题带来的后续发展乏力而提出的，代表了新型城镇化改革方向的特色小镇。因此，从其发展脉络来看，特色小镇实则是我国重点镇的延续，只是强调的内容、空间界定和功能以及作用，随着新时期城镇化的需要而发生了一些改变。

浙江省原省长、现任中共江苏省委书记李强于 2014 年 10 月在杭州西湖云栖小镇举行的首场阿里云开发者大会上首次提出"特色小镇"的概念，之后浙江省的研究机构开始了对特色小镇的集中研究；2015 年 1 月"加快规划建设一批特色小镇"被列入浙江省政府 2015 年重点工作，并成为 2015年 1 月浙江省十二届人大三次会议通过的《政府工作报告》中的一个关键词；同年 4 月 22 日浙江省政府公布的《关于加快特色小镇规划建设的指导意见》明确了特色小镇的定位和要求，将 100 个特色小镇建设作为推动全省经济转型升级和城乡统筹发展，贯彻国家新型城镇化和产城融合发展战略做出的重大决策。2016 年 6 月 1 日浙江省公布第一批列入省级创建名单的37 个特色小镇，6 月 24 日浙江省特色小镇规划建设工作现场推进会召开，标志着浙江省特色小镇正式步入实施阶段，浙江继而成为我国首个发起和实施特色小镇的省份。截至 2016 年年底，浙江省首批 37 个特色小镇中约三分之一已初具规模。如杭州西湖云栖小镇，依托阿里巴巴、富士康等优势平台资源，集聚各类涉云企业近 300 家，涵盖 APP 开发、互联网金融、数据挖掘等多个领域；宁波市江北动力小镇，以高端海洋工程动力装备制造业为主导产业，打造了国内一流的高端海洋工程动力装备制造业；杭州市龙坞茶镇，以"龙井茶文化产业"为主导，集乡村旅游与民宿体验、文创产业及文化商业、运动休闲产业、养生健身产业于一体，成为全国最大的西湖龙井茶集散地和最具茶文化竞争力的特色小镇之一。

为贯彻党中央、国务院关于推进特色小镇、小城镇建设的精神，贯彻落实《国民经济和社会发展第十三个五年规划纲要》中关于加快发展特色镇的要求，2016 年《国务院关于深入推进新型城镇化建设的若干意见》中明确指出要加快培育中小城市和特色小城镇。国家发展改革委、住建部、财政部三部委对全国各地推荐特色小镇提出了明确要求，计划到 2020 年培育 1000 个各具特色的小镇，引领带动全国小城镇建设，不断提高小城镇建设水平和发展质量。2016 年 10 月 13 日，住建部公布中国特色小镇第一批名单。

与此同时，2016 年，各地相继将特色小镇建设作为新型城镇化的主要工作，纷纷推出重大举措，推动特色小镇建设。河北省委河北省人民政府出台《关于建设特色小镇的指导意见》，计划每个小镇投资 20 亿元，力争通过 3 年至 5 年的努力，培育建设 100 个产业特色鲜明、人文气息浓厚、生态环境优美、多功能叠加融合、体制机制灵活的特色小镇。北京设立 100 亿元的小城镇发展基金，该基金主要由市政府、国开金融公司以及其他央企、京企、民企、社保基金、海外资金等共同出资。北京市政府分两个阶段，力争 10 年把 42 个重点小城镇打造成旅游休闲、商务会议、园区经济等五类特色小镇。山东省推出创建特色小镇实施方案，计划投资 6 亿元，到 2020 年创建 100 个左右产业上"特而强"、机制上"新而活"、功能上"聚而和"、形态上"精而美"的特色小镇，这些小镇将成为创新创业高地、产业投资洼地、休闲养生福地、观光旅游胜地，打造区域经济新的增长极。安徽省住房和城乡建设厅、安徽省发展改革委员会、安徽省财政厅三部门发文要求加强特色风貌设计和建设、培育特色小镇。福建省人民政府《关于开展特色小镇规划建设的指导意见》中，要求在特色为本、产业为根、精致宜居、双创载体、项目带动、企业主体的基础上，通过提供要素保障、资金支持、人才扶持、改革创新等途径，创建一批特色小镇。甘肃省政府在《关于推进特色小镇建设的指导意见》中，通过四个阶段，建设 18 个绿色低碳、生态良好、风貌优美、功能完善、产业集聚、特色分明、机制高效、体制创新的特色小镇。广州市将通过《广州市美丽乡村建设三年行动计划》，建设一批产业特色鲜明、人文气息浓厚、生态环境优美的特色小镇；争取 2020 年前建成 30 个以上特色鲜明、产城融合、惠及群众的特色小镇；贵州省从 2015 年开始，以改革为动力、以项目为载体、以产业为支撑、以绿色为亮点，全力打造以城乡统筹的融合点为核心的示范小城镇，目前 45 个小镇已被列入全国宜居小镇名单。江苏省政府在《关于进一步加强城市规划建设管理工作的实施意见》中，强调实施特色小镇培育与小城镇建设、整治行动，推动小城镇多元特色发展。四川省将以深化"百镇建设行动"为主线，培育创建省级特色小镇。天津市制定了特色小镇规划建设工作推动方案，到 2020 年将创建 10 个市级实力小镇、20 个市级特色小镇，在现代产业、民俗文化、生态旅游、商业贸易、自主创新等方面竞相展现各地特色，建设成"一镇一韵""一镇一品""一镇一特色"的花园小镇、实力小镇和特色小镇。可见，特色小镇已经成为各级政府关注和建设的重点，也成为新的经济增长点和新型城镇化的实验基地。

第三节　特色小镇的特征

特色小镇必须有突出的发展主题，需要运用各种政策工具对符合这个主题的资源和要素进行空间重组，是对新型城镇化道路进行探索与实践，体现个性化、主题化、文化创意特色化的地方发展道路。从内涵特征来看，体现产业"特而强"、功能"聚而和"、形态"精而美"、机制"新而活"的特征。❶

---

❶ 苏斯彬，张旭亮.浙江特色小镇在新型城镇化中的实践模式探析［J］.宏观经济管理，2016（10）：73—75.

一、产业发展环境为核心

与以往划地为界的小镇建设不同，特色小镇的核心是产业。按照产业发展的空间规律，产业的竞争力主要是基于地区比较优势，将产业链以及相关服务机构和服务行业在一个具有相对比较优势的地区进行整合，充分利用各种渠道来筹集设备和技术，通过特殊的自然、人文以及公共服务环境，吸引人才、整合资源。在产业集群化的基础上，进一步将专业化资产变为通用资产，提高可交易性。与此同时，强化产业集群网络，形成产业链中特殊环节的资源整合价值，并强调这个特殊环节的横向扩展而非纵向延伸或规模扩大。因此，特色小镇的产业竞争力提升，需要以企业为主体，通过聚集效应实现资源整合、项目组合和产城融合，打造文化培育、社区建设等平台。这个平台通过为企业提供创业创新环境，所需办公场所及必要的公共设施、实验室、图书馆，以及为从业人员提供舒适、惬意的休闲和人居环境，降低企业成本和提高劳动生产率；同时，采用空间规划和服务引导等措施，如改善交通、鼓励商业和商务等多项城市服务业，使各种优质要素在小镇聚集；并通过城镇的聚集功能，支持企业、社会组织、从业者等人员充分参与生产和建设，使之成为同业企业协同创新、合作共赢的企业社区，以及以企业为主体、市场化运作、空间边界明确的创新创业空间。因此，以产业为核心是特色小镇的重要基础，是良好的产业生态系统，是嵌入特定区域及其历史人文背景下的"产业生态位"。这些产业聚集形成的区位共生特征，也是特色小镇核心竞争力得以持续提升的关键，而不是以往产业园开发模式中，企业仅在特定空间的地理集中。

二、位置和空间优化

特色小镇是一个对地理区位非常敏感的特殊空间聚集体，不但需要这个空间内部有符合条件的资源和要素，还需要周边的相邻空间或更大尺度的地区范围内有资源和要素的相互联系与配合，因此，需要进行位置选择。当然，不同类型的小镇对区位条件和要素的要求存在差异。

在位置选择上，城市和乡村地区都可以出现特色小镇。在城市地区的特色小镇主要位于中心城市外围地区，与中心城市有一定绿地或农村隔离，呈相对独立的空间，以便远离外界干扰，保持一定的私密性与安全性；同时，交通方便，尤其是与中心城市可达性好，可以实现与高端接轨。因此，特色小镇往往在城乡接合部或大城市腹地，而不是在远离城市的偏远之地。另外，这样的选址和规模，有利于承接政府绿色发展财政补贴，贯彻和实施节能减排措施，为环境友好型发展提供经验。虽然有些村镇具有特色产业基础，且有产业转型升级的集聚效应，但在交通、信息等方面较落后，不宜进行特色小镇建设。

在偏远落后地区或乡村，特色小镇往往选择在区位条件好（比如交通发达可以使小镇与外界的经济中心紧密连接）、自然资源丰富、人文底蕴深厚、有发展潜力的地区，如云南斗南花卉城、贵州茅台镇等。现有的西部地区和一些落后地区的特色经济带，可以是特色小镇成长的基础，但尚不具备交通和发展潜力等主要条件。

特色小镇的空间特征不同于大城市的新城建设和园区建设，是独立行政单元内的特殊区域。特色小镇作为重点发展地区的核心聚集区，在空间布局上要集中连片，规划面积一般控制在3平方公里左右，建设面积控制在1平方公里左右，其中建设面积不能超出规划面积的50%。外形设计上要从小镇功能的定位出发，强化建筑风格的个性特点，并把视角从建筑单体转移到整个城镇，从建筑和城镇设计的各个细节上，系统规划品牌打造、市场营销和形象塑造，让传统与现代、历史与时尚、自然与人文完美结合，把新的和旧的、现代的和传统的、地方的和世界的、私人的和公众的都包容进去，寻求把过去的与未来的统一在现在之中，并产生对话。总之，小镇的城市设计代表着未来城市的形态之美，是一个将独特的自然风光之美、错落的空间结构之美、多元的功能融合之美和深厚积淀的历史人文之美有机结合的整体空间。

另外，特色小镇作为特色小城镇行政单元内的一部分，是能代表这个建制镇经济特色和文化聚集力的聚集核心，其外围有一定的腹地，这个腹地可以是所在的建制镇，也可以是周围相邻行政单元区域。这个聚集小镇不仅是指规划中的连片区域，它还需要与周围腹地一起共同组成一个城镇与腹地在经济上相互融合、产业上相互衔接、景观上相互协调、文化上相统一的共同体，能成为既能代表当地特色，又能辐射和影响当地发展的核心地区，成为"核心—腹地"双层结构（见图1-1）。

图 1-1　特色小镇空间的双重结构

如图1-1显示，特色小镇尽管是指聚集核心区，但其发展却离不开腹地，没有腹地就不会有聚集中心；同时，有什么样的腹地，就有什么样的小镇。这种双层结构反映了作为聚集中心的小镇核心与腹地是一种经济共同体关系，而不是经济上孤立、产业上割裂、文化上隔离、景观上突兀于周围腹地的特殊地区。如浙江黄岩模具小镇是在黄岩地区模具产业集群发展起来的，小镇范围内有模具工业企业、研发中心、民宿、超市、银行、主题公园等多种业态，产业功能完备、设施齐全，呈现出五脏俱全的城镇功能。杭州梦想小镇采取有核心、无边界的建设理念，通过修筑绿网、水网、路网等设施，在街区之间，以及街区与小镇外围地区之间建立了网络状联系，使仓前地区新老空间得到了统一。

从空间形态来看，由于受地区发展程度、地形等自然条件所限，聚集区既有单核结构，也有多核结构，多个核心聚集区就成为特色小镇群（见图1-2）。

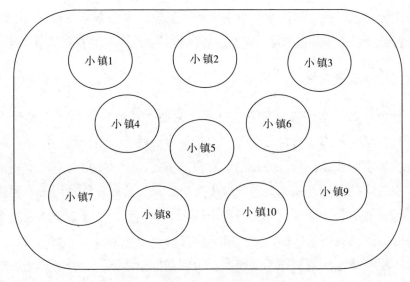

图1-2 基于多核心的特色小镇群

一般来说,腹地规模较小的小镇往往呈现单核模式;腹地规模大,涉及多个行政单元的呈多核分布。如美国旧金山北部的钠帕谷是由分布在该谷地的数个村庄以酿酒为特长而形成的数十个特色酒庄小镇群;旧金山南部的硅谷则是由35个创新小城镇群组成;云南临沧鲁史镇则由于地形所限,小镇呈小镇群镶嵌在周围山沟之中。从对外竞争力来看,多核特色小镇群远胜过单核特色小镇。四川西部甘孜藏族自治州内的大理、康定、亚丁、稻城、色达,以及云南的香格里拉,均处于青藏高原西缘,景色宜人、藏寨风格独特,但景观和地域特征相似,以旅游为开端基本形成了旅游型特色小镇群的雏形。贵州省黄平县的旧州镇在打造文化生态旅游古镇时,采用了"1+N"镇村联动发展模式,建成了珠串型小镇,以安顺中心城区的屯堡大道为主线,改造提升区内路网和对外通道,把周边的双堡、七眼桥、大西桥和刘官、黄腊等乡镇串联起来,形成具有辐射带动作用的城镇集群并构建了"以镇带村、以村促镇、镇村融合"的联动发展模式。河北省馆陶县,以县城为中心,依托已建成的特色小镇,试点推进"一镇三社区"的万人粮画小镇,"一镇四社区"的羊洋花木小镇、黄瓜小镇、"八村联建"的黄梨小镇。这些小镇全部以本地农产品为主,带动了周边村镇,实现了"共扬小镇文化、共创主导产业、共享基础服务",形成了多区联动的城乡一体化发展新格局。

需要注意的是，这类小镇群需要统一行动，龙头企业或政府联手对资源进行整合，否则一盘散沙、各自为政，将导致粗放开发资源。

三、功能复合性

特色小镇是集产业、创新、文化、旅游、社区和自然环境建设为一体的产城融合、人文与自然融合、创新与传统融合、生产与生活融合的包容性发展空间载体。其目的是推动新型城镇化，所以不但要有产业基础，还要有宜人的居住环境和完善的城市服务，只有这样才能吸引人才居住，并带动企业成长和创新创业。特色小镇与产业园区、产业集群、观光小镇既有联系，又有明显区别，它突破了纯粹的行政区划与园区空间限制，可以在不受行政范围限制和不受园区政策限制的条件下，仅针对市场形成的聚集区和产业生态系统，将传统产业与现代产业以及信息化高度融合，如淘宝镇等。特色小镇是生产与生活的有机融合，是本地居民与外来人口的良性互动，集产业培育功能、生态居住功能和旅游度假功能为一体，是"产、城、人、文"四位一体的新型社区，更是一个多功能复合的创新空间。在其初期阶段，功能较为单一，但是经过各种要素的配合与产业的融合，成熟阶段的特色小镇可以实现多功能融合，如目前很多以特色产业为特征的小镇都已经兼具了旅游特征。

四、历史传承性

作为城镇化的示范地区，特色小镇的首要任务是保持该地居民和村镇发展的历史传承性。小镇需要建立在一定的历史积淀和丰厚的文化底蕴基础之上，只有充分发挥各个地区、各种文化、各类人群的多样性和他们各自的特性，才能体现其特色，而不是复制或臆造出与本地无关或没有继承性的"特色"。此外，特色小镇还需要充分利用历史资源增强企业与镇民的文化认同感和心灵归属感，也可以使所在企业增值；将地方文化融入特色小镇建设中，尤其是，在历史传承性方面，特色小镇应努力保留原有生活形态和"一方水土养一方人"的居民生活和生产方式，充分体现当地"天人合一"的思想，并通过判断认识历史遗产的有形和无形价值上，实现各种历史资源的区域综合价值，而不是停留在单一文物古迹和景点的旅游价值上。只有充分建立地方发展演化轨迹上的小镇，才能使特色具有地域根植性。

五、居民多样性

小镇中的常驻人员主要包括生产过程中的从业人员。尽管有些创新小镇中以高智力者、高技能者为主，但也离不开当地居民的广泛参与，以及在借用外界资本和资源过程中的投资者，另外还有各地的游客等。因此，特色小镇居民具有来源复杂，文化多元化，居民多样性的特点。特色小镇有着区别于城市独特风格，企业和镇民会因此而自豪和珍惜小镇。作为地域性社会生活共同体的社区和多元化人口工作生活栖息的舞台和家园，小镇建设时刻要以多样性的人本需求为目标，强化各种人群的地域认同感和文化认知感，朝着生活舒适，更有质量和更人性化的方式努力，形成独具个性的生活形态，而不应该仅以游客为中心，忽略当地居民和生产发展。比如，有一些小镇为了建设古镇和开发古镇旅游项目，将原有居民赶出核心区，然后重新修建古镇。

六、治理创新性

特色小镇是一个超越综合配套改革试验区的特殊区域，需要在基层治理上经营创新实验，并将成为我国城镇化改革的突破口。加之，目前我国的基层政府管理薄弱，水平低，现有的专业小镇、产业园区、中心镇的管理渠道多不健全。国际经验表明，社区治理水平的高低在很大程度上将决定特色小镇能否成功及其渴望达到的成功水平。因此，特此小镇需要建立一套自由运行的社区体系，探索一种日常管理与服务事务由镇民选举的自治性组织，镇政府和管委会则主要负责行政管理和外围环境配套，增强社区自治与自我服务能力。以共同治理为理念，转换政府的角色关系，成为平衡利益关系的调节者而不是矛盾的制造者。❶ 使作为"经济发展之主体"的企业和作为美好环境和生活创造者的居民，都成为生活共同体的利益维护者，共同创造良好的氛围。在此基础上，探索以PPP为框架的多元化的

---

❶ 闵学勤.精准治理视角下的特色小镇及其创建路径［J］.同济大学学报（社会科学版），2016，27（05）：55-60.

投融资和一揽子的城镇运营模式。

第四节　特色小镇的功能

在城市与乡村之间建设特色小镇，实现生产、生活和生态融合，是强化生产与生活功能配套，又实现自然环境美化的有效途径，是中国城镇化转型的具体措施，也符合现代都市人的生产和生活追求。因此，特色小镇在城镇化过程中，对于大城市和乡村，本土发展与外部力量，内发型与外向型发展方式，都承担着承上启下和内联外通的节点作用。❶

一、大城市疏解功能

大城市病日益严重，导致大城市的各项事业发展都受到了限制。疏解大城市功能，使之向周边地区扩散正在成为我国大城市可持续发展的重要举措。但是，在经过了卫星城、产业开发区和新城建设等一系列疏散措施后，这些问题并未得到根本解决，反而使城市"摊大饼"的局面越演越烈。

在卫星城建设阶段，一方面，新的卫星城大都选在紧邻中心城市的周边一带，所以设有隔离带使卫星城保持相对独立的空间；另一方面，卫星城与中心城市仍然在同一个行政单元内，没有相对独立的公共服务体系，难以形成相对独立的聚集中心。如自 20 世纪 50 年代开始一直到 90 年代，北京市明确提出要在通州、亦庄、黄村、良乡、房山（含燕山）、长辛店、门城、沙河、昌平（含南口、捻头）、延庆、怀柔（含桥梓、庙城）、密云、平谷和顺义（含牛栏山、马坡）等远郊区建设 14 个卫星城。2001 年《北京市"十五"时期城市化发展规划》对北京市 14 个卫星城的功能定位及发展方向提出了具体要求，强调卫星城的发展要为分担市区功能和带动本地区经济社会发展服务，并选择了区位条件相对优越、经济发展基础较好的通州、昌平、亦庄、黄村、良乡、顺义 6 个卫星城进行重点开发建设。但由于没有明确的功能，不能有效吸引市区人口，以及卫星城发展过于滞后，交通等基础设施不完善，缺乏公共服务，这些卫星城并没有真正起到

❶ 卓娜. 黎族织锦艺术在海南特色小镇建设中的应用研究［D］. 广州：广东技术师范学院，2017.

疏解城市功能的作用。❶

在城市新城建设过程中，我国 70 个大中城市中有 34 座已经、正在或计划搬迁；搬迁的距离也在逐渐拉大，2005 年之前大都在 10 公里以内，之后大都超过了 10 公里。北京市 2004 年总体规划构想中的"两轴—两带—多中心"新城建设，更是分散中心城市功能的具体举措。但是，大城市病的问题依然没有得到有效控制，除了上述卫星城没有成功的原因依然存在以外，主要还在于这些规划中的新区都没有摆脱行政单元的束缚，都设想在一个行政中心构建多个聚集中心。由于基础设施和公共服务是政府的主要职能，是实现城市聚集的先导条件，所以这些设想完全违背了以基础设施和公共服务为先导的城市聚集的基本规律。发达国家行政中心与聚集中心重合的经验说明，"一城一中心"原则是城市聚集形成和发展的基本原则，在行政资源强的中国，城镇化更应遵循这一原则。

特色小镇试图通过空间与大城市地区相对独立，并与行政单元有错位的聚集中心，为基层摆脱行政单元束缚、实行创新性的基层自治提供条件，为聚集中心脱离行政中心开启可以探索的窗口。通过这个特殊的聚集中心，特色小镇进行创新实验，可以更灵活地采用公私合作伙伴（Public—Private Partnership，PPP）模式建设基础设施和完善公共服务，以此来实现卫星城和新区不能实现的城市功能转移。❷

二、小城镇的升级功能

由前所述，我国城镇化的障碍之一就是乡镇发展滞后。小镇发展薄弱一直是我国城镇化发展的短板，并且制约着城镇的发育和城镇化的整体进程，也成为大城市市民化程度低，城镇化质量不高的原因之一。除了长期以来的城乡分治以外，在一个地域多样性、地区差距巨大的环境下全面提升乡镇地区发展能力在整体层面上收效甚微，特色小镇可以选择条件好的地区，借助外部资本和技术等力量，为企业提供创新创业环境，为居民提供舒适、惬意的休闲和人居环境，为地区发展提供交通设施和公共服务，

❶ 张鸿雁.特色小镇建设与城市化模式创新论——重构中国文化的根柢 [J].南京社会科学，2017（12）：59-67.

❷ 邓丽娟."特色小镇 +PPP"模式探索 [N].中国联合商报，2016-12-26（D03）.

并依赖周边大城市的人流和信息资源，先于其他城镇在环境友好、绿色发展、产业融合、距离创新等方面得到发展，并探索城市化发展的创新经验。❶与此同时，与美丽乡村建设相结合，分别对自上而下和自下而上的发展道路进行取长补短，从地方发展角度推动城镇化催生基层发展能力，补充城市化过程中底层发展不足的短板。

三、聚集创新功能

作为经济发展的新平台，特色小镇的目的是推进产业转型升级，而转型升级的基础是技术创新，技术创新的关键是人才。特色小镇需要在已有产业和生活方式的基础上，建设宜人的居住环境，吸收科技人才与其他人才入住，通过内外部力量的结合，带动地方的创新与创业。中国台湾、韩国和日本等一些亚洲发达地区和国家在城镇化成熟后，很多乡村地区采用营造宜人环境和良好创新氛围，吸引年轻人回乡创业，并取得了显著成效。所以，特色小镇首先要发挥自然环境优势，建设相当于或好于大城市的人文环境，完善基础设施和公共服务，通过良好环境和自由的创新氛围，吸引人才、资本与企业；注重宜居、宜产与宜创的融合，为人才集聚、创新创业提供新的平台；通过城市人才与技术的植入，促进小镇产业的转型升级，使之成为我国经济可持续发展的新功能。

第五节　特色小镇的作用

特色小镇是通过要素的空间最优化配置，破解城镇化过程中大城市与小镇脱节、需求与供给脱节、发展与保护脱节、土地城镇化与人口城镇化和市民化脱节等难题。❷

一、整合资源

随着城镇化进入成熟期，一些城市面临产业转型而进入衰退期，目前

---

❶ 张鸿雁. 论特色小镇建设的理论与实践创新［J］. 中国名城，2017（01）：4-10.
❷ 白小虎，陈海盛，王松. 特色小镇与生产力空间布局［J］. 中共浙江省委党校学报，2016, 32（05）：21-27.

我国约有 150 座资源型城市面临产业转型。同时，很多城市已有的开发区
（工业园区）、新区（新城）以及产业聚集建设都因功能单一等原因而不同
程度地存在资源浪费、土地扩张过快等问题，需要进行资源整合。但城市
往往因为面积广、人口多、市场和行政事务复杂，部门协调难度大，资源
整合工作尚无明确头绪。

　　特色小镇可以将产业发展、城市建设与管理等融为一体，通过专业的
城市运营，建设城市运营商务平台，对城市进行修复，即城市空间修复、
生态修复、产业升级修复。通过在特定地区重新审视已有产业政策和土地
开发政策，特色小镇将开发区和新区建设政策与经验融入地方发展实践
中，选择合适的地点，以城市共同体的方式对这些政策进行空间整合，从
而为新兴产业与传统产业对接、制造业与服务业对接、市场要素与政府服
务对接、自然与人文对接、生产与生活对接、地方发展与外部资本对接、
产业与人才对接、实业与商务服务对接、旅游开发与地方发展对接，提供
平台和新的增长空间。❶

二、增加有效供给

　　我国经济面临的巨大瓶颈是有效供给不足带来的产能过剩，供给侧改
革的主要目标就是通过对劳动力、土地、资本和创新这四大要素的提升，
调整经济结构，使要素实现最优配置，从而提高经济增长的质量和数量。
但是，由于传统产业规模小、风险大，或者项目分散、发展粗放、标准
低，在接续新兴产业过程中，改造升级过程所需要的劳动力、土地、资本
及创新要素难以得到满足。此外，缺少有能力的劳动力、充裕的资本和创
新要素分布分散（即需求和供给存在空间错配），这都不利于进行供给侧改
革。如浙江省有大量传统制造业，绍兴纺织、大唐袜业、嵊州领带、海宁
皮革等都曾是浙江省的产业支柱，并名噪一时。但由于这些传统制造业仍
停留在"块状"经济状态，缺乏创新、产业低端、资源利用粗放，一直未
能从"微笑曲线"底端走出来，导致产业转型升级滞后于市场升级和消费
升级，从而导致有效供给不足和消费需求外溢。

---

　　❶ 姚尚建. 城乡一体中的治理合流——基于"特色小镇"的政策议题［J］. 社会科学研究，2017
（01）：45–50.

特色小镇可以选择最有基础、最有特色、最具潜力的主导产业，按照产业生态的竞争规律，在符合条件的地区，通过在产业链的某个优势环节构建复杂的横向联系网络，用特殊区域价值吸引人才、技术和资金，扩大有效投资，增强发展的传承性，使具有区域比较优势的各种资源和要素在特殊空间进行重组，对符合未来发展方向的产业要素进行高端聚合，创建有竞争力的产业生态系统，提升产品质量。

三、搭建城乡一体化桥梁

城乡一体化发展的短板是小城镇和乡村发展过于滞后，尤其是小城镇产业空心化导致大量人口流向发达的大城市地区。事实上，根据梯度推移原理，我国东部发达地区尤其是发达的城市地区在经过了 30 年高速增长后，产业向中西部地区转移的现象也已进行了若干年。目前中西部的大城市地区也相继出现了土地和劳动力成本高的难题。与此同时，广大的乡村地区（包括乡村城镇）却由于人才等优势要素严重缺乏，发展梯度过低而不能承接需要转移的产业，甚至处于首都经济圈的河北广大地区在承接北京产业转移过程中都面临诸多困难。这说明，一方面乡村地区仍有很大的发展空间，另一方面需要增强其承接产业转移的能力。

特色小镇一般地处城乡接合部，是在接近乡村的地区所选择的聚集中心。特色小镇应充分利用这个地区的区位条件、自然资源、土地等，通过有重点的进行基础设施建设和完善公共服务，探索一种新型的社区治理模式和发展路径，创造环境友好、具有文化特征和历史传承性的创新氛围，从而吸引人才、技术和资金，在发展落后的乡村地区首先打造出一片"高地"，将承接产业转移和改造传统产业相结合，最终实现"村镇如城市、城镇是乡村"的完美融合。❶特色小镇首先应实现居民基本权益平等化、城乡要素配置合理化，从而为城乡一体化开辟道路。

---

❶ 陈立旭.论特色小镇建设的文化支撑［J］.中共浙江省委党校学报，2016，32（05）：14-20.

第六节　特色小镇的类型

拥有一个特色鲜明、内容突出的发展主题是特色小镇的主要特征之一。同时，特色小镇的目标又是融合发展，因此，无论当初是因为哪种因素成长起来，成熟的小镇都具有旅游、休闲和创新功能，因此成为复合功能型小镇。[1] 这里对其类型进行划分，目的主要在于理解各小镇的成长因素及其内在的特质，尤其是对处于初期阶段的小镇有一个更明确的认识，而不在于其最终的功能。

目前对于特色小镇的类型划分很不统一，很多是按照产业或行业划分，但在产业小镇内部，还可以根据其产业所属行业，分为农产品型、制造业型、服务业型；在服务业内部又可分为金融型、创意产业型。随着服务业等新行业的不断出现，比如健康产业等，还会不断产生新类型的特色小镇。因此，如果按照行业划分又会陷入传统的专业化分工的模式，难以突出小镇的地区发展特色。随着特色小镇逐渐进入成熟期，各种行业之间将有很大程度的融合，如农业与旅游融合、制造业与农业融合、制造业与创意融合，甚至农业、制造业、旅游、创意都可以融合在一个特色小镇中，这样就很难从行业角度进行划分了。[2]

由于不同主题需要的要素和成长路径各异，为了了解每种小镇的成长因素和发展路径，以及将来的发展方向和潜力，我们根据其发展主题和成长规律，将小镇划分为旅游、产业、事件、科教、创新空间等不同的类型，以便有针对性地了解其发展规律和存在的问题，总结发展模式和运行机制，寻找共同治理的解决办法。

一、旅游型特色小镇

一般来说，旅游业的发展可以分为三个阶段：人均 GDP 达到 1000 美元，主要属于观光旅游，经济型，消费保守，旅游层次较低；人均 GDP 达到 2000 美元后，开始向休闲旅游转化，旅游消费进入快速增长期；人均 GDP 达到 3000 美元，转向度假旅游，旅游消费与中等收入阶层消费能力匹

❶ 邓小侠. 温州市特色小镇旅游开发与研究 [D]. 桂林：广西师范大学，2017.
❷ 李利军. 文创产业特质与特色小镇特色的融合 [D]. 昆明：云南艺术学院，2017.

配；人均 GDP 达到 5000 美元，开始进入成熟的度假经济时期，旅游集娱乐，度假和体验为一体，向纵深发展。2015 年底我国人均 GDP 超过 8000美元，进入旅游业发展的高级阶段。旅游业不仅规模巨大、增长快，而且游客对旅游产品的要求更高，尤其更注重旅游的地点、自然环境和人文环境、历史底蕴和文化内涵，属于体验式消费。旅游型特色小镇正迎合了居民收入水平提高后的这种高层次的旅游需求，是针对成熟期的旅游业发展需求而开发、建设、服务和管理的体验型与综合型服务的城镇。

根据小镇依赖的旅游资源，还可以将旅游型小镇划分为自然资源型和历史文化型。由于目前特色小镇形成的历史短、数量少，故本书还没有进行亚类划分。

（一）旅游特色小镇与旅游景点的区别

一般认为，旅游小镇是指以开发当地具有旅游价值的自然或人文景观或在此基础上开展旅游服务的地区。但是旅游特色小镇与一般旅游景点不同的是，前者紧紧围绕旅游的自然资源、历史文物古迹或景观，是以单纯景点开发和运营为主的产业地区；后者是针对旅游成熟期游客对旅游地全方位的深度需求，在环境良好、交通方便、具有一定产业基础的地区，以某个特色元素为主题，围绕高端游客对旅游地城市生活的多样化体验而进行的城镇建设、管理和服务的产业和公共服务活动，是在当地居民真实生活基础上，让游客充分融入当地城镇生活。从这个意义上说，游客也是当地居民的组成部分，因此，旅游特色小镇首先是一座小城，其次才是旅游业和旅游服务，在这样的城镇生活既有归属感又有新鲜感。如我国加入国际"慢城俱乐部"的城镇有江苏高淳的桠溪镇、广东梅州雁洋镇、山东曲阜的九仙山—石门镇、广西富川的福利镇、浙江温州文成玉壶镇和安徽旌德的旌阳镇。这些"慢城"尽管在旅游方面已经打出了自己的品牌，但其共同特点是环境优美、拥有地方特色产品和产业，而且所有特征都反映了基于自身发展基础上的原汁原味的小镇生产和生活方式，所以被称为摒弃现代交通工具和快节奏的"慢城"。我们认为这是一种非常典型的特色小镇，而不是旅游景点。

（二）旅游特色小镇的特征

经济性：旅游特色小镇以旅游业为支柱型产业，旅游业对于小镇经济具有强大的带动作用，且通过"住、购、食、娱"等元素的建设，形成地区特色经济。❶ 这种特色经济的主导产业和辅助产业，甚至外围服务都构成一个产业体系，且形成密切的横向联系网络，在成为小镇经济主体的同时，推动小镇产业的更替与升级，以及整个地区的可持续发展。

规模尺度：旅游小城镇由于其面积有限，并不追求规模宏伟或者建筑华丽，而是专注于在合宜的尺度内构建旅游吸引物，创造体验环境，使旅游成为居民的一部分，是为使居民享受精致生活而建设的城镇。因此，旅游特色小镇突出的是"精致美"，而不是纯粹的高消费。

价值功能：休闲的"慢"生活是旅游特色小镇提供给游客的切身体验。因此，"给城市里的人在小城镇找个心灵归宿""给忙碌的人找个休息的理由""给奔跑的人找个空间散步""给飞翔的人找个落地的角落"等，所代表的休闲度假功能是旅游特色小镇的核心价值。

文化象征意义：特色是小镇的主题，一般都通过有特色的文化符号体现。这种文化符号是贯穿旅游小镇的精神内涵，不但能转化为小镇独特的形象，如徽州地区众多古村落集群就是徽文化的典型代表，还能体现文化所包含的内在精神，如通过徽文化"高墙小窗""马头墙"等特征能感受到所蕴含的谨慎、保守和含蓄以及冒险犯难、开拓进取、百折不挠的"徽骆驼精神"。

商业导向：旅游消费是旅游特色小镇最主要的消费形式，只是旅游特色小镇的消费是"慢消费"和闲情逸致的消费方式，而不是高消费和刺激性体验消费。消费是通过时间渗透在不同项目中的。因此，不论是古镇，还是生态小镇，其消费都围绕慢下来、往下来、轻松下来的内容进行。其商业内容完全体现在日常生活中，商业运营如何引导游客以当地居民身份进行消费，是其商业价值所在，而不是对游客的歧视性消费。

（三）旅游特色小镇的形成

旅游特色小镇是基于地区的某种旅游价值而产生的，当然这种旅游价值并非完全与生俱来，而是通过建设引导它们朝特色小镇的方向发展，如影视基地和创意产业基地。因此，地区的旅游价值就是特色小镇形成的基

---

❶ 陈晓蓁. 我国特色小镇主导产业选择研究［D］. 济南：山东建筑大学，2017.

础。世界各地都有很多旅游小镇，但多数是随着城镇的发展自然形成的，如荷兰北部的羊角村就是村民们共同选择的生活方式，随着时间的流逝而一直保持下来；法国南部的普罗旺斯，从诞生之日起，就谨慎地保守着她的秘密，直到英国人彼得·梅尔的到来，普罗旺斯许久以来独特的生活风格才渐渐被外人知晓；德国的巴登小镇因为其卓越的建筑吸引了很多著名人物，由此发展成一个集旅游、博彩和度假为一体的特色小镇；美国加州旧金山北部的索萨利托小镇发展于19世纪，南欧的西班牙和意大利移民最先居住于此，在这里他们将带来的地中海生活习俗不断演化，形成了一个镶嵌于旧金山而又有别于美国文化的意大利风情小镇。这些小镇都有一个共同的特点，那就是小镇的发展不受外界干扰，保持自身的独特性，按照它应该有的样子健康成长。我国的旅游小镇则具有太多的人为打造痕迹，过度的投资项目和修饰已经成为特色小镇发展的障碍。

由于促使小镇成长的旅游资源不同，旅游型小镇又可分为自然风景旅游型和历史文化旅游型。

一般而言，以自然资源为基础的小镇往往建设在风景区附近的某个适合人口聚集的地方。这类小镇的经济价值就是风景区的知名度或级别。但是，著名风景区往往由于地处偏远、交通不方便和发展基础差，除了自然形成的景点价值外，其余的旅游服务都不完善，城镇建设、管理和服务以及文化和休闲设施不配套。目前我国的这类小镇多数的旅游价值仍然停留在观光阶段，这类小镇建设难度较大，市场往往难以开拓。

以人文景观为特色的旅游小镇，既有历史积淀，又有文化底蕴，而且比较适合人口聚集。这类小镇突出的特点是其典型的古建筑和悠闲的古镇生活情趣，需要小镇及其周边地区以符合小镇特点的全貌来体现，包括所在腹地居民的生活习惯、文化习俗、生产方式和环境等。但由于城市建设过程中损毁严重，当地特色建筑大多保留不完整；居民的生活方式也由于城镇化等外界干扰而发生巨大变化；❶文化习俗也失去了传承。在这样的地区建设特色旅游小镇，往往需要进行大量投资以恢复原貌。但由于急功近利等原因，目前以古镇为代表的旅游特色小镇建设有诸多败笔，出现了

---

❶ 曾江，慈锋.新型城镇化背景下特色小镇建设 [J].宏观经济管理，2016（12）：51-56.

表面复古、内涵现代，建筑像古代、其实是现代，而且"千镇一面"的怪圈。尤其严重的是，建设小镇时没有保护古镇原有的生活和文化内涵，只将当地居民集中在回迁楼里，将古镇作为一个道具供游客参观，全然没有了小镇的生产和生活气息；腹地生态环境也遭到不同程度的破坏，周边的现代建筑与古镇建筑对比鲜明，失去了整体感。这样的小镇与特色小镇相去甚远。

（四）旅游特色小镇的发展现状

在 2016 年 10 月公布的全球第一批 127 个特色小镇中，属于旅游型的有 84 个，其中单纯旅游型的 56 个小镇中，以自然景观为特色的有 16 个，以历史文物古迹为特色的有 34 个，其中有 2 个以度假为主，2 个以文化影响力为特色，1 个以民俗为特征，1 个兼有休闲和娱乐功能。这些小镇的共同特征是所处的自然环境较好。但目前的城市建设水平低，产业结构较单一，尚未建立起综合的产业网络，其核心功能区竞争力较弱，没有发挥出辐射带动作用，对周边地区商业的影响弱，只有零星的商品零售，经济带动力很小。无论是自然风景型还是历史文物型，分布都较为分散，这主要取决于各地具有特色的风景和历史文物的价值与知名度。总体来看，这些特色小镇的知名度主要取决于现存的自然或历史文物价值，同时缺少城市建设、经济发展、休闲生活等后续发展所形成的竞争力和区域品牌。尤其是很多旅游小镇仅将经典建设作为实现价值的手段，完全没有城镇建设和发展的整体战略，自然风景和文物古迹仅是旅游公司的道具、游客的玩具，并不是本地发展的延续和延伸。[1]有的小镇建设甚至使自然和文化遭到了破坏，这种建设不利于本地发展，更不利于实现城乡一体化。

二、产业型特色小镇

这里的产业是指除旅游外的所有基于本地居民的生产活动，如制造业、农业、服务业或金融业、文化创意产业等。特色小镇的核心是特色产业，其他如外形特色、文化特色、环境特色和服务特色都是为特色产业服务的。因此，特色产业的选择是对小镇命运的抉择。一般是根据当地自然

---

❶ 刘雪.合肥市大圩镇马拉松体育特色小镇的现状调查研究［D］.北京：首都体育学院，2017.

环境、地方发展特点和产业基础，以产业链的某个环节或某些有竞争优势的独特产品为主导，充分利用特色小镇的区位优势、政策和创新优势，形成该产业与城镇生产和生活相融合的特色产业功能聚集区。

（一）与产业园区的区别

产业园区是指由政府或企业为实现产业发展目标而创立的特殊区位环境，试图通过产业政策引导企业在一大片的土地上聚集。与特色小镇相比，产业园区开发往往占用较大面积进行土地上开发，一般可达二三十平方公里，有的相当于一个城市的规模，其目的在于通过空间聚集共享基础设施，获得聚集效益。园区管理一般实行企业管理（大的园区有政府的管理机构），管理职能较为单一，按其类型可分为物流园区、科技园区、文化创意区、总部基地、生态农业园区等，一个园区内可以涵盖多个产业类型，基本为"块状"聚合体。产业园区主要属于政策区，聚集的纽带是各种优惠的产业政策和土地一级税收；在空间上也往往不连续，如中关村科技园在北京市有 16 个园区，北京市以外还有若干个园区；在地点选择方面，可以在城市的任何地方，市中心和远郊区都可以设立，没有环境、文化、旅游、完善的公共服务等要求，仅是城市功能的一部分。

相较之下，产业型特色小镇的面积较小，实施综合性的城镇管理甚至创新的城镇管理，城镇建设与管理能够享受扶持政策和改革机会，企业能够享受生产和生活环境与氛围。❶这种小镇是一个以产业为核心的完整城镇综合体，在一个聚集中心逐渐辐射和影响周边地区的发展过程中，呈现出一种可持续创新的产业组织形态，代表了产业功能与城市功能相融合的未来城镇发展方向。

（二）小镇的产业特征

与产业园区和产业聚集区不同，产业型特色小镇仅涵盖某个产业链的一部分内部环节或一些产品，是一个细分行业内的产业或产品，而不是产业的专业化分工。它们往往采用行业细分后的产业类型，所形成的产业关联以横向联系为主，即围绕该领域生产的外围生产环节和服务机构，如策划、设计、研发、推广、生产、销售和服务的综合体，甚至围绕该产品的

---

❶ 陈宇峰，黄冠.以特色小镇布局供给侧结构性改革的浙江实践［J］.中共浙江省委党校学报，2016，32（05）：28-32.

会展等文化创意活动，如产品的展销会、销售体验活动、展览、博物馆以及文化艺术活动等。这种产业类型有可能打破现有的产业划分而建立新的扁平式的产业划分体系。

为了突出产业特色和竞争的独特性，尤其是为了使产品在更大的地区范围内有竞争力和知名度，产业型特色小镇在选择主导产业时的理论根据是地区的绝对优势，即在该地区生产该产品比在其他地区有绝对的成本优势和竞争力，这与一般编制地区发展战略选择主导产业时，依据地区比较优势完全不同。因此，产业选择的范围小，生产聚焦于产品的深度开发和质量提升，在找准特色、凸显特色、放大特色的基础上进行创新，是产业型特色小镇发展的关键所在。

浙江省根据自身的产业发展方向，提出特色小镇应该集中在支撑浙江长远发展的信息经济、环保、健康、旅游、时尚、金融、高端装备制造产业及茶叶、丝绸等历史经典产业上。小镇目前已形成的产业一般是新兴产业，如私募基金、互联网金融、创意设计、大数据和云计算、健康服务业或其他智力密集型产业。但我们认为，仅从新兴产业本身来确定产业选择方向，并不能真正体现当地的绝对优势和竞争力。这是因为，地区发展的多样性以及特色小镇的独特性，决定了小镇不可能按照以往的产业发展思路进行决策，而应该基于地方发展的需要和城镇发展的方向，在产业选择时采取"内发型"模式，后续的生产过程（包括策划、研发直到最后的销售服务）采取外发型道路。这是一个基于最基层经济体的发展决策，政府不可能代替市场来进行。

（三）产业特色小镇的形成

产业特色小镇，主要是在某一个专业领域里具有独特竞争优势的情况下，企业通过与周边各种因素进行组合，采用远程分工而形成专门化的生产地区。这种小镇一般以一个地域专门化的形式与外界建立联系，或者以一个企业族群（企业集群）的方式与其他地区进行合作与竞争。在这样的地区，企业与企业之间、企业与城镇之间，都建立了紧密的联系，也与所在城镇的各种要素融合在了一起，任何一个企业离开这个环境都很难存活，同时也会给其他企业带来损失。这样的小镇成长的原因有两种：一种是在小尺度空间范围内，因为某个发展契机而形成特色鲜明的产业聚集区，并经过与外界的多次博弈最终寻找到一个适合本地的发展机会。如美国纽约的格林尼治基金小镇，利用毗邻纽约金融市场、区域税收优惠、生态环境优良和全方位的生活配套等综合优势，在对冲基金如日中天的40多年前，由在投资界的传奇投资人巴顿·比格斯设立第一只对冲基金开始，利用康涅狄格州个人所得税税率低的条件，吸引大量与日俱增的对冲基金配套工作人员居住，从而形成了基金小镇。另一种是基于某项传统手工艺不断延续形成的，以产品品牌为标志的特色小镇。如荷兰的伊顿镇（Edam）、高达镇（Gouda）和马斯丹镇（Maasdam）等，都以传统奶酪制作工艺而成为世界著名的集产业、旅游与文化活动为一体的小镇。

由于产业内部的类型很多，因此，也可分为农产品型、制造业型、创意产业型及现代服务业型等多种类型，并且随着小镇数量的增加越来越丰富。但是，对于小镇的类型最好能以反映其成长规律和功能特点来划分，而不能完全按照传统的行业分类来划分。

我国经济在经过了30多年的高速增长后，产业仍然在低端徘徊，很多企业面临升级困难的问题。尤其是在中小城镇，产业由于规模小、发展能力弱、创新能力欠缺，与大规模企业相比面临诸多挑战。浙江省有很多很有名的产业基地，如纺织针织、五金电气、小家电、皮革等。这些小型企业集群都是该省的重要经济支柱，但都因为规模小、产品技术含量低、产业链短、设计能力和市场开拓能力弱，日益陷入"低端制造 + 低端服务"的"低端价值链"发展模式。为了建立高端业、新兴业态和优秀人才集聚平台，顺应新型城镇化的发展趋势，浙江省在"一镇一品"的"块状"经济的基础上，提出建立毛衫小镇、皮革小镇、乌龙茶小镇以及绍兴市诸暨市大唐镇等产业特色小镇。

与此同时，围绕某种独特产品而形成的产业小镇，如"一村一品""一镇一品"等，基本上都属于这种小镇的原型，在围绕该类产品逐渐丰富其产品类型和消费方式的过程中，演化成了产品与地域相融合的"地域商标"型小镇。很多乡镇工业基础弱，但环境和自然条件适宜特色农产品种植。因此，在一些农业基础好的乡镇，也陆续出现了以地域品牌为特征的农产品小镇。如天津滨海新区的中塘镇以冬枣闻名，河北邢台市隆尧县莲子镇以小麦产地建立了今麦郎集团而闻名，山西吕梁汾阳市杏花村镇以酒都闻名等。

还有一些小镇是在旅游业和文化创意基础上，经过投资建设和品牌打造而形成的。这些小镇往往形成时间相对较长，旅游和文化产业融合得较为充分，项目运作较为成功，从而使所在地成为特色发展地区。这类小镇一般属于旅游与产业兼业型，产业种类较为丰富。如上海青浦区朱家角镇利用了沿海资源，建设了国际现代化水上设施活动中心、上海市青少年校外活动营地、上海太阳岛国际俱乐部、上海国际高尔夫乡村俱乐部等，是集商务、度假、休闲为一体的娱乐旅游基地，借助这些文化体育产业，古镇区还开放了课植园、大清邮局等 20 多个景点。江苏无锡宜兴市丁蜀镇，在紫砂壶文化基础上，形成了集文化、商贸服务和旅游于一体的小镇。浙江金华东阳市横店镇，利用影视基地形成了文化产业与旅游型小镇。

另外一种旅游和产业兼业型小镇，由于产业资源和旅游资源同时开发而形成，一般是因为农业基础好、农产品具有地方特色，或者某一种独特的传统产业有很好的知名度，所在地区的自然环境或人文景观具有旅游价值，而进行"两条腿"走路，进而发展起来的小镇。如北京昌平小汤山镇，兼具农产品和温泉旅游；天津武清区崔黄口镇，兼具地毯和古迹旅游。

（四）产业特色小镇的现状

在 2016 年 10 月公布的全国第一批 127 个特色小镇中，属于产业型的特色小镇有 40 个，产业和旅游兼业的有 28 个，另外还有 1 个在农产品基础上逐步扩充的农业及其会展业城镇。在纯产业型的 40 个小镇中，属于制造业的有 8 个，其中有 1~2 个为制造业向娱乐业延伸，另外还有 1 个矿业和 1 个传统手工业城镇；属于农业特色产品或农产品加工成为特色产品，以及向农产品贸易延伸的有 30 个，另外还有 1 个小镇的产业由农业向农产品会展业延伸。在与旅游业兼顾的 28 个产业城镇中，有 11 个是农业和景观旅游业同时兴起的；属于制造业与旅游业同时发展的也有 11 个；属于传统手工业与旅游业相互促进的仅有 3 个；文化创意产业与旅游业双赢的有 3 个；属于景观农业的有 1 个。

其中纯农业型小镇主要分布在东北、华北、海南及西部地区，主要是因为这些地区农业发展空间大、工业基础落后；纯制造业型的主要分布在长三角和珠三角地区，这一带工业基础好、制造业发达；农业兼旅游型的，则以地方资源和发展条件为决定因素，在目前数量少的情况下，分布较为分散；制造业兼旅游型的，主要分布在长三角一带，这里经济发展与制造业和文化底蕴同时兼具，具有良好的融合发展条件。这些小镇的共同特征是，所在地区经济较发达，城市建设水平较高。从全国总体情况来看，产业型特色小镇刚刚开始从地方经济向产城融合起步，融合的空间还很大。

由于本次以新型城镇化为实验的特色小镇，最先从浙江省开始，且主要用于解决"块状"经济问题，所以该省的产业型特色小镇在全国具有一定的示范作用。在浙江省公布的前两批省内特色小镇名单中，属于制造业的超过了50%，其余多为健康产业，属于娱乐、休闲和文化产业型。尤其在第一批的37个小镇中，比如诸暨袜艺小镇、湖州丝绸小镇、海宁皮革时尚小镇等，基本都是在原有"块状"经济基础上扩展而成。同时在两批名单中，七大产业特色小镇有62个，占总数的78.5%。其中，信息产业有11个，金融产业有6个，高端装备制造业有16个，历史经典产业特色小镇有12个。浙江省发改委统计数据显示，首批37个省级特色小镇中，2015年完成生产性的固定投资额480亿元，平均每个特色小镇12.97亿元，其中有27个特色小镇投资额超过了10亿元。在入驻企业方面，新入驻企业达3207家，新开工建设项目431个。同时，在人才吸引方面，新集聚国内外创新创业人才超过了1万人，一批投资基金公司纷纷入驻。比如，梦想小镇启用近半年，就吸引了400多个互联网创业团队、4400多名年轻创业者落户，300多亿风投基金进入，形成了较为完整的互联网创业生态圈。另外，特色小镇正成为浙江培育新产业、催生新生新业态的孵化器。如常山赏石文化小镇，引入"金融+""互联网+"理念，建立评估抵押制度，推出"石头变富矿"融资新模式；与阿里巴巴、腾讯等企业合作，推进线上、线下同步经营，开创"石头+互联网"的营销形式。❶ 这为全国以产业为核心的特色小镇提供了示范效应。

同旅游小镇类似，由于产业小镇的历史比旅游型小镇更短，数量也更少，目前仅有农产品和制造业型，现代服务业中的创意产业和金融型，尚

❶ 徐梦周，王祖强. 创新生态系统视角下特色小镇的培育策略——基于梦想小镇的案例探索 [J]. 中共浙江省委党校学报，2016，32（05）：33-38.

不具备特色小镇的功能，创业产业型与旅游型在很大程度上重合，也没有在产业内部细分亚类。

三、其他类型

特色小镇的独特之处，就是每个小镇都有其特殊的形成路径。按照小镇各自的形成路径会有很多不同类型。从目前已有的国内外小镇来看，依照其起源，除了旅游和产业型以外，特色小镇还有重大事件型、科研教育型和众创空间等类型。由于这类小镇多以某个新型行业为契机，难以按行业划分，又多以专业创新为主，是以某一有生命力的新兴行业为特点形成的聚集区，如基金小镇和航空小镇等，故这里暂且称为专业创新型小镇。

以某项重大事件，如奥运会、重大国际会议等为开端创建了知名度也可以形成特色小镇。如瑞士的达沃斯小镇，就是以每年召开的世界经济论坛而闻名；俄罗斯索契借助冬奥会的举办，成了一个更加知名的国际小镇。

科研院校建在某个自然环境好的地方，会带来人口和服务业聚集，从而形成大学城小镇，如美国的普林斯顿小镇，以普林斯顿大学为核心；康奈尔大学所在的伊萨卡小镇，是一个人口约 3 万的温馨小镇，等等。美国很多远离大城市的著名大学城，都属于这类小镇。这些小镇，自然和人文环境融为一体，均有世外桃源之感。

随着创新在全球展开的热潮，众创空间成为带有梦想和追求的新事物。在城市外围选择一个自然环境好、基础设施完善和文化氛围浓郁的地区，打造众创空间，非常符合特色小镇的要求，因而，这类众创空间也就成为创新小镇，如上海枫泾小镇中的农业众创空间、浙江云栖小镇中的腾讯空间等。与创新有关的当属美国硅谷的小镇群，硅谷核心地带共有 15 座小城镇，都坐落在美国西海岸南湾地区的山谷中。无论是苹果的库比提诺市，还是谷歌公司的山景城，都以著名公司为特征，建起了相对独立的城镇设施，并围绕创新开拓了以创新为主题的城镇生活。硅谷一带的繁荣，其实是由这些特色小镇的聚集而促成的。尽管它们已经使圣何塞，甚至西海岸湾区变成了美国的大城市地区，但是内部其实仍然是一个个有特点的小城镇。由于这类地区在我国尚未以小镇形式出现，这里不详细论述。

第七节 特色小镇的发展路径

尽管特色小镇已经成为城镇化的发展趋势，但由于规模小、地域性强，最初的成长往往是由某个偶然因素促成，其运行机制和运行模式也因这个因素和当地政府以及发展环境有密切关系。因此，本节以特色小镇的成长路径为切入点，为随后研究特色小镇的运行机制和模式奠定基础，并以此为契机讨论地方如何通过共同治理促进特色小城镇健康发展。❶

特色小镇不是单纯的开发区，也不是产业集聚区建设的升级版，更不是在原来中心镇的基础上，简单打造的高级城市化载体。它是在多重融合和包容发展理念下，由各种因素形成的有地区发展特色的小镇。因此，不同类型的小镇意味着不同的成长方式，不同阶段的小镇有着各自的发展机会和潜力。无论哪种类型、采用哪种成长方式，它们都反映了城镇化的不同道路，都有其合理性。

正如一个地区想发展成什么样子，能发展成什么样子，在很大程度上除了自身的资源禀赋外，还与外界力量的介入，甚至偶然因素有关。一个特色小镇同样如此，除了地区成长的一般模式外，由于其规模小，"特色"之处更容易受地区资源禀赋以外的因素影响。目前全球各种特色小镇的成长路径，主要有自发形成、政府引导开发、企业投资建设、产业转型、特色产品扩张和聚集创新六种路径。

一、自发形成

一个地区在经过从落后向发达的发展过程中，其产业也表现为从低端向高端、居民生活由贫穷向富裕的变化过程。在这个发展过程中，开始阶段无论是生产还是生活，都基于本地资源和环境而展开。由于地域的差异性和多样性，各地区经济和景观，都呈现出与本地发展条件适宜的地方特点，表现出明显的地域性特征；过去工业化，由于聚集带来的规模效应，越是大城市越表现出相似性，城镇特色逐渐消退，尤其是我国人为城镇化干扰因素多，多次"造镇运动"加速了城镇特色的消失；进入服务经济时

---

❶ 周鲁耀，周功满.从开发区到特色小镇：区域开发模式的新变化［J］.城市发展研究，2017，24（01）：51-55.

代、城镇化步入郊区化阶段，随着企业生产对独特性优势的追逐，人民生活对特色文化和舒适环境的向往，特色小镇的独特性优势又逐渐显现。由此我们可以看出，随着生产进步和经济水平的提高，以及城镇化向高端迈进的进程中，城镇经历着从特色走向相似，再向特色的变化轨迹。这说明，特色城镇并不是新近才出现的，而是早已存在的，只是不被认可而已。

在基于本地资源特点、按照居民原本生产和生活状态演化成的特色小镇，我们称之为自然小镇。当地居民选择的生产和生活方式与外界截然不同，并且居民长期坚持自己的生活习惯，这类小镇的特色才得以保留。当然这种不同的生产和生活方式，有的是居民自愿保留传统，使长期独特的生活方式不受外界干扰而形成的；有的是没有条件进行改造，在无意识下保留而形成的。前者的例子一般多见于国外发达国家；后者多见于发展中国家或较落后地区。

在荷兰西北部的欧瓦莱斯省（Overijssel），有一个德文登（De Wieden）自然保护区，里面有一个著名的羊角村（Giethoorn）小镇。18世纪时，一群挖煤工人定居此地，除了挖出了大小不一的水道及湖泊外，还在地下挖出许多1170年前野山羊的"羊角"，羊角村因而得名并保留至今。它完全是一种居民自愿而形成的、传统生活方式的村落小镇，其生活方式距今已有700多年的历史。这里尽管距离荷兰最大城市阿姆斯特丹仅120公里，但并没有进行现代化的建设，这里没有汽车，没有公路，只有纵横密布的河网和176座连接各户人家的小木桥。一切车辆禁止开入小镇，全长4英里的运河水路和纯木质拱桥的陆路，是其仅有的两种运输方式。除了步行和自行车外，人们主要的出行工具是最古老的撑篙小船，邮递员乘船送信，人们也都是坐船去教堂做礼拜。无论是在水中还是岸边，你都能感受到这座童话小镇的静谧。生态环境几乎全为自然状态，树木大都数百年，房屋亦上百年，一切都刻有时间的痕迹，但又亘古不变。在这里生活的居民大都是医生和律师等高收入的中产阶级。为了保护小镇的传统和生活气息，快艇都是无声的，屋顶材料使用的是芦苇；为了避免霸占不动产和保持正常的居民活动，政府规定，只有把羊角村的住房视为"第一住宅"，才能在此置产。除了纯自然特征外，这里还具有很浓的文化氛围，镇里有不少当地人开的私人博物馆，有乡村质朴的旅馆，也有豪华精致的酒店。一切都体现着传统与现代、自然与文化的高度融合。

在我国四川的间中古镇，也是一座千年古城，有两千余年的历史，目前保留有多处文物古迹。由于地处四川盆地，在成为旅游胜地之前，古镇交通不便。在东部沿海很多发达地方进行城市建设时，这里由于经济发展落后，无力对古镇进行旧城改造，古镇的中心部分得以完好保存。自从 20世纪末和 21 世纪初，一批艺术家采风时发现其珍贵的古城价值后，这里便成为一个著名的旅游古镇，现已与平遥古城、徽州古城和安居等三大古城结成古城文化旅游联盟。同样，丽江古城始建于宋末元初，古城内的街道依山傍水修建而成，它为第二批被批准的中国历史文化名城之一，也是中国仅有的以整座古城申报世界文化遗产获得成功的两座古城之一。这座小城也是因为地处边远的少数民族地区，没有在城镇化过程中被拆除和改造，直到 20 世纪 80 年代初，此地还是一片破败景象。在 1996 年丽江大地震后，前来救援的人员才发现了这个富有文化特色的美丽古镇。在 21 世纪初，随着旅游业的热潮，这里才开发成为著名的旅游城镇。

由上可见，各地区本来都是有特色的，加以保护和遵循其发展规律就是进行特色建设，并不是所有的特色都要靠人为打造才能成功。这类小镇以本地居民生活方式的特色为主，由旅游公司介入后才有一些商业活动。所以，产业与城镇的融合功能较突出，城镇发展成熟度高。这种方式成长起来的小镇主要是生产、生活和旅游兼顾型小镇。

二、开发建设方式

特色小镇除了已有的资源条件外，还是有很多建设空间。因此，一些小镇是在充分利用本地自然或历史文化资源的基础上，在特定发展目标约束下，经过后来的开发建设而形成的。与前一类自发形成不同的是，这类小镇一般是将自然或文化资源融入建设目标中，并对已有资源进行了提升，使其更接近产业发展的需要，更具有可经营性。不过需要明确的是，无论投资起多大作用，本地资源仍然是竞争力的核心。因此，这类小镇一般以项目为契机，主要由企业对当地独特资源（自然的或文化的）进行开发建设。旅游开发公司是这类小镇建设的主体和促使其成长的主要力量。这样一来，旅游项目的成功与否决定了该小镇的成败，旅游项目的客户群和定位、营利模式就构成了小镇的发展轨迹。一般来说,有针对自然资源开发和针对历史文化古城开发两种建设模式。

自然资源主导型的开发建设。这类小镇以自然资源型的旅游小镇为主。如,阿根廷的巴里洛切小镇坐落在安第斯山麓的西部,周围有雪山和湖泊,依山傍水,自然景观与欧洲的阿尔卑斯山地区颇为相似。但由于交通和基础设施落后,服务业不够发达,难以吸引欧洲游客。为了开发这里独特的自然资源,各种旅游项目接踵而至,其开发历史至今已有一百余年。现在,这里有直达欧洲的航班,有各种档次的酒店旅舍。旅游公司还在此举办丰富多彩的活动,如每年8月举行盛大的冰雪节,有滑雪比赛、冰球比赛、火炬游行等活动;为了让游客有亲临瑞士的感觉,还生产巧克力,举办巧克力晚会和评选巧克力皇后等活动,从而吸引了众多欧洲移民。目前的居民以德国、瑞士和奥地利移民为主,这里成为胜过欧洲很多地方的休闲胜地。

古城变为特色旅游古镇的开发,以历史文物古迹旅游型为主。我国有很多历史古城,经过20世纪初至今,由于旅游业大发展时期的推动,目前大量古城已经以旅游古镇项目为龙头,被开发成了旅游景点;并随着进一步完善城镇功能,正在向特色古镇方向发展。乌镇由于地处经济发达的长三角地区,同时兼顾古镇特征和文化名人记录,经过乌镇旅游公司的开发,这里除了古街观光外,更成为以"商"为核心、以"夜景"为特点的休闲体验式旅游和度假生活场所。随着这个开发模式的成功,该公司已经在全国其他地方进行推广和复制。但由于其开发过程几乎全部依赖公司运营,政府的基础设施和公共服务几乎全无,开发模式过于商业化;另外,在多地复制有可能产生千篇一律、"千镇一面",小镇建设就会失去特色。事实上,目前我国的大多数古镇,基本都是以旅游项目为核心,通过公司运作而成的旅游城镇。这些古镇业务单一,旅游业发展强而城镇发展弱,城镇居民生活改善不明显,周围环境建设更无从谈起,古镇游已经出现了"千镇一面"的苗头。

由上可见,开发建设成的小镇多以公司赢利为目的,旅游是其主导产业。政府如果不将主要精力放在小镇建设和居民生活改善方面,关注小镇的全面发展,容易导致商业开发过度,功能过于单一,小镇的融合功能缺乏，最终有可能会与特色小镇的建设目标背道而驰。

三、投资打造方式

在以产业为核心形成的特色小镇发展过程中，有些产业聚集区是围绕某个企业或项目而形成的。这类聚集区的形成并不是因为地区独特的资源优势或者资源在其中所起的作用并不重要，而是投资人利用了某个偶然因素或本地的市场机会，凭借其经营能力和对市场的运作经验，成功运作了该投资项目。❶这类聚集区的核心竞争力并不是本地自然资源或历史文化资源，而是借用地区腹地的市场和区位条件形成的企业竞争力。这类聚集区的核心企业一般是由投资人精心筛选出某个有竞争力的项目，通过该项目运作，不断吸引相关产业和人口聚集并向特色小镇的方向发展。尽管这类聚集区在开始阶段，还不具备特色小镇功能，但从其发展方向和潜力来看，这些项目一般是新兴的娱乐和文化创意项目，能够通过企业之间的横向联系和纵向延伸，促使地方政府完善基础设施，并不断增强服务功能，同时也为相关服务业创造了很多就业机会。最终可以将本地资源和文化融入企业竞争力中，从而实现产业与城镇融合、自然与人文融合的特色小镇。

为了让居民出行更方便，尤其是为游客提供更便捷的交通服务和飞行体验，美国很多地方开始了航空小区建设。这些小区都建设有供小型飞机起飞和降落的跑道、停机坪和机库，以及飞机修理等配套服务设施。而且这些地方一般自然环境优越，有很多适合野外体验的旅游资源，成为十足的"航空小镇"。目前美国已有30余个这样的小区。如佛罗里达州的斯布鲁斯可立克（Spruce Greek）小镇，弗吉尼亚州的安格拉斯内斯（Eagles Nest）小镇，加利福尼亚州的希尔拉（Sierra）小镇和爱达荷州西北角的沙点（Sandpoint）航空小镇。与房地产业结合，是以新型房地产开发为契机，而形成的以娱乐为核心的旅游产业小镇。

在我国近年较为流行的是娱乐小镇和影视基地，上海市青浦区的朱家角镇，除了有历史文化古迹外，还有淀山湖水资源，但自然风景和文化历史资源的独特性并不突出。娱乐公司充分利用了邻近上海的市场条件，

---

❶ 闫文秀，张倩.浙江省传统经典产业特色小镇的建设发展与经验借鉴 [J].上海城市管理，2017，26（06）：55-60.

投资建设了具有国际水准的现代化水上设施、太阳岛国际俱乐部、国际高尔夫球俱乐部以及青少年校外活动营地。大量的俱乐部成员增加了小镇人流，使古镇开放了老街、数十处名胜古迹，并在特色农产品方面也形成了一定的吸引力。该镇成为集旅游、观光、商务、度假、休闲、购物等为一体的特色娱乐旅游基地。

浙江金华东阳市的横店镇，原本是一个以八面山公园为景点的普通小镇，自1996年以来，横店集团累计投入40多亿元兴建横店影视城，现已建成广州街、香港街、秦王宫、清明上河图、明清宫苑、梦幻谷、屏岩洞府、大智禅寺、明清民居博览城、华夏文化园、红军长征博览城等近20个影视拍摄基地，年接待中外游客近1500万人次，成为以"中国瓷都"和"中国好莱坞"为标志的特色小镇。

北京市怀柔区杨宋镇，距北京城区45公里，利用北京的文化资源，以中国影视集团迁移为契机，投资打造了以影视后期制作为核心的综合影视基地。该基地以中影集团的电影数字生产基地和星美影视城为核心，核心区面积约1平方公里，总面积5.6平方公里，与上述特色小镇的规模一致。该基地聚集了1600余家文化经营企业，包括影视拍摄、休闲旅游、包装印刷、广告会展、文化娱乐、艺术创作等多个领域，小镇还设有健身、餐厅、图书馆等多个休闲和城镇生活服务设施，目前已成为一个有特设管理机构的创意产业聚集区。这种聚集区与特色小镇的发展方向完全吻合，是一个靠投资打造的成功特色小镇案例。

尽管投资打造途径成长起来的小镇，对本地自然资源没有太大依赖性，但却利用了该小镇周边地区的区位和市场条件以及某个发展契机，并经过了成功的投资运作。这种发展契机实则是产业空间转移和梯度推移的结果，在其他地区不一定适用。因此，这种成长路径仍然存在着不可复制性，如果不考虑地区特点，尤其是周边发展条件而一味模仿，这并不可取。深度旅游型和创意文化产业型小镇多采取这种方式。

四、产业转型方式

随着规模经济逐渐失去竞争力，范围经济越来越显示出其生命力。创意引领时代，需要企业之间增强横向联系，通过扁平化实现更广泛的知识溢出，提高创新能力。特色小镇以其规模小、功能丰富、城镇设施完善、环境好、创新氛围浓厚，可以吸引大量人才和资金，为传统产业转型提供了有助于企业之间建立广泛网络关系和增强创新能力的特定空间。在这样的空间里，企业可以通过相互联系，建立创新平台，通过增强研发能力，使原有产业向产业链高端推进；也可以利用原有企业优势，开创新产业领域，创新特色产品；亦可以与其他产业融合满足新的市场需求，比如健康小镇就可以融合医疗、医疗仪器、生物制品、制药以及中医健康服务、健康咨询、养生等多种产业，形成一个个性化的健康小镇。基于此，很多传统产业区经过改造、创新与融合，形成了产业型的特色小镇。这类城镇多数是在制造业的基础上演变而成的。

第三意大利是指由于众多小企业聚集而崛起的意大利中部地区，以区别于经济发达的北部和落后的南部而有的称谓，该地区原本是意大利主要的农业区和旅游胜地。20 世纪 70 年代，为了避免北部地区大企业垄断带来的弊病，又能在低起点的情况下得到较快发展，以原有家庭工业为基础，出现了一大批纺织、服装、陶瓷等技术和资金门槛低、市场风险小的传统产业小企业。这些企业平均规模不到 10 人，以传统的劳动密集型手工业为主体，专业化生产程度很高。每个企业只生产一两种产品或只从事某一环节的生产和加工，企业间横向和纵向协作均十分密切，表现为高度集中的企业集群型产业区，形成了典型的小企业空间体系。如艾米利亚—罗马格纳地区（Emilia - Romagna），就有油动挖掘机械中心（CEMOTER）、陶瓷中心和建筑工业中心（GUASCO）、制鞋服务中心（CERCAL）、农业机械服务中心（CESMA）、纺织服装服务中心（CITER）六类服务中心。这六个服务中心拥有在职技术和顾问人员百余名，会员企业有数百家。而且，区域内的企业合作组织和商业协会也促进了海外市场的开拓、研究以及知识与信息的传播。在波特提出产业集群后，国内外学者都将这里作为产业集群的典型进行了大量研究。这样的产业聚集区，除了上述特征外，在空间体系内的企业之间及其内部，均形成了联系密切的创新网络，并衍生出许多新型的提供设计和研发的小型企业，其生产方式为多品种、小批量生产，并按照多变的市场需求，在保证产品质量和特色的前提下，做到了专、精的柔性化定制，形成了以传统工业为特色，以农村、小城镇为中心，相关企业集中的小企业城镇空间体系。❶这个空间体系中的80%分布在人口不到10万的小城镇或村落中。这样的产业聚集区与我国的产业集群完全不同。这些小镇（村落）环境优美、管理高效、创新程度高，实现了自下而上的居民自治，已经成为典型的特色小镇群。

广东省佛山市南海区西部的丹灶镇，其五金业经过40多年的发展，已经成为该镇的支柱产业，现有五金企业2000余家，年产值超百亿元，并有"中国五金之都"之称。2001年成立的国家第一个生态工业示范园区，也已成为该镇的一张名片。随着五金这种传统产品面临技术转型，丹灶镇利用以日本汽车配件为核心的中小企业聚集优势，以良好的产业生态环境和创新氛围，吸引广东和深圳等地的技术、人才和资金，树立了技术创新型的知名企业典范，建立了针对五金技术创新需要的孵化器和加速器，以及重大创新平台等路径，注重新材料、工业设计和个性化定制与文化的融合，实现了传统五金制造业的智能化、网络化和信息化，将生态新城、五金之都、休闲胜地、历史名镇等优势进行融合，建成了制造业创新的特色城镇。

丝绸作为浙江湖州的传统产业，创新不足，文化和品牌缺乏，需要在产业链和创新方面进行彻底转型。从2014年开始，吴兴区充分发挥丝绸小镇文化优势、区位优势和产业优势，依托湖州丝绸文化根脉，布局了企业研发运营总部，开辟了时尚会展交易区，拟建设丝绸文化创意体验区和丝绸主题公园休闲区等。吴兴区的规划目标是，将该镇建设成为集丝绸产业、历史遗存、生态旅游为一体的产城融合的"复合型小镇"。同时，浙江省还根据现有产业优势，如大唐袜业、柳市低压电器、慈溪小家电、桐乡毛衫、永康五金、海宁皮革、嵊州领带，等等，建成诸暨袜业、海宁皮革等多个类似丝绸小镇的产业型小镇。一般制造型小镇多沿这一路径成长。

五、特色产品扩展方式

具有地域特征的产品往往容易成为地方的特色产品，也是小镇特色产业的基础。除了上述制造业外，很多特色农产品对地域特征依赖性更强，成为特色小镇发展的起点。而且有特色农产品的地区一般都具有独特的自

❶ 赵佩佩，丁元.浙江省特色小镇创建及其规划设计特点剖析［J］.规划师，2016，32（12）：57-62.

然环境，使特色小镇具备自然基础。这些地区如果能够充分发挥该特色农产品的独特性，采用先进技术，提升品牌，并将具有当地特点的传统文化融入其中，与其自然环境相结合，就能形成产品竞争优势；同时，扩展其横向和纵向产业联系，强化相关的服务业和制造业，以及种植农庄的创意体验，开展节庆、会展、贸易等多种方式的活动，并在经济和旅游业发展的基础上，完善城镇设施和公共服务与公共事业，必能在"一村一品"和"一镇一品"的基础上，形成一批特色小镇。

地处河南焦作的赵堡镇，以生产淮山药为特色。该镇与贸易公司合作，投资淮山药加工项目，在国内外市场上创立了独特品牌，同时还发展了其他特色农产品，如地黄、牛膝、芦笋的种植。在特色农产品的基础上，该镇的其他农村产业，如小麦种植和畜牧业也得到了较快发展。同时，该镇在农业经济的基础上，利用本地太极拳影响力和一些文化古迹，进行了太极文化建设，开发了乡村旅游资源。随着产业的深入，进一步举办了赵堡和式太极观摩交流会和农产品展示会，成为以农产品为基础的综合特色小镇。

甘肃省武威市凉州区的清源镇，以葡萄、蔬菜种植为主，干旱区的瓜菜品质远近闻名，还有沙枣、牡丹、芍药、丁香等花卉远销至新疆、内蒙古、宁夏等省区。目前，镇内建设有濒危野生动物繁育中心和沙漠公园，以及市产业开发中心和区治沙站等。以此为契机，清源镇建设了葡萄基地、生态农业观光园，并发展了高科技农业产业园，葡萄、蔬菜等产业化经营区，建设了以采摘商贸一条街为主的商业长廊，培育了以饮食为主的各类服务项目，具备了集休闲、娱乐、餐饮和旅游为一体的特色小镇雏形。

陕西省咸阳市杨凌区五泉镇，依托杨凌农业示范区和农林科技优势，以及历史名胜古迹，以 3A 级风景区为标准，建设了现代农业示范园区。区内建设有育苗馆、梦幻花卉馆、无土栽培馆、现代农业创意馆、西部特色馆、超级菜园、南方果蔬馆八个现代农业技术馆和花卉林木种子苗圃、水生植物展示区和创新中心等，将农业、科教、创意、文化和旅游融为一体，成为杨凌农业基地的核心城镇。一般来看，农业地区和农产品小镇多以这种形式出现。

六、聚集创新方式

创新是特色小镇发展的动力，这种创新不但表现在产业升级和创意产业方面，还表现在特色小镇是一个创新平台，承担着聚集创新功能。因此，一些创新空间，如创新科技园等，经过完善城镇设施和公共服务以及居民生活服务，可以形成创新型特色小镇。但是，由于创新空间要求更小的范围和更紧凑的"俱乐部"式聚集，这个创新空间就构成了特色小镇的核心空间。前述的特色小镇一般具有"核心—腹地"双层空间结构，这种创新小镇因多了核心层而成为"三层"结构（见图1-3）。

杭州基金小镇的生活园区就在该基金小镇的核心地段建设了一个小的众创空间——"创新小镇"。"小镇"客厅由陶瓷品市场就地改造而成，配备有中心广场、游客中心、金融展示中心、运动健身中心、酒店和酒店式公馆、图书馆、特色餐饮等内容，充分向光临"小镇"的游客展现小镇丰富多彩的功能。

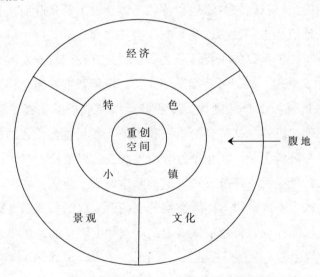

图1-3　创新型特色小镇的三层结构

由于众创空间大都处于刚起步阶段，目前还都开设在大城市的某个特殊地段，数量还很少。但随着融合创新的进一步深入和特色小镇的成长，在小城镇内部以众创空间为空间载体的特色"小镇"将呈现方兴未艾之势。一般来看，产业型小镇比较容易出现这种"三层"结构的情形。

第八节　特色小镇发展模式

特色小镇的发展有很多种模式，概括起来有两大类，即自发模式和政府主导模式。自发模式主要出现在西方发达国家。由于土地的私有化性质，政府无权干预企业选址和微观运营，只有城镇规划和税收调节手段。因此企业的特色小镇选址，完全由市场因素决定。特色小镇形成的原因，要么是那里的税收水平很低，要么是区位条件能够使企业获得更多利润。前者降低税率空间有限，后者由地区的各种区位条件决定。特色小镇作为地区演化的自然产物，其特征完全是自发形成的。欧洲国家的很多小镇都是这样，尤其是瑞士，除了苏黎世、伯尔尼、洛桑和日内瓦等几个大城市外，其余村镇全部是在本地农业、自然环境等的基础上自然演化而成。这些小镇即便没有名气，也是基础设施健全、公共服务完善、产业稳定、环境优美的精美小镇。

到目前为止，我国的城镇化和特色小镇建设主要是政府主导。根据政府在其中的地位和投资数额以及影响社会资本介入的程度，可以对特色小镇进行细分。特色小镇的主要任务之一，就是打破现有开发区、园区和新城建设等开发模式，创新可持续发展模式，探索新型城镇化模式。因此，深刻领会地区发展的自然规律，按照健康城镇成长的路径，正确定位政府、企业、公共机构、社区自治组织和居民等各利益相关者的角色，处理好经济发展与环境保护、文化创意与历史底蕴、聚集核心与腹地发展等关系，是寻找特色小镇可持续发展模式的基本原则。当然，在实际操作过程中，不同地区、不同阶段、不同类型的小镇所采取的模式需要因地制宜，各取所需，才能保证有特色的发展道路。例如浙江省的特色小镇模式是一个产业（即地区的一个主导产业）、一个投资主体（一个镇一个主要投资主体）、一个区域（不受行政界线所限的特定区域）、一个运作方式（市场化运作）。围绕这种发展模式，在政府、企业和社会中明确各自定位，不同地区根据自身特点，选择自己的模式。

一、政府主导

特色小镇属于地区发展范畴。我国的地区发展和城镇化历来是政府主导，但在具体实施过程中，由于政府的地位和角色有一定差异，所以我们将政府直接参与投资，以及政府行为对小镇建设、产业发展以及投资者产生直接影响的小镇发展模式，称为政府主导模式，一般来看主要有三种：一是政府直接投资，撬动社会资本进入；二是政府通过产业等各种政策，鼓励社会资本进入，帮助企业成长；三是政府搭建小镇产业发展和创新平台，为企业创造转型和创新环境。

（一）投资撬动

如前所述，特色小镇建设需要走可持续发展道路，因此公益性、改造性和保护性建设远大于一般的开发建设。基础的公益性项目是一项巨额资本沉淀甚至是无直接收益的投资，因此私人资本介入的积极性不高；在政府渐渐失去对土地财政依赖的条件下，完全靠政府投入也不现实。❶因此探索多元化的投资模式，尤其是建立利益共享、风险共担的机制，是特色小镇探索的任务之一。

从政府自身的角度看，需要采取合适的方式，真正发挥好主导作用。地方政府根据地区经济发展的需要，前期需投入一定资金，改善地区外部条件，增加区位价值，以吸引私人资本进入，实现小投资撬动大投资的目的。❷2011 年 8 月，北京市曾设立总规模 100 亿元的小城镇发展基金，投向全市 42 个重点小城镇。同时，北京市政府安排了 5 亿元的引导资金，主要投向有三类：第一类是特色产业培育和产业结构调整，如基金与产业园区合作开发建设厂房、仓储，搭建招商引资平台，推动小镇产业向集约化、生态化转变。第二类是基础设施和公共服务项目建设，如对于道路、公园、医院、学校等非经营性项目，由基金无偿提供一部分资金；对于供热、供气、供水、污水处理等准经营性项目，采取与企业合作建设的方式；对于可经营性服务设施项目，则和连锁企业合作开发建设、经营。第三类是旧城镇改造与建设，政府参与旧城镇改造，提高土地利用效率，提升当地居民宜居水平等。北京市采用了基金投资方式，既充分发挥了政府投资的引导、放大作用，也为社会力量参与小城镇建设提供了间接、集合

---

❶ 郝华勇.欠发达地区打造特色小镇的基础差距与现实路径［J］.理论月刊，2017（12）：165-170.
❷ 周觅.全域旅游战略下特色小镇的建设发展研究——以郴州市汝城县热水镇为例［J］.中国商论，2017（33）：64-66.

式的良好投资渠道。在前期 5 亿元投资的引导下，共启动前期投资额 50 亿元，使北京市郊区重点镇面貌焕然一新。但是这种模式需要政府有足够的财力。因此，一般在北京、上海等大城市地区可行，而欠发达地区，尤其是落后边远地区则无能为力。

这种模式容易导致政府过度干预，往往忽视投资效率，致使资金用在地区发展的投资效率低，在纯粹的私人资本投资不看好资金回报的情况下，一旦政府的后续投资跟不上，特色小镇建设就有可能停滞，反而欲速则不达。根据前述，特色小镇是地区经济发展的产物，如果地区发展不具备特色小镇建设的经济基础和特色产业发展的条件，无历史和文化继承性，仅靠政府投资的发展模式本身就与特色小镇演化路径背道而驰。❶

目前我国特色小镇主要有社会和政府两种投资主体。社会机构投资快，但缺乏系统性建设步骤；政府投资着眼长远，但资金量有限。❷因此，设立小镇发展基金，既可以保证资金的来源充足稳定，又改变了单一依靠政府投资建设的弊端，同时能兼顾社会效益，优质资源的整合能力也较强。政府的作用应该放在地区的集约化发展方面，充分发挥地方所有主体的积极性，政府不在于直接参与经济和建设，而只要为地区发展创造公平环境和创新氛围，能够引导小镇的发展方向，就能实现目标。

（二）政策引导

政策引导是我国地区经济发展的主要手段，一般表现为资金性的鼓励扶持政策、产业政策和土地税收等优惠政策、规划调控手段。但是，长期以来，政策都由各部门制定，缺乏针对某个地区的一揽子政策，没有完备的政策体系，很多政策在具体实施过程中效果都不够理想。尤其是经过了30 多年的实践后，以产业政策为核心的扶持政策暴露出很多缺陷。因此，特色小镇建设也需要探索有效的一揽子政策，即从规划阶段开始，建设目标、引入产业标准、鼓励和扶持措施以及后续发展和整体运营等所有管理措施，都包括在一个政策工具箱里，使得各阶段和各部门之间的措施和管

---

❶ 盛世豪，张伟明.特色小镇：一种产业空间组织形式［J］.浙江社会科学，2016（03）：36-38.
❷ 赵海洋.基于 SEM 的我国特色小镇项目社会效益评价研究［D］.济南：山东建筑大学，2017.

理目标、任务相互协调。❶

在考核办法方面，浙江省在政策实施策略上尝试用后评估倒逼创建过程，即对列入名单中的小镇进行考核，倒逼上名单的小镇加快特色小镇建设步伐，用创建制代替审批制。❷例如，在土地要素方面，对如期完成年度规划目标任务的，省里按实际使用指标的50%或60%给予配套奖励，对3年内未达到规划目标任务的，加倍倒扣所奖励的用地指标。另外，一些省市还提出要"宽进严出"，要建立特色小镇创建的退出机制，对考核不合格的要"摘牌"。这些策略采用的都是标杆管理手段，可以避免地方对"帽子"展开争夺战，对政策制定者、执行者也提出了长线跟踪和过程控制的新要求。在目前，政府的角色尚未完全由专利转入服务的阶段下，这种目标式的管理方式可以借鉴。

在支持对象方面，政策要着眼于所有企业，尤其是中小型企业。这是因为，特色小镇是中小企业家的舞台，比起资金扶持，他们更需要政府创造的发展环境，更需要政府在发展能力和平台上的支持。例如浙江省出台了支持中小企业的直接支持措施，直接补助众创空间、支持科技孵化器建设，开展集群化注册制度、向创新型中小微企业专项技术提供支持资金等。

在支持改革创新和试点突破方面，浙江省采取的办法是先行先试，经验就是把特色小镇的物理空间、创新空间叠加到改革空间上，将特色小镇定位为等合改革试验区，优先申报国家的改革试点、国家和地方先行先试改革试点以及符合法律要求的所有改革试点。❸这就意味着，所有改革都要求特色小镇先行突破。在具体推进过程中，要求列入特色小镇名单中的城镇都增设创业服务大厅，提供包括"三证联办、创新交流、政企交互信息"等在内的保姆式服务。此外，还要求各小镇制定一揽子服务措施，在房屋租金、能耗、购买云服务、购买中介服务等方面给予补助，最大限度地降低创业者的资金成本。

---

❶ 厉华笑，杨飞，裘国平.基于目标导向的特色小镇规划创新思考——结合浙江省特色小镇规划实践［J］.小城镇建设，2016（03）：42-48.

❷ 许灵然.浙江省特色小镇品牌影响力评价及其传播优化策略［D］.杭州：浙江传媒学院，2017.

❸ 杨勐.大学生创客小微创业的浙江实践——以浙江"特色小镇"为例［J］.中国青年研究，2016（04）：14-21+13.

（三）搭建平台

政府最有效的引导方式，是为小镇建设、产业发展和创新搭建平台。在公共性项目方面，如基础设施和公共服务，充分利用市场机制，逐渐开放市场，通过搭建利益补偿和利益平衡机制引进私人资本。可以采用"捆绑式"利益平衡机制，引进私人资本修建基础设施，然后将相关土地开发权让给企业，使开发企业将基础设施建设与后来的土地增值收益相结合，既鼓励了企业积极性，又平衡了利益关系；将教育培训任务委托给相关机构，政府实行购买制度，以解决培训需求。在企业服务方面，为企业的公共服务提供帮助，并通过政府平台为企业提供技术、人才、专利等信息和服务，必要时可以代表本地企业与需求量大的产品或服务的供给方进行谈判，以降低本地企业成本。目前，已有很多地方开始探索建立特色小镇发展基金、众创空间的企业投资运营等平台，一些地方还成立了特色小镇发展基金，来解决特色小镇建设的资金问题。

例如杭州玉皇山基金小镇，创建了基金行业交流平台，针对私募（对冲）基金的特殊性，设置了一系列特色配套服务，包括成立浙江省金融家俱乐部、浙江金融博物馆、对冲基金研究院、私募基金孵化器和训练营等。

针对旅游型特色小镇，政府应该通过各种渠道为旅游企业和游客提供旅游服务信息。由于旅游特色小镇不同于一般的旅游景点，游客需要只身前往，不需要旅行社等提供中介服务，他们对个性化和多样化的信息需求更高，对公共信息服务也提出了更高要求。而目前的旅游信息大都是旅游网站、旅游公司和网友推荐提供的，缺乏政府的权威，同时信息也不全面。政府或者由政府指定机构，可以作为公益性活动，为游客提供旅游的具体路线、住宿信息、景点信息、购物信息以及交通和游客饮食起居等小镇生活信息。

以旅游为核心产业的特色小镇，应该由政府组织建立专项旅游交通体系、游客服务中心、小镇旅游标示系统、游客公共休息设施，以及旅游网络信息系统。尽管旅游公司网站也提供旅游信息，但大多数是以企业赢利为目的的，以城镇发展和游客旅游活动为目的的信息服务十分缺乏。例如北京市各区有很多旅游服务中心，但里面的信息过于简单，不能满足游客需要。加拿大很多小镇都有一个旅游服务中心，完全公益性地提供适合本地旅游的具体时间和季节甚至天气情况，公共交通、景点的分布、住宿、餐饮等各种具体内容。瑞典的很多地方政府专门组织当地镇民开设家庭旅馆，由政府免费提供网上预订服务。浙江乌镇的旅游官方网站就包括了乌镇的整体概况、交通、住宿、美食、娱乐、特产、预定、会务等内容，在交通方面有周边交通、镇区交通、景区交通、自驾车指南和手机导游等多种信息。其中周边交通图还包括乌镇交通示意图、乌镇汽车站时刻表、桐乡汽车站和高铁站（上海方向、杭州方向）时刻表、周边机场到乌镇的航班等具体内容。❶

杭州梦想小镇通过简政放权，设立一站式服务、多政合一以及O2O（Online to Offline）平台，并委托财务、法律服务、人力资源、知识产权等机构，对入驻企业提供服务；通过新券这种虚拟货币的扶植方式，保证政府的投入有效地用于企业的发展，使政府工作从传统的税源培训转变为对创新主体和创新能力的培育。在梦想小镇的创新创业平台上，每年有三百多场不同的创业交流活动，实现了资、智融合的常态化。对于初创者，梦想小镇通过给予创客们租金减免、资源补贴、配套人才公寓等政策优惠，为创业者提供轻松的创业环境，创立了"种子仓—苗圃—孵化器—加速器—产业园"的接力式孵化服务模式，同时淘汰孵化期间不理想的项目，对创业者建立跟踪机制，鼓励创业团队吸取经验教训，重新挖掘创新项目。另外，与对创业初期仅仅为创客提供融资的平台不同，梦想小镇提供了一个以互联网为核心的多维立体产业生态圈，通过分析并提取创业企业的共性需求（比如财务、法律、技术服务、政务等），以云平台的方式开展专业化服务、一揽子和标准化服务，孵化出来的创业企业，形成了再孵化能力。比如成立于2010年的遥望网络，通过孵化、指导、管理"游戏公会"等模式，实现了单月手游流水超1.4亿元，牵头成立了手游村，集聚了基金、手游开发商等产业主体，构建了手游产业链孵化基地。小镇组委会还通过提供各种工作空间、提供配套设施、搭建交流平台，发展人才梯队，促进创客与企业、创客与创客、企业之间互相合作；同时，在小镇外围，通过对土地等资源整合，为创业项目的发展壮大预留了后续发展空

---

❶ 吴一洲，陈前虎，郑晓虹.特色小镇发展水平指标体系与评估方法［J］.规划师，2016，32（07）：123–127.

间；还通过中国（杭州）财富管理论坛、中国青年互联网创业大赛、中国互联网品牌盛典、中国研究生电子设计大赛等大型活动，搭建了吸引外界资源的平台。

二、项目主导

特色小镇与以往的城镇建设不同，突出的是特色和质量，并通过质量求特色，其运作的成功与否与项目有直接关系，建设项目是培育特色小镇的前提。小镇从单一功能向复合功能的转变过程，其实也是一个个项目不断运作成功的过程，而且这些项目是沿着某个产业的核心不断延续和延伸的，从而加长了产业链，实现了多产业融合的目标。以往的城市建设，都是通过政府的招商引资实现项目落地。[1] 但是，特色小镇对项目数量的限制以及纵向和横向关系导致对项目有很高的要求，需要在各环节上把关，如项目立项、论证、落地、实施、跟踪、评估、推广，等等。其外延远远大于招商引资的工作范畴，必须有"一条龙"式工作流程和服务机制，并要指导实际操作。在选择项目的执行机构时，相关主体需要慎之又慎，既要有利于延长产业链，又能够扩展横向联合，以实现城镇服务与主导产业以及多产业的相互融合。一旦选择好了项目与执行机构，就由这个机构为主导，进行市场化运作，政府辅助其完成项目的各项约定。

位于美国佛罗里达州的奥兰多迪斯尼乐园型城镇，是一个靠项目运作成功的典型例子。首先，迪斯尼主题的选择，提升了奥兰多的形象；其次，大型主题公园的多业融合，为小镇提供了消费需求；第三，大型主题公园的建设改善了地区基础设施建设；第四，大型主题公园的各种活动改变了区位条件，增加了企业的经济外部性和商业环境。因此，好的区位条件可以引来好的项目，好的项目也要靠政府提供好的基础平台。这种模式需要坚持"政府搭台、企业唱戏"的原则，政府只提供规划、土地指标、税收返还（有税收才有返还），绝对不干涉项目运营。这样不但可以减轻政府财政压力，也明确了政府与企业的责任与分工。

为了保证好项目的绝对优势，浙江省提出每个特色小镇均应明确一个

---

❶ 张婷. 冀西北坝上地区特色小镇规划设计研究 [D]. 北京：北方工业大学，2017.

主要的投资主体，投资主体可以是国有投资公司、民营企业或混合所有制企业，政府重点做好特色小镇建设的规划引导、资源整合、服务优化、政策完善等工作即可。如杭州西湖云栖小镇，以阿里巴巴为战略合作伙伴，由企业资助投资并进行项目运作，打造了基于云计算产业的特色小镇；嘉兴海盐核电小镇，围绕秦山核电站，由企业独立运作项目，地方政府进行外围基础设施建设，与中国核工业集团共建"中国核电城"；衢州龙游红木小镇，则由年年红家具（国际）集团公司投资80亿元，建设和运营自己的项目。这种以企业为投资主体的运作方式，有效解决了城镇化融资难的问题，也释放了市场活力和企业竞争力。另外，为了对项目运营方式有更好的把握，还可将特色小镇的项目按非经营性和经营性分类。非经营类项目的资金来源，主要以财政资金或城镇化建设债券投入为主；经营类的投资主体可以是国有企业、民营企业、外商等，按市场规则经营和获得收益。

杭州特色小镇的建设，基本都是以项目带动，通过选好项目、大项目、产业群项目和产业链项目，进行产业化集聚，形成产业生态圈。如临安市的创客小镇，由浙江省环科院研发中心具体进行项目建设，以杭州源牌环境科技有限公司、浙江绿色低碳建筑科技馆、杭州福斯特光伏材料有限公司研发基地、国家林业局竹子研究开发中心、浙大—中国安防智慧能源研发基地等生态产业和生态研发项目为开端，形成了生产、生活、生态"三生共融"的创新生态体系。酷玩小镇政府，依托东方山水乐园和浙江国际赛车场两个核心项目，并使之与已建的鉴湖高尔夫球场、乔波滑雪馆，以及在建的若航直升机场、天马（F2）赛车场等项目相结合，形成"酷玩"主题。这些例子说明，通过引入龙头企业打造一个以核心企业为依托、企业与企业间的相互联系，并采用众筹等手段、带动相关企业进入的"项目包"，以"大项目支撑，小项目扩张"的方式，将这些项目列入规划中，通过从直接引导到实际项目落实的路径来建设特色小镇，可以取得较好的效果。

三、龙头企业主导

目前，浙江省提出的"政府引导、企业主体、市场化运作"模式已经成为基本共识。该省规定，自项目申报开始，就需要明确非政府类投资主体，这有利于按照产业发展规律和市场化机制谋划小镇建设时序。建设启动期，由政府主导基础设施和重要公共服务设施建设，通过政府先期投入来引导企业共同推动小镇的早期建设。建设中后期，政府充分利用浙江雄厚的民营资本，以市场运作方式，结合 PPP 模式，建设经营性设施，为特色小镇的可持续发展提供运营保障。在这个理念下形成的模式在具体操作时，企业的主体地位需要龙头企业才能得到体现。因此，好的运作模式是，小镇的主导产业需要一个好的龙头企业。尤其对制造业和农产品企业而言，龙头企业具有市场力量强大、资金实力雄厚的特点，既有能力建设大项目，又有能力布局产业链。例如，吉利主导了浙江台州沃尔沃小镇；绍兴黄酒集团主导了浙江绍兴东浦镇的黄酒小镇；乌镇旅游股份有限公司主导了浙江乌镇；北京古北口等小镇是相关地区的主导产业；杭州富阳硅谷小镇以深圳天安数码城集团为投资主体，建设了中国智慧体育产业基地、龙晖水上乐园、雄迈科技、圣鸿工业设计园、浙大网新等一批重量级新兴产业项目，总投资额超过 130 亿元，并成功吸引中科院自动化数字中心、深信科技、柏特科技、宏达工贸科技等 43 家企业、海归创业项目 4 个、商业项目 9 个。随着龙头企业主导地位的进一步巩固，商会作用日益增强，也会形成政府牵头与商会（协会）共同主导的新模式。如浙江海宁皮革小镇，由海宁中国皮革城股份有限公司和浙江钱塘江投资开发有限公司联合主导；海盐核电小镇由中国核建集团、中国能建集团、中国核电工程公司开发建设；桐乡毛衫时尚小镇由濮院旅游公司、华新实业集团、浙江濮院轻纺城市场开发有限公司、濮院毛衫发展公司等组团式开发；嘉善巧克力小镇，由嘉善大云文化生态旅游发展有限公司、斯麦乐集团、康辉集团、梦东方文化投资有限公司等联合投资建设。

政府主导是指政府主要对淘汰产业进行整合，为新产业腾出空间。云栖小镇采用了"政府主导、民企引领、创业者为主体"的运作模式。民企引领的具体做法是龙头企业为众多创新创业型小微企业建设基础设施和创新平台。例如，阿里小镇利用阿里巴巴的云服务能力、淘宝天猫的互联网营销资源和富士康的工业 4.0 制造能力，以及 Intel、中航工业、洛可可等大企业的核心能力，打造了全国独一无二的创新服务基础设施，并以创业者的需求为目标，构建了产业生态圈。利用这个生态圈，云栖小镇举办了全球规模最大的云计算及 DT 时代技术分享盛会。"2015 年杭州云栖大会"吸引了来自全球的 2 万多名开发者以及 20 多个国家的 3000 多家企业参与。

杭州玉皇山基金小镇中既有龙头企业，也有很多服务企业，如私募中介服务机构（证券公司、期货公司、信托公司、银行财富管理部门、公募基金）、辅助性产业、共生性产业和配套支持部门等，共同构成了五层次的产业生态圈。生态圈内的核心决策者是龙头企业和行业协会。在招商引资过程中，政府发挥龙头企业的引领作用，引入知名的私募金融机构，有效带动了产业的快速聚集。

河北省馆陶县寿东村以"粮画"而闻名，村中墙壁上张贴着用五谷杂粮制作而成的绘画和充满乡土气息的农家画，村子处处悬挂着富有艺术感的粮食画。他们的运作模式是，政府统一招商、牵线搭桥，为小镇选择了龙头企业——海增粮画公司，以粮画生产项目带领全村共建"粮画小镇"。该项目占地 16 亩，总投资 100 多万元，基地建有粮食画展厅、加工车间、粮画体验厅、五谷餐厅等生产、包装、体验一条龙设施。生产粮食画的馆陶海增粮艺有限公司，目前有工人 120 人，年生产能力达到 1000 幅，在唐山、太原、郑州、济南、广州、深圳设立了销售网点，产品远销加拿大、美国、德国等国家。目前，寿东村粮画加工户已达到 67 户，每户年增收 1.5 万元，辐射带动周边姚庄、东浒演、西浒演、寿南、寿北、东朱庄等 10 多个村庄的 300 户群众从事粮画制作，实现了产业和文化深度融合，该镇也成了北方少有的特色小镇。

四、房地产开发主导

我国前三十年的城镇化基本是由房地产推动的城镇化，造成了资源浪费、环境污染、公共设施匮乏、传统文化衰落等问题。在以城乡统筹、城乡一体、产城互动、土地集约、生态宜居、和谐发展为基本特征的新型城镇化趋势下，"让城市融入大自然，让居民望得见山、看得见水、记得住乡愁"也成了房地产开发的理念。因此，很多业内人士认为以"文化旅游"为主要功能的特色小镇，是房地产新的增长点。但是，房地产开发建设的文旅小镇多数沿袭了原来的开发模式，政府将所有事宜交给房地产开发商，导致整个地区的基础设施和公共服务严重滞后。

以泛旅游产业为支撑的房地产开发,一般有两种模式。一种是在大城市周边、主要针对大城市高端人群、以休闲度假为目的开发的度假型小区。由于购房用途仅为休假,使用时间有限,因而房屋出售后,基本无产业或仅有季节性消费,与本地居民无关。这样的小镇完全脱离了当地发展,不是严格意义上的城镇。这种新的房地产开发形式,同样是一种"造镇"运动。另一种是围绕著名景点开发的度假休闲住宅或酒店。由于这类景点在空间分布上较分散,开发商只管自身楼盘建设,区域整体基础设施滞后,房屋使用率不高。即使是同一个景区,也会因为缺乏跨行政区的地区发展规划和旅游规划,开发商建设各自为战,围绕风景区的零散开发与建设混乱现象较为普遍,同一个小区甚至一栋楼一个风格。另外,房屋出售后,后续工作往往缺乏统一管理,经营混乱。如云南抚仙湖风景区,周围有若干乡镇,各乡镇纷纷吸引地产商开发度假酒店,有的在一个村子就建设了若干个大型酒店,且每个酒店都自成体系,互相之间缺乏统一性与整体性,有的则开设农家旅店,总体建设规模大、层次参差不齐,导致整个景区"文旅小镇"泛滥。而且这些酒店除了旅游黄金季节外,其余时间全部处于闲置状态。这种开发模式,同样是人工"造镇"。

可见,以房地产开发为主导的小镇建设,由于地产商的赢利目的与地区发展不一致,只能是短期行为,如果让房地产企业对地区长期可持续发展负责,这对房地产企业不公平。地产开发商只能是地区开发建设的承担者,而不是地区产业发展的主导者。另外,地产商的开发模式以赢利为目的,容易导致过度使用文化和随意开发文化资源,带来建设性破坏。特色小镇重在对已有城镇发展基础的改造以及保护性建设,而不是新空间的扩张。因此,特色小镇一般不需要地产开发,更不需要从土地一级开发入手。地产开发商的介入,必须是为产业和本地居民的生产与生活服务,在旧城改造和田村改造的基础上建设与开发。房地产企业应该与各类企业尤其是中小企业,实体经济企业和创新型企业进行合作,而且在合作过程中,实体经济和生产企业是主体,地产企业仅是配角,而不应该是地产开发商以某产业命名,然后首先甚至仅进行房地产开发。由于特色小镇的居民规模很小,房地产开发商应该将自己定位于特色小镇建设的服务者,以开发商业建筑为主;善于改善边缘的商业用地和改造性建设而不是新开发用地，以实惠低廉的商业房产吸引后续的商业入驻，从而带动土地升值，激发小镇的商业潜力。从这个角度来看，房地产开发商与政府角色类似，是前期建设的服务者而不是主导者。

事实上，自从提出特色小镇后，最积极的首推房地产界，多家房企扎堆试水特色小镇建设。如华夏幸福与南京市溧水区政府达成协议，要用占地2平方公里的规模打造亚洲空港专业会展中心，虽然该项目是与法国智奥会展集团合作，但会展产业在该地是零基础，后续的城镇建设和可持续发展受到质疑。碧桂园与东莞市黄江镇签订了科技小镇计划，但房子建成后，科技企业是否愿意迁往该镇还未置可否，小镇如果没有居民，产业如何进行？绿城公司相关人士透露他们要在未来5~10年内在上海、杭州、北京周边打造出5~10个样本小镇，其实这些小镇全部是房地产项目，没有当地产业和居民，只是名称换成了小镇而已。华侨城也从文旅小镇概念出发加入造镇行列。2016年该公司与成都金牛区政府、大邑县政府和双流区政府、成都文旅集团和深圳天安区政府签署合作协议，拟分别占地10平方公里、15平方公里、16.68平方公里和11平方公里打造天回、安仁、黄龙溪三大小镇和深圳光明小镇。其实，上述这些小镇都不是所在地区的核心聚集区，而是周边未开发空地，毫无地区发展延续性。这些以房地产建设为主导的开发模式，没有本地居民、没有任何产业聚集，更没有文化基础和历史积淀，根本做不了地区聚集核心；景观全部是人为打造，根本谈不上"产城"融合、"人城"融合、"产人"融合。如果政府采取房地产开发主导模式，那么其实就是另一种形式的房地产开发，与特色小镇目标背道而驰。

第二篇　全域旅游相关理论

第一节　全域旅游概念和内涵

全域旅游，重点在"域"。从字面解释，"域"是指在一定疆界的地方。简单地说，就是在一个"域"去打造"全域"。实现该地区的全地域、全领域、全要素、全方位、全过程、全行业、全时间、全社会、全产业、全空间的旅游发展。

从其内涵和发展诉求来看，全域旅游依托"域"去打造"域"的目的不仅仅是发展旅游产业，而是以旅游业作为优势产业去带动和促进当地经济社会协调发展的新的发展理念和模式。该模式以产业融合为基础、以资源整合为手段、以充分发挥旅游业的优势地位为构建桥梁、以实现空间统筹和产业联动发展为主要目标，突破空间限制、时间限制、行业限制，最终实现该地区的整体发展。

从其本身的价值属性来看，引用两句话来诠释"世界不只有眼前的苟且，还有诗歌与远方"。"要么读书、要么旅行，身体和灵魂，总有一个在路上。"对于远方的渴求，远行的愿望，在物质生活日渐丰富的今日，早已从少数人的奢侈品变成了多数人的一部分生活。所以全域旅游所追求的，不仅仅是旅游人数的增长，而是旅游对于人们生活品质的提升，强调旅游与生活的真正融合，即"景区"是"家园"，"游子"是"主人"的全方位休闲体验。

从实践探索来看，目前全域旅游已有实践大体可以分为三类，第一类是以北京、大连、重庆渝中区为代表的国际旅游目的地建设类型，主要是丰富其旅游目的地建设内涵、提升其服务质量等；第二类是以沈阳市南部临空旅游区、杭州州桐庐县委代表的城乡统筹建设类型，主要是发挥旅游业在促进城乡统筹、美丽乡村建设中的积极作用；第三类是以都江堰市、汶川县等为代表的灾后重建类型，主要是突出旅游业在灾后重建中的主导和先导作用。❶

可以看出，全域旅游在对接以往成熟旅游转型中，成为良好的载体；也是旅游后发展地区的旅游发展方向；在国家推动文化创意产业的发展进程中，全域旅游除了实现旅游跨越发展和区域整体进步之外，对于文化创意产业的发展实现，也起到积极的作用。

一、全域旅游的本质

本质是事物本身所固有的根本属性，或者说是指事物存在的依据。搞清楚本质，才能使人们脱离具体的形象进行创新活动。准确把握全域旅游的本质是科学推行全域旅游发展理念，有效落实全域旅游战略目标的基本前提。

发展经济学认为，经济发展具有一定的阶段性，不同的发展阶段对应不同的经济发展模式。同样在旅游业的发展中随着整体的经济社会发展，也在遵循同样的规律。那么，全域旅游这一新的发展模式，它的本质特征主要是指资源的整合以及产业的带动。

（一）资源的整合

以往的地区旅游发展，一般都是指该地区的旅游景点发展。通过景点门票的利润实现，进而增加该地地区的经济收入。然而，随着景点旅游方式的顺延，使得没有景点的地区望尘莫及抑或东施效颦；有景点的地区忽略旅游业发展质量、降低旅游发展新动能，并与此产生了很多不和谐的因素。比如，居民是居民、旅人是旅人；城市是城市、景区是景区。当旅客看惯景区的核心吸引物之后，却缺少了完美的旅游体验感。所以，全域旅游的本质特征之一，就是"域"的整合实现。而要真正实现"域"的整合，核心还是资源的重新整合。把不同特色的旅游产品或业态集群分布在各个空间板块，在不同的时间、空间打造不同特色的旅游产品。除此之外，还要对现有资源进行重新开发和"洗牌"。

---

❶ 银元，冉玲瑛，姚刚. 丘陵地区全域旅游发展对策研究——以四川省南充高坪区为例 [J]. 农村经济与科技，2016（11）.

随着旅游的深入发展和不断变化，满足现代旅游需要的资源已经不仅仅限制于自然资源和人文资源，还包括相应的特色资源、城市资源、创意资源等。那么，真正实现全域旅游，就是要把每一个有价值要素都挖掘成为旅客的兴趣点或者旅游产业的创新差异点。把这些点作为突破口，通过资源的挖掘去满足市场需要的同时，重新找到该资源的其余价值属性，把能够挖掘的优势资源进行整合，把能够培育到的产业要素进行整合。所以，全域旅游的本质特征之一就是资源的全域。而资源的全域就是指资源的整合、挖掘、突破与优化。

（二）产业的带动

旅游经济系统包括旅游者的消费活动和旅游产业的经营活动。以往景点旅游经济主要是门票经济，而真正的旅游活动是一种移动空间的消费，从出发地到目的地再返回出发地的整个消费全过程都应纳入旅游活动，因此，除了门票经济之外，受到旅游消费的影响，虽然旅游业难以像制造业可以在该空间产生规模的经济效应，但是却可以通过旅游消费细带的衔接、要素的配置、点线的突破，分级别、分系统地逐步带动该地区的整体经济效益。而在整个带动过程中，旅游业的催化作用非常重要，通过以旅游为中心的核心服务业的发展，旅游周边产业的集聚开发和差异落地，才能促进地方包括农业和工业在内的相关产业的迅速发展和特色化建设。

二、全域旅游的核心

全域旅游发展的核心在于"创新"二字，文化创意产业的核心在于"创造力"。因此文化创意产业其本质就是一种"创意经济"。"创意"或者"创造力"包括两个方面：一是"原创"，这个产品是前人和其他人没有的，完全是自己首创的。二是"创新"，它的意义在于虽然是别人首先创造的，但将它进一步地提升转化，形成一个新的产品。主要包括：资源的创新、产品的创新、产业的创新、市场的创新。

2016年夏，国务院总理李克强在出席达沃斯论坛开幕式上发表致辞时提到"旅游、文化、体育、健康、养老"五大幸福产业快速发展，既拉动了消费增长，也促进了消费升级。确定了以旅游业为首的五大幸福产业。

旅游作为从出发地到目的地的一种通道，在空间上的一个行为过程。

在我国已经到了"工业化"和"城镇化"的中后期，旅游在带动多种行业发展、产业创新、作为"十三五"规划中被上升的战略性支柱产业的同时，如何能让人民变得更幸福？作为全域旅游的核心到底是什么？

从游者的角色感知来看，旅游的根本就是去寻找文化差异性的心灵感受。所以全域旅游的核心还是在"文化"二字。文化是旅游的灵魂，也是旅游产业的支柱。旅游文化不是旅游与文化的简单相加，而是一种全新的文化形态，它是指人类通过旅游活动改造自然和环境自身的过程中所形成的价值观念、行为模式、物质成果和社会关系的总和。以一般文化的内在价值为依据，以食、住、行、游、购、娱六大要素为依托。

从主观上来看，旅游文化是旅游者在进行旅游目的的主观需要。美国旅游学美学家伯特·W.麦金托曾将旅游动机分为以下几种基本类型：身体方面的动机、文化方面的动机、人际方面的动机和地位以及声望方面的动机。著名心理学家马斯洛需求层次理论是行为科学的理论之一，在《人类激励理论》论文提出，书中将人类需求像阶梯一样从低到高按层次分为五种，分别是：生理需求、安全需求、社交需求、尊重需求和自我实现需求。

北方居民通常在寒冷的冬季喜欢去海南度假、"驴友"俱乐部作为一个陌生却熟悉的和谐交往群体越来越被推崇，这都体现了旅游者在旅游过程中的生理需求以及社交需求。然而当面对大自然的鬼斧神工，进行登山、滑翔、跳伞、潜水、徒步等旅游活动；或者在特色小镇以居民即镇长的身份实现一个人的居住梦想，谈笑有鸿儒，往来无白丁；抑或在灵山精舍禅修，无一不是自我实现需求的充分体现。而自我实现需求的过程，其实就是一种文化认同的过程。从旅游资源所蕴含的文化中汲取智慧，从情境交融的异地体验中自我提升，利用旅游文化的内在价值激发旅游者的内心。

从客观上来看，旅游文化是旅游资源最重要的内涵。旅游资源大体可以分为两种，一种是自然资源，一种是人文资源。海南省作为 2016 年全域旅游示范地区，具有丰富的自然资源。据统计，海南省各类景区、景点近 70 个，主要旅游资源仍然以自然景观为主。比如蜈支洲岛、天涯海角、大东海、槟榔谷等。在大旅游的背景下，海南省将其独特的生态文化、民族文化与旅游资源相结合，尤其在其是 20 多个民族聚集的前提下，由于这些民族文化承载着丰厚漫长的文化底蕴，在保持这种文化的原生态的基础上，深入开发，增加了文化旅游的娱乐性和游客的参与性。因地制宜、差异发展，最终在海南形成了品牌效应。

云南作为旅游大省，有丰富的自然资源与少数民族文化资源。在以文化与旅游融合发展的目标下，也收获了极其丰富的经验。比如《太阳女》《印象丽江》大型舞台文化作品对于少数民族文化的成功表达；除了丽江、大理古镇之外的特色旅游文化小镇的大力开发以及对于村寨文化的大力挖掘、民族文化载体的加强保护，都在给云南旅游加分。所以，一幅被文化穿梭的自然景象、几首历经沧桑却仍旧隽永的诗词歌赋、巍巍古迹、多面情怀，文化的多元、传承、特殊、差异，这些才是旅游的魂。

以全域旅游的发展为出发点，旅游文化是全域旅游的支柱。2016 年 1 月，国家旅游局局长李金早指出，传统以抓点方式为特征的点旅游模式已不能满足现代大旅游的发展需要，必须从景点开发模式转变为全域旅游模式。这意味着要用全域旅游对接大众旅游时代。中国社科院旅游研究中心副主任戴学峰说，全域旅游首先是一种理念，是一种发展模式，是融合发展，是全类产品的开发，是全面机制体制的创新，也是公共服务的发展，这才是全域旅游的概念。

在全域旅游概念提出的一年多时间里，作为国家供给侧改革的重要调整部分，各省都做了相应的实验与突破。应从以下三个方面做好全域旅游：

一是从点向面的突破，提升区域整体吸引力，拓展旅游产业的关联度。过去，我国旅游抓"点"抓"线"，把旅游的过程仅仅当作是景区景点观光、饭店酒店消费。然而，由于这种封闭式的定位模式，使得景区内外的分化严重，矛盾突出。整个区域受益不明显，加之景区本身的开发力度薄弱、辐射能力差，使得游客的旅行美好体验感降低。所以，只有跳出景点、饭店、宾馆等要素，无论从经营管理还是产品开发，不依靠这些旅游必备要素的单独实现，而从优化旅游产业的全过程、打造旅游产业的全方面、配套旅游的全要素、关注旅客的全体验。以点带面，系统全面地提升区域的整体吸引力，才能真正实现全域化发展。

二是要从单纯的门票经济走向服务经济。发展全域旅游是突破门票经济的有力平台。李金早局长说过，景区门票价格上涨过快，很大程度上与景区经营模式单一、过度依赖门票收入有直接关系。所以，只有转变旅游发展模式，从"围景建区、设门收票"向"区景一体、产业一体"转变，才能真正实现从门票经济向服务经济的转变，最终完成综合产业经济的转变。据世界银行估算，旅游业每消费 1 美元，就可为全球带来 32 美元的经济增长。从消费规律看，人均 GDP 达到 5000 美元后，人民健康性、娱乐性、时尚性消费支出比例将大幅度增加，旅游将成为百姓常态化的生活方式。作为对健康性、娱乐性、时尚性融合度最高的现代旅游业，正在成为融合第一、第二、第三产业的综合性产业，其关联产业达 110 多个，不仅促进和带动了适应消费结构升级的农产品、工业品开发、生产、消费和升值，也带动了服务业相关行业的大发展，尤其是对餐饮、住宿、民航、铁路客运业的贡献率都超过 80%。所以，只有发挥旅游业的充分引领作用和拉动作用，才能真正成为"十三五"规划中的战略性支柱产业。而这也就是要求从旅游的前端、中端到后端，通过"旅游+"的发展模式，形成完整的信息链、产业链、人口流动链和资金链。在产业布局上，形成以旅游、信息、交通为要素的网状结构，实现全域旅游的经济增长不仅仅是门票经济，而是服务经济、产业经济。

　　三是从一次性观光消费走向重复性休闲消费。景点依然是区域旅游发展的中心，不能跳出景点空谈全域。目前，中国旅游业的发展已经从"观光游"走向"体验游"，"团队游"走向"深度游"。旅游地的选择、旅游方式的确定、旅游体验的形成以及对于整个旅游客体的评价标准，都与以往有极大的区别。他们更在乎旅游过程的整体感受，而不是单纯的景点给予的吸引度。与此同时，在主观需求发生变化的情况下，旅客本身又与旅游目的地的各个环节与内容产生着千丝万缕的联系。所以，是在与中国旅游发展模式基本吻合的基础上，才有了全域旅游的发展观念。也正是在这样的发展观念中，才使得区域旅游更加重视服务体验与文化体验，在旅客与旅游地彼此契合的过程中，自然就会把一次性的观光消费走向重复性的休闲消费。然而，并不是说全域旅游抛开景点全靠体验，旅行毕竟是有目的的活动，大多数旅客仍是基于某个城市的景点坐标才开始做更多地选择考量，所以景点的吸引力才是全域发展的中心；另外，在"旅游+"的基本发展模式中，不是依靠其他产业来发展旅游，而是用旅游业去做引领与带动。在本书第四节中，我们会列举出几种全域旅游的发展模式，所提出旅居"1+N"模式发展就是全域旅游的具体发展模式。

在以上所提到的全域旅游三个转变中，旅游文化仍然是全域旅游的支柱。作为我国供给侧改革的重要载体、"十三五"规划的战略性支柱产业——旅游业，无论从境内还是境外，此地还是彼时，独具特色并且招徕游客最重要的因素就是文化因素。对于国外游客来说，人文古迹、民族遗产应该是令他们流连忘返的重要原因；对于国内游客来说，踏古访今、读史明鉴也该是他们最重要的旅行哲学。甚至可以说，旅游资源是在文化基础之上形成的经济载体。尤其在新形势下，进行旅游供给改革的目的也是不断地满足旅客需求，培育新的旅游产品，深入游客的旅游体验。乡村旅游的某种情怀被打动、主题公园的整个神经被调动，特色小镇的某种价值被认同。我们可以看到，新的旅游产品开发中，全部都汇集着文化的要素。目前，文化旅游方兴未艾，也是今后旅游的发展方向。因此，旅游以及相关行业，必须在不断丰富其文化内涵的基础上，增加特色元素，对旅游产品进行多元开发，才能实现经济与社会效益的全面增值。

第二节　全域旅游的发展理念

从我国社会经济发展来看，已经进入了后工业发展时期。长期的工业化与城镇化道路的实现，既给我们带来了广泛的收益，也随着资源与人口大面积转移向工业与城镇，产生了相应的弊端。所以，为了减少二元结构所产生的矛盾、增强农业经济的发展，在我国社会经济发展进入新常态下，旅游的改革是弱化这些矛盾的重要出口。通过旅游资源的放大、旅游产品的改变，乡村旅游的推动，全域旅游将用其丰富的关联性和带动性强的产业特征，在经济社会的转型与发展中发挥着重要的作用。所以，全域旅游是在国民经济和社会发展的大背景下产生的，全域旅游又反作用于经济社会，推动其转型升级。

从旅游发展的方式转变来看，我国旅游业已经从"小旅游"走向"大旅游"。单纯的景点旅游已经不能适应游客全面休闲度假的体验需求。伴随着深度体验旅游方式的逐渐转变，目的地旅游才是目前旅游态势所指向的目标。所以，在空间转移、时间推进的旅行过程中，一个旅游区域的整体环境、整体感受才是评价旅游得分的重要标准。也正因如此，才迫使很多地区跳出景区，挖掘资源，进行旅游要素的全方位开发与融合。而这些，正是全域旅游的表现形式。

2016 年，国家旅游局开展了全域旅游示范区创建工作，262 个市县成为首批国家全域旅游示范区创建单位。2017 年国家旅游局局长李金早做的工作报告中，也多次对全域旅游做了重要阐述。❶这些都标志着我国旅游正在向"全域旅游"过渡。那么，作为全域旅游的发展理念到底是什么，本书在其产生的背景下，结合实践探索，总结如下。

一、全地域

在旅游以"观光"为主的背景下，一个区域的旅游是由不同景点串联在一起，并把这些区域合并连接，最终构成游客的旅行线路图。而在以"体验"为主的当代旅游背景下，一个区域经常会被当作一个独立的综合目的地。所以，全域旅游的第一个发展理念就是"全地域"。这是一个整体概念，它要求在把区域景点作为独立吸引标的物的基础上，进行该地域的整体打造，而不是只在景点上做文章。更重要的是，全域旅游是在我国宏观的社会经济发展框架的大背景下产生的，以旅游为支点去推动相关的产业调整、统筹各方面的整体发展，必须用大视角进行整体的全域规划。

二、全领域

在全域旅游的发展理念中，如果说"全地域"是一个整体概念，"全领域"就是一个被拆分后重新形成的名词。从横向上看，全领域是指除了要在旅游景观上有所优化并且改良之外，对于整个城镇农村的其余角落，都试图从是否能被开发成风景为出发点，进行挖掘与打造。当然，这不是说对每一个地区都要进行全域全景观开发，处处建项目，处处搞旅游，而是指在旅游要素和产业布局的重新布置后，充分发挥它们的休闲功能、度假功能，形成休闲社区、特色小镇、旅游综合体等多种旅游产品，形成良好的公共旅游自助服务体系。满足游客的某种情怀，实现他们旅游的终极目

---

❶ 郭静.恩施州全域旅游示范区建设路径研究［D］.恩施：湖北民族学院，2017.

标。或者说，能让游客在疲惫后感受温情的瞬间。从纵向上来看，全域旅游的全领域还包括政策法规的出台、体制机制的运作、治理以及服务的配套覆盖。若要实现旅游业与经济社会相互促进、共荣共生的格局，这些领域缺一不可。

三、全要素

从宏观角度来看，全要素是指对于该地域的供给侧改革实现上，是以旅游与资本、旅游与政策、旅游与生活、旅游与功能作用等的配套发展。[1] 所以，在宏观下的全要素，是指不以旅游为单体开发的旅游模式，而是包括其余众多的资源开发与配套。

从微观角度来看，它是指在把旅游目的地进行整体打造的基础上，对于旅游资源的挖掘升级与全面整合，在均衡发展的前提下，构建起一个全域化发展新局面。所以，在全要素的开发实现中，既要注意对自然资源、人文资源本身的挖掘与升华，又要在建设发展路径中，抓住特色、突出优势、精品带动、资源整合。[2] 随着人们旅行目标的深入，传统旅游业"食、住、行、游、购、娱"六大要素已经逐步发展为"商、养、学、闲、情、奇"。[3] 应运而生的文化创意旅游、商业养老旅游、健康养生旅游、教育旅游等旅游产品也越来越被人们关注。诸如浙江省，在开展最美乡村建设中，在符合相关旅游条件的前提下，某些村落在农业旅游中注重乡村建设与生态养生旅游产品的开发整合，把原汁原味的田园风光、古朴淳厚的民村民俗与温泉养生、理疗健体整合打包，既养眼，又养心。所以，在全要素的微观发展理念中，重视要素价值的挖掘开发、优势整合。

四、全方位

全方位的发展理念，主要是指体验全方位。20 世纪 90 年代至今，国内旅游蓬勃发展。可在以"观光旅游"为主渠道的旅游过程中，景区高门

---

❶ 彭灵芝. 湖南乡村旅游供给侧改革对策研究 [D]. 株洲：中南林业科技大学，2017.

❷ 蒋作明. 淮北市全域旅游发展对策研究 [J]. 宿州学院学报，2017, 32（11）：29-34.

❸ 李建峰，王文轩，李倩. 全域旅游助推县域经济发展路径研究——以河北省承德县为例 [J]. 农业科技与信息，2018（01）：73-74.

票、节假日高拥挤、参团定点购物的旅游体验非但不会满足游客旅行的初衷，反而会在实际运作中给游客带来二次伤害。所以，在大旅游的发展背景下，如何提高游客的满意度才是我们要现实思考的重要命题。❶ 或许田间一缕薄薄的春风就能让你想起儿时乡下的田野，旅行城市的某一个书店就解答了你诚惶诚恐的种种疑问，某一次的旅行地的文化节，重新梳理了你的价值认同。这些不是一个景点能给予的精神财富，也不是某次走马观花得到的温情瞬间。

旅游经济是于空间的转移才产生的效益，除了从出发地到目的地的整个过程包括吃、住、行等基本要素都要被充分重视以外，在对于游客的体验需求上，还要从多角度进行满足。比如旅游产品的主题化、形象化，旅游表达形式的多样化、系列化、差异化，旅游休闲消费的自然化、舒适化。从各个维度打造"磁力场"，以此来满足游客不同的、更高的体验要求。

五、全过程

一个区域要做好全域旅游，除了树立全域旅游的理念，还要注重优质景区的打造。在对景区打造的培育完成之后，再用景区标的物吸引度来带动旅游服务设施建设，继而在该区域旅游市场逐渐扩大之后，再产生新的旅游产品和旅游服务设施，最终才能真正地实现"旅游+"的基本功能，利用打造的资源与其余社会资源进行新的融合，带动泛旅游产业的发展，实现全域旅游的发展目标。

以上所讲的过程，从该地域的角度出发，是全域旅游目的地的打造过程，相应的，从游客角度出发，就是他们在该地域进行的由点到线、由线到面、由面到网的旅行过程。所以，在全域旅游的发展过程中，构建与管控建设过程，才会给游客完满的过程体验。

六、全行业

产业主是指经济社会的物质生产部门，是介于宏观经济与微观经济

---

❶ 张辉，岳燕祥. 全域旅游的理性思考［J］. 旅游学刊，2016，31（09）：15-17

之间的中观经济。行业一般是指其按生产同类产品具有相关工艺过程或提供同类劳动服务划分的经济活动类别。二者是包含与被包含的关系。一个产业可以包括多个行业，但是一个行业只能从属于一个产业，产业是行业的总和。所以，产业的带动推动作用，取决于旅游业与各行业之间的相互配合。

全行业的发展理念，主要是指在全域旅游的发展过程中，在突出游的核心地位的前提下，旅游业对于其他行业的带动作用以及其他行业对于旅游业的反作用。众所周知，旅游业的发展一定程度上带动了交通业、通信业、住宿业、餐饮业、娱乐业等行业。在全域旅游的发展实现中，更加应该注重旅游的核心作用。以旅游业作为中心，顺畅地打通与各行各业的关系。我们所提到的"旅游＋"，其实就是充分发挥旅游业的催化剂的催化作用，让各行各业在旅游这个平台之上，增加这些行业的附加值，或者经过融合跨界，重新形成赢利点。那么，这种理念就要求在各行业与旅游业深度融合的过程中，旅游业发挥其主动作用，主动对接，换位思考，主动叠加其服务功能。优先选择成熟的行业加以推进发展；而作为各行各业在实现其利润增加与转换的过程中，应更加注重向旅游业的渗透。

七、全时间

以往的景区观光旅游，最大的壁垒在于淡季和旺季的划分，最大的利润盲点在于过分看重"门票经济"。经常忽略其余的利润支点，也使得游客的整体体验感降低。

在全域旅游中，全时间的发展理念认为，旅游业持续有序的发展，应该突破时间的束缚，无论淡季还是旺季，无论白天还是夜晚，都可以向游客提供满足其需求的旅游产品和休闲体验。

针对淡季、旺季的区别划分，在实施过程中可以通过增加其全域体验感，以丰富旅游产品，打造区域整体形象为出发，针对旅游产品本身做到旺季抓管理，淡季抓营销进行突破；做到"万紫千红花不谢，冬暖夏凉四时春"。针对"8 小时经济"的利润盲区，可以通过全天候旅游体验和项目设计，逐渐把旅游利润线条延长至"24 小时经济"，增加同一旅游产品的不同时段体验感，拉长旅游线条，增加其夜间休闲度。据心理学研究，夜间人的感情更为丰富，打造夜间的旅游吸引力更容易引发游客的情感共鸣。所以，在实现资源的有效整合与多样化开发的过程中，可以通过夜间演艺、夜间夜市、夜间景区等方案成为该区域打造的旅游重点。

八、全社会

全社会发展理念主要是指全社会参与。全域旅游是社会共建共享的发展理念，理念本身就要求在实施过程中具有全局观念。政策配套、管理到位、全民参与，协抓共管。主要强调了旅游相关要素的配备完善。另外，全域旅游在实现的各种具体模式中，从时间或者空间来看都会出现居民生活与旅行消费的重叠，由此也会产生城市的全方位管理与旅游管理的重叠。面对这些新的问题特征，更需要以全社会共同参与相互协作的发展理念去引导解决。❶

所以，在全社会共同参与的发展理念中，首先，要调整发展战略，构建从全局出发，有效整合区域资源，统筹推进全域旅游发展格局的工作思路，各部门之间彼此联动的发展思路；其次，要构建综合协调管理体制，围绕产业综合发展的基本需求，进行综合管理，正确处理政府与市场的关系；再次，要注重公共服务配套系统的完善，尤其在服务链的创新完善上，要同步发展全域旅游的专业服务与综合服务，创建良好的公共服务网络平台；最后，落实全民共建共享的实处就是既要让建设方、管理方参与其中，也要让广大游客、居民共同参与，最大限度地汇聚投资能力，从多维度增加旅游收入和泛旅游收入。

九、全产业

我国在逐渐走入后工业社会的过程中，旅游格局与旅游需求产生的矛盾，使得旅游需要自己的发展空间；城镇化发展的二元结构矛盾也对城镇化的建设从空间层面上提出了升级要求。2016年的全国旅游工作会议上，李金早局长就提出要推动我国旅游从"景点旅游"向"全域旅游"转变。并且他明确指出"全域旅游是指在一定区域内，以旅游业为优势产业，通

---

❶　孙钰 . 全域旅游背景下滁州旅游发展关键问题研究［D］. 合肥：安徽大学，2017.

过对区域内经济社会资源尤其是旅游资源、相关产业、生态环境、公共服务、体制机制、政策法规、文明素质等进行全方位、系统化的优化提升，实现区域资源有机整合、产业融合发展、社会共建共享，以旅游业带动和促进经济社会协调发展的一种新的区域协调发展理念和模式"。所以，全域旅游主要强调了旅游业对于其他产业的带动作用和区域经济的协调发展作用。那么，在全域旅游的发展理念中的全产业是指重视旅游业与其他产业的融合带动，向多产业跨界整合的大力发展，最终实现大旅游产业格局的构建，以此来实现新的区域协调发展理念。

全产业的发展理念是全域旅游发展理念的核心，也是出发点和落脚点。在通过旅游业的转型发展去带动社会经济转型发展的过程中，产业带动与融合是重中之重。这就要求我们首先要求对旅游自身的业态进行培育和发展，进行新业态的开发与引进，这是推动旅游产业转型升级的重要动力；其次，以泛旅游产品引领大产业发展，延长产业链条，打造集多要素为一体的全产业链；最后，走向全产业向旅游的趋向融合，提高区域的整体市场竞争价值与市场体验价值。

十、全空间

在全域旅游发展理念中的全地域与全领域，已经阐述清楚地域的整体打造理念与各领域的旅游渗透思路。全产业与全社会的发展理念已经明确表达了产业的带动作用和各领域的参与作用。从物质客观存在形式的角度来看全空间的发展理念，可以详尽地包括以上十全理念。而如果仅仅从地理空间的角度去考量，该理念是指旅游产品布局的全面性和覆盖性。

"一步一盛景，回头变万千"，全空间的发展理念在十全理念中，除了强调旅游产品的全方位开发外，更加注重对于这些旅游产品的良好布局，保证旅游产品的吸引力与有序供给。另外，在真正实现布局良好的愿望时，更应关注旅游交通、旅游信息网络平台以及自驾车营地灯设施的建设规划，使其真正做到设计合理化、便捷化；以吸引游客眼球，提高游客舒适度，减少游客与各方主体矛盾冲突为目的，实现旅游产品布局全面并且人性化的合理设计。

第三节　全域旅游的特征

随着旅游时代的整体转型和旅游阶段的成长发展，全域旅游成为目前各地方旅游业的发展理念和发展模式，如火如荼地进行各项工作。然而，作为后工业经济社会发展背景下经济增长与结构调整的有效手段，全域旅游作为一个全新载体并无统一模式，各地的着手点与侧重点也不尽相同。在整个探索过程中，或多或少的会出现方向的错误与路径的偏离。

2017年全国旅游工作报告中，李金早局长就提到，发展全域旅游一定要避免"八大误区"："一是竭泽而渔、破坏环境。二是简单模仿，千城一面、千村一面、千景一面。三是粗暴克隆，低劣伪造。四是短期行为、盲目涨价。五是不择手段，不顾尊严，低俗媚客。六是运动式、跟风式的一哄而起和大拆大建。七是重推介、重形式，轻基础、轻内容。八是在全域旅游改革中换汤不换药，换牌子不换体制，换机构不换机制，换人不换理念。"

那么，从有效的理论指导和各地的探索实践成功经验中抽离全域旅游的一般性，我们认为其特征主要有以下两点。

一、不可复制性

这是指由于各个地区地域不同、发展不一、资源各异，不是所有地区在现有条件下都适合全面实行全域旅游，在各地分步进行的过程中，一定要遵循事实，从实际出发。客观分析各地旅游产业的发展阶段与成熟程度，准确把握当地的优势资源与短板，制定适应各地自身的旅游发展目标、过程与方法。既要按旅游业的整体发展规律来进行旅游产业的发展，又要把理念落地，从基层准确认识与把握。❶

除却由于环境保护等各方面原因不适合发展全域旅游甚至不适合发展旅游产业的地域之外，在适合打造全域旅游的区域中，应该注意以下问题。

（一）尊重发展，因地制宜

总体看来，我国的旅业虽然发展较快，但是仍然存在发展不均的现

---

❶　杨振之.全域旅游的内涵及其发展阶段［J］.旅游学刊，2016，31（12）：1-3.

象。有些地区自然资源广泛、文化底蕴丰厚、景点独特、景区设置良好，可谓有着得天独厚的优势，加之长期对于旅游的探索实践，已经形成了较为成熟的发展轨道。由此以来，只需将发展理念进行方向转换，更加有效地整合区域资源，积极地促进产业联动，在机制体制的配套转变进行中，真正做到用旅游业去带动整个区域的经济社会协调发展。[1]然而，还是会存在很多地区，旅游产业处于萌芽状态，游客到访量很低，甚至没有 A 级景区和星级酒店，泛旅游行业发展几乎没有。

针对这种情况，在实现高瞻远瞩的旅游业带动的梦想之前，还是要从基本的旅游发展做起。[2]把首要目标锁定在景区景点、宾馆酒店的建成，准确打造旅旅吸引物，同时，逐步完成配套设施的基本开发，总之，一切从基础入手。当然，以上是各从两种极端进行分别讨论，在目前，我国更多的地区旅游发展状态是有景区，但没有深度打造；有配套，但没有良性循环；有政策，但没有形成完整机制；有旅游，但没有进行格局发展的局面。所以就要因地制宜地根据不同的资源特色探索增加景区建设，对旅游资源进行深度挖掘，积极促进旅游产业升级，逐步地打造格局立体的全域化发展。

（二）突出特色，量身打造

在全域旅游的本质中曾经提到过，旅游的根本就是去寻找文化差异性的心灵感受。那么如何有良好的差异感受，使走在路上的行者总会有耳目一新的美感，对于他们而言，是由该地域的旅游空间布局、特殊的山水人文等因素所共同决定的。

2017 年全国旅游工作会议的工作报告中，对 2017 年全域旅游工作进行了部署，提出要实施综合体制改革、全域旅游示范区创建、全域旅游全信息系统建设三项重点工作。在部署全域旅游示范区创建工作方面，提出要"分类"制定全域旅游示范区创建标准。这其实就意味着，在全域旅游的发展道路上，由于各区域的核心资源、发展程度有所不一，各地域应重点突出特色，虽不能面面俱到，但却要独树一帜。

旅游业的发展前景决定于发展模式，在"门票经济"的观光旅游状态

---

[1] 郭建华.万达长白山国际旅游度假区全域旅游建设问题研究 [D].长春：吉林财经大学，2017.
[2] 华琳.全域旅游视角下龟峰旅游发展研究 [D].抚州：东华理工大学，2017.

下，由于旅游收入来源单一、旅游产品缺乏创新，与市场潮流对接匮乏，使得在形成大旅游产业的道路上阻力重重。而在我国从景观旅游走向大旅游的产业转型升级的过程中，针对不同的地域旅游发展土壤，应合理选择适合于自身的全域旅游发展模式，并在该模式下进行价值挖掘与相应旅游要素的整合，最终形成自己的特色。在对全域旅游开发模式的选择上，应当注意以下两点：第一，注意旅游目的地发展阶段与发展水平，不同发展阶段的旅游目的地，旅游开发的角度是不一样的。[1] 第二，注重旅游吸引物的品级和旅游市场的整体概况。

举例来说，在景区式的观光型旅游的发展过程中，经过多年的发展，传统观光景区在我国的整个旅游的发展中具有举足轻重的地位，也可以被称之为先遣队。然而伴随经济社会的整体转型与旅游产业的规模发展，也由于其自身自我成长较慢，更新能力薄弱，市场对接不灵活，使其吸引力在逐年递减。所以在对仍然以景区为核心的旅游打造地区中，首先还是应当加深对景区的重视程度，应深刻地认识到这些景观仍然是我国的优质观光资源，加深对于该资源的价值挖掘，明确提升方向，创新产品开发。

除此之外，在打造旅游观光的基础之上，进行休闲度假市场的主动开拓。也就是源于山水，根植文化，创新旅游开发。使得休闲元素融于旅游观光，旅游观光促进休闲度假，双方互动发展，共同促进传统景区的转型升级。最终达到用景区带动旅游业与相关产业的融合，推动当地经济社会发展的目标。在城市型的功能型旅游的开发发展过程中，应把重点放在游客角度，根据游客的多元化旅游消费需求，进行旅游产品结构调整。以市场为引导，重在开发融合观光、休闲、娱乐、购物等多种功能的城市型多元化旅游产品。而在全域旅游最终走向的旅居化的创意式旅游发展模式中，就要从点到线，从线到面，充分地满足游客既要认识世界也要认识自我的心理需要，从各个维度满足游客的异质生活体验。

在这种复合型的发展模式中，应在积极打造地域特色旅游资源，深度挖掘地域文化要素的核心基础上，积极推进"旅游+"，规划开发文化休闲、生态观光、乡村旅游等跨界产品，充分进行旅游要素的深度整合产业

---

[1] 王源浩. 基于全域旅游的重庆市房车旅游开发模式研究［D］. 重庆：重庆师范大学，2017.

融合。❶ 如此一来，由于各地土壤有异，发展不均，特色资源不同，文化要素各有千秋的原因，所以应因地制宜、量身打造旅游发展，才能实现不可复制。

二、可持续性

任何产业的发展，都应与经济社会发展新常态紧密结合，旅游业也不例外。改革开放以来，我国一直以工业化为主线来推动我国的经济社会发展，在工业化和城镇化的发展道路中，我国经济的增长速度主要得益于此，然而产生的二元结构矛盾突出、生态环境恶化、农业的规模发展和附加值受限等矛盾也同时出现。与此同时，后工业社会进程中，破解二元结构发展方式难题就成为当下的经济社会发展实践中的重要任务。

目前，我国经济增长驱动力由工业向服务业驱动、由传统产业向创新驱动、由投资驱动转向消费驱动等一系列调整，也都是应对之前二元化结构矛盾的主要办法。作为结构升级和区域转变的重要带动产业——旅游业，为了充分发挥其引领作用，成为我国经济社会发展方式的有效途径。在准确把握我国目前经济社会的新态势与新趋向，从旅游新常态看到背后被跨越的其余产业界限的过程中，就一定坚持可持续发展的基本理念。因为只有以可持续性作为全域旅游的发展构成，通过旅游化来进行发展方式的转变，才能对于缓解二元矛盾、积极推动农业现代化，对于自然文明和农耕文化的保护，以及对旅游转型实践过程中对于相关产业的收益的有效带动，起到积极的作用。

党的十八届五中全会提出了"创新、协调、绿色、开放、共享"五大理念，也是在这五大理念的引领下，适时地提出全域旅游的发展概念。这也从另一个侧面告诉我们在全域旅游的发展过程中，应当积极践行这五大理念，真正做到和谐发展、绿色共享。

以上都是从宏观的角度来对全域旅游的可持续性剖析原因，从旅游业的发展来看，能否真正地成为一个地域的产业支撑并且起到良好的引领作用，能否交叉渗透到各个行业与产业当中，以一个优质的产业生态，用开

---

❶ 陈宗宁.基于全域旅游视角下松溪县休闲农业与乡村旅游发展研究［D］.福州：福建农林大学，2017.

发共享的姿态去推动产业融合都与可持续发展息息相关。换句话说，全域旅游战略的成功与否，全域旅游在缓解二元矛盾与积极推进旅游城镇化的道路能走多远，都取决于可持续发展的重要特性。

在全域旅游的发展过程中做到可持续，这既是践行理念、评价标准，也是一个具体的操作流程。

首先，统筹多方要素，促进健康发展。习近平总书记强调，"生态环境就是生产力"。要正确处理开发与保护的关系，坚持保护优先原则，把生态与旅游结合起来，把保护与发展统一起来，切实做到合理开发、永续，实现旅游业可持续发展。在整体统筹的过程中，一定要注意强化政府的引领作用，依法保护和合理开发旅游资源，形成良性的开发机制。严格执法，强化监管，加强管理和协作，健全依法治旅工作机制。

其次，加速多业互动，推进产业融合。全域旅游强调全产业，可持续性不仅在全域旅游发展中表现为自身的良性走向，也体现在与旅游业相关产业的整体发展轨道中。旅游产业的链条很长，要想可持续，就需要在全产业链条上贯彻可持续发展的理念。通过全域旅游来实现农业与旅游、工业与旅游、养生与旅游等业态的整合，打造出休闲娱乐、中医药养生、温泉疗养、户外健身等多种绿色业态。除了大力发展现代农业，推进农旅融合。还可以以企业为载体，将旅游要素植入工艺流程的各个环节，变生产为景观、变厂区为景区，推动工旅融合发展。再者，以市场为导向，大力发展文化娱乐等产业，满足游客多样化消费需求。培育龙头旅游商品企业，推进商旅相融。这些产业融合都是全域旅游可持续发展的集聚走向。

再次，坚持绿色发展，发挥旅游生态效益。在旅游资源的开发过程中，严格进行生态保护。旅游发展规划与生态环境保护规划的衔接上，要畅通有力；在重点旅游区域的生态培育上，要选取有利于生长方式的开发模型；在旅游项目的建设上，要为生态修复和环境改善创造先决条件。倡导绿色出行，实现和谐共生。

总之，为了实现旅游业在新的经济发展常态下起到稳增长、调结构、益民生的引擎作用，就要把其放在地域发展整体脉络格局中的绝对地位进行把握，用可持续发展的眼光将全域旅游与社会结构优化、经济效益增长、治理能力增强、幸福指数提升进行紧密的结合。

第四节 全域旅游的模式

一、全域旅游要有破"全"新思维

做全域旅游应立足地方旅游发展条件和所处阶段，以市场为导向，破除求全迷思，立逻辑，找抓手，达目标。

对不同区位、不同先天资源、不同发展阶段的区域，全域旅游建设的工作重点、方法思路、实现周期、难易程度肯定有所不同。发展全域旅游定要打破"全"的概念，绝不能面面俱到，否则就没有重点和突破口，是对财力、物力、人力的浪费。

首先，对游客和本地休闲消费客群而言，一个地方的全域旅游是否具有吸引力，核心仍在于有没有符合市场需求、能吸引消费者的旅游吸引物。因此全域旅游的开发必须立足于自身特点，从市场需求出发，开发相应的旅游产品。目前的旅游市场越来越细分，越来越多元化，旅游目的从单一的观光为主，升级为观光、休闲、度假并存的多元结构；对旅游出行组织方式的需求，从组团为主转化为自助、自驾、组团相结合；旅游人群也开始划分为儿童市场、学生市场、情侣市场、家庭市场及老年市场。只有充分研究目标旅游市场的特征，才能开发出畅销的旅游产品。

其次，全域旅游应该在适合旅游开发的区域内，立足地域特色，充分利用"旅游+"的手段，实现有针对性的产品的创新。全域内定有非旅游开发区，全景中定有非景建设区，不惜血本的全域旅游开发、全景观化不符合经济社会发展要求和规律。在全域范围内，寻找适合发展旅游的关键节点，通过"旅游+"的手段，把旅游和不同产品业态进行创意组合，形成满足市场需求的有效供给。因此，"旅游+"是手段、工具和方法，是政府发展全域旅游的关键所在。

二、全域旅游五大基础支撑

全域旅游开发的五大基础支撑包括旅游吸引物、旅游区、旅游交通、乡村、城镇五个方面，这些也是一个区域发展全域旅游的基础。

第一，旅游吸引物，是旅游发生的重要前提，包括成熟的旅游景区、休闲区、度假区、旅游综合服务结构、旅游活动，以及有开发潜力的旅游资源。

第二，旅游区，包括旅游景区、风景名胜区、休闲区、度假区、旅游综合体等，是一个区域旅游发展的基础和前提。

第三，通过推进旅游交通环境的提升，可有效提高全域旅游的通达性，并实现旅游交通的多功能性。

第四，通过休闲旅游与乡村旅游推进全域旅游的发展，并通过美丽乡村的打造手法实现精准扶贫的新突破。

第五，通过全域泛旅游产业整合发展，形成产业的聚集、集成与集群化，由此带动城镇化进程。

三、全域旅游五大发展架构

全域旅游发展基本遵循五大架构：全域景区化、全域度假升级、旅游新型城镇化、美丽乡村与精准扶贫、旅游交通。五种架构相互融合，共同作用，也可单独支撑，形成全域旅游的良性发展。

（一）全域景区化架构

全域景区的建设不等于全域内景区的简单加总，而是将景区自身的美学、文化、观赏、休闲价值扩展到整个区域。这种发展架构适合于自然环境优良的区域。

与现有的景点景区相比，全域景区化具有整体美化区域、推进基础设施建设和促进服务水平提升、丰富旅游产品、延伸产业链条、提升区域竞争力和知名度等诸多利处，是发展全域旅游最根本的一点，当然也是最为艰辛、跨越时间最长的步骤，需要遵循发展规律，循序渐进地推进。

全域景区化的实现有两种模式：一是"精品景区＋精品线路"模式，一是全域无景区化模式。

"精品景区＋精品线路"模式：适合于观光型的区域旅游，在区域内选择若干个精品景区进行重点打造，并将连接精品景区的线路进行精细化打造。精品景区包含自然生态型景区、文化型景区、商街城镇型景区以及人造景区等类型。

全域无景区化模式：表面上与全域景区化自相矛盾，实则是实现全域景区化的另一条途径，适合于不以观光为目的的区域旅游。在旅游对象较为广泛的前提下，强调打破门票经济，采用开放式的经营方式，使旅游更加自由。全域无景区化崇尚到处都是滞留点，随日时都能成行，因此，对区域的景观打造、基础设施建设、旅游服务设施建设有着更高的要求。

（二）全域度假升级架构

全域度假旅游是在一个区域内以度假产业来引领观光旅游和其他休闲旅游，即以旅游业的高端产业引领中低端产业的发展，以促进产业转型升级的发展模式。

在大众休闲度假时代，全域度假升级是全域旅游发展的一个重要方向，需要客观的评价区域的资源、市场和资本，衡量发展全域度假的基本条件，构建具有一定标准的度假产业模式，配置度假设施，营造度假氛围和场景，打造度假生活社区。在产品上，设计龙头度假项目和辅助度假项目，并形成度假品牌。

（三）旅游新型城镇化

旅游新型城镇化是通过旅游产业，引导城镇和乡村实现就地城镇化。具体的打造方式，是在区域内选择若干具有代表性的城镇和乡村，作为全域旅游在新型城镇化方面的突破口和切入点，按照"城乡一体、区域协调、城乡均衡、基本服务均等化"的原则，构建"向心发展、组团布局、统筹融合"的城镇发展体系，从全域产业布局、综合交通、公共服务、基础设施、生态环境、信息与社会管理等方面构建全域城镇化发展的支撑体系。着力打造集现代新城、活力新区、特色新街、优美新居于一体的新型城镇化结构，加快城乡一体化发展。

（四）美丽乡村与精准扶贫

党的十八大以来，扶贫开发工作已提升至治国理政新高度。以全域视角建设"美丽乡村"，按照"提质、扩面、连片"的原则，通过加深农业和旅游业深度融合发展，提升村容整洁环境，大力发展乡村旅游、休闲农业，发展观光园、采摘园、家庭农场、现代农庄等新兴业态，来促进农业发展，繁荣农村经济，让农民过上更加幸福的生活，完成乡村的精准扶贫的目标任务。

（五）旅游交通

各地皆应把全域旅游发展的重中之重放到打通交通瓶颈、形成旅游环线、实现县区抱团合作上。另外，修路还需通车，通车的同时还需配套智能监控系统、智能公交系统、旅游标志标识系统、自驾露营系统、城乡旅游公则系统、游客服务驿站系统，并于电子地图上标注。

四、全域旅游两个核心理念

（一）"旅游 +"

旅游是一个无边界的产业。"旅游 +"是多方方位、多层次的，"+"的方式也多种多样。"旅游 +"有"搭建平台、促进共享、提升价值"的功能，以巨大的市场力量和市场机制，为所"+"各方搭建巨大的供需平台，"旅游 +"是实现全域旅游的根本措施，也是推动区域经济转型升级的新引擎。

随着经济社会和旅游业的不断发展，"旅游 +"的内容会越来越多，各地"旅游 +"的内容也各有侧重、各有特色，需要因地制宜、因时制宜地选择"旅游 +"的优先领域重点突破。本文所指的"+"、可以是工业、农业等大产业，可以是创客、教育、文化、养生、养老、休闲运动等具体产业、也可以是互联网、交通、购物等关联性产业。任何一个所加的产业、都可以单独支撑起全域旅游的特色，也可相互叠加，起到更好的支撑作用。

（二）"互联网 +"

旅游是一种移动生活方式，互联网助推旅游成为智慧化的全新移动生活，成为一切产业融合的主渠道与通路结构。互联网、物联网的盛行，线上线下联动发展，移动 APP 的出现与发展、都将促进旅游产业融合、旅游体验智慧化、旅游方式转变、旅游消费升级。

"互联网 +"作用于旅游，以及"互联网 + 旅游"的实现途径主要体现在旅游大数据、旅游产品、旅游营销、LBS、旅游服务、旅游管理、旅游未来等方面。

五、全域旅游开发运营模式

全域旅游开发包括基础设施建设、景区建设与提升、美丽乡村建设、城镇改造提升、投资模式搭建、文创孵化、智慧旅游等方面，由此提出全域旅游开发模型和全域旅游运营服务体系。全域旅游的工作内容包括以下六个方面。

（1）基础设施建设：公共交通、停车场、集散中心、厕所、风景道等。

（2）景区建设与升级：新景区开发、老景区提升、4A 升 5A 度假区建设。

（3）美丽乡村建设：村庄村貌改造升级、特色旅游村建设。

（4）城镇改造提升：城镇风貌升级、旅游小城镇建设。

（5）投资模式搭建：PPP 模式、引导基金、投资并购。

（6）文创孵化：文旅创客基地、个性创客导入。

绿维文旅联合旅游开发平台等合作机构，推出全域旅游运营模式，从顶层设计、项目规划、落地施工、投资平台搭建、文旅创客孵化、智慧旅游以及延伸服务等方面，形成一套完整的全域旅游服务体系。

六、新常态下"旅游 +"65533 投资模型

（一）六类产品

1.景区项目开发运营——景区项目

景区项目以自然、文化资源为主导，主要满足人们的观光需求和求知需求，包括山岳、溪谷、江河湖海、文化遗产、文物、古城等。

2.休闲项目开发运营——休闲项目

休闲项目多为人工开发的，是体验型、参与型、消费型项目，主要对人的心情进行刺激，包括乐园（主题、水、儿童）、温泉水疗、按摩、农庄、演艺、CS、茶馆、餐厅、酒吧等。休闲项目和景区项目的差异在于景区更多强调的是观光性，休闲项目更强调消费的过程性，我们称为非口袋型的消费结构，这一类消费在旅游者中间占有非常大的比例。

3.休闲商业开发运营——商业街区

商业街区是以休闲消费为主业态的商业地产，包括古街、文化街、餐饮街、文创街、仿古街区、民俗街区等。

4.度假公寓开发运营——酒店、公寓项目

酒店、公寓是以可租赁经营的住宅产品为主体，以度假生活为核心的

度假物业结构是经营性的、大众共享性的，包括民宿、客栈、精品酒店、度假村、会议酒店、酒店群、酒店公寓区、公寓、养生养老社区。

5.养老、度假住宅开发运营——住宅项目

养老、度假住宅是私家性的、非经营性的资产，包括民宿、客栈、精品酒店、度假村、会议酒店、酒店群、酒店公寓区、公寓、养生养老社区。

6.一级土地开发——地产项目

旅游房地产开发，一般是区域综合开发，从一级土地开发启动，结合二级房产、旅游各种业态产品经营开发等。一级土地开发，是旅游开发盈利的关键与核心之一，也是旅游综合开发的长期化资产增值的基础。

（二）五类管理

1.景区开发与管理

以旅行社为目标的市场运营，基于景区的项目管理、服务管理、营销渠道、成本控制等经验，实现持续经营与回报。

2.休闲营销与管理

基于休闲消费项目，以服务管理为核心的消费过程管理。

3.休闲商业招商与管理

基于商业空间的招商、营销、人气、物业等管理经营经验，实现快速招商、积攒人气。

4.酒店管理

酒店管理具有专门的运营结构，基于景区的项目管理、服务管理、营销渠道、成本控制等经验，实现持续经营与回报。

5.房地产开发与铺售土地开发管理

基于房地产产销关系，将房地产产品开发建设营销转化为基础的管理经营。

（三）五大角色

从旅游开发到最后的运营管理，涉及的角色共有五大类。

投资商：项目资金提供方，投资整个项目或项目的某部分。

开发商：项目开发建设方，基础设施配套等。

运营商：对已开发的旅游项目、景区或经营性物业进行运营管理。

服务商：为旅游消费者在旅游过程中提供旅游服务，如旅行社、OTA

在线旅游网站等。

区域综合开发运营商：整合区域旅游资源，集旅游开发、运营、服务为一体。

（四）三大综合

不同规模的综合体，集食、住、玩、游等多种功能为一体，既有集聚核，又有延伸发展，是完整的综合结构，旅游综合开发深受地产商青睐，主要有三类：旅游区域综合开发（15000～1500000亩）、旅游小城镇（1500～150000亩）、旅游综合体（500～1500亩）。

（五）三大渠道与平台

1. 旅行商渠道

旅行商是核心，没有旅行商就没有旅游。旅行商是旅行的组织者、销售的主要渠道、旅行产品的经营主体，是批发商、零售商、大型一体化机构。

2. 旅游 OTA 平台（Online Travel Agent）

旅游 OTA 平台既是线上旅行社、预订平台、交易平台，也是景区、休闲项目、线路产品、酒店、机票等所有环节的共享交易平台。旅游 OTA 平台之所以成为现阶段的核心平台，是因为其利用了互联网的优势和大数据，具有最方便的定制系统。

3. 旅游开发服务平台

政府、业主、投资商、开发商、运营商、服务商之间的 B2B 平台。

七、全域旅游孵化器模式

绿维文旅集团下辖五大板块，包括规划设计院、旅游建造 EPC、旅游投资板块、旅游开发运营板块，以及在山西成立的绿维文旅学院。绿维通过合伙人合作公司，囊括了大量旅游人才与智库，可以为各地全域旅游发展提供顶层设计、投融资规划、全要素招商、投资落地、规划设计落地、建造落地、运营落地、三年辅导、完成创建以及后期的宣传推广等全程综合服务。

全域旅游推进要利用创新思路，着眼于市场要素的配置，有的放矢，破"全"、立"逻辑"、找"抓手"、达"目标"，并提出了绿维全域旅游发展的"1+2+5"结构与绿维全域旅游孵化器模式。

（一）绿维全域旅游发展"1+2+5"架构

"1"大网络结构——旅游交通及公共设施（多个公共工程）。

"2"："旅游+"与"互联网+"。

"5"：五层开发架构——乡村、景区、综合体、旅游小镇、旅游小城。

（二）绿维全域旅游开发的孵化模式："三划四招五引入三年服务"

"三划"：《全域旅游规划》《全域旅游投融资规划》《三年实施计划》。

"四招"：招投资商、招开发商、招运营商、招服务商。

"五引入"：引入资金、引入智库、引入品牌、引入人才、引入IP。

"三年服务"：辅导三年时间，持续服务直至创建成功。

全域旅游最后要落到投融资上，除了政府资金、平台基金，还有社会资金金、众筹模式、众创结构下的孵化等多种模式。投融资结构和投融资政策，是全域旅游金融创新的重要体现。绿维文旅充分发挥市场导向，跳脱传统旅游规划的壁垒与局限，将后端导入前端，创新全域旅游规划编制和投融资模式。以全要素招商引资的创新模式，协助进行区域旅游顶层设计；筛选优质旅游项目；引入包括基金管理公司和投资银行的资本管理者；引入旅游及泛旅游项目的资金投资者；引入知识资本IP；引入高端的人力资源；引入成熟的旅游运营商及服务商。

通过创新的全域旅游投融模式，以整合全域旅游下的投融资平台为基础，构建与培育区域旅游上市公司和新三板企业为核心，PPP项目为抓手，创新旅游IP导入为驱动，打造"投融资平台+旅游上市公司+全域旅游综合开发PPP结构"，由此形成全域旅游投融资模式框架以项目为核心，以城投、旅投为支撑，多种投资平台相互协调，全域旅游投融资平台为互相支撑的结构。这种全域旅游投融资新模式，不仅为地方全域旅游的全面推进与落地实施增添了动力，也成为引领中国全域旅游创新发展的新方向，目前该模式已经在池州等地落地实施。

八、旅游20大要素业态创新

新业态是全域旅游的核心吸引力，吸引是引爆市场的关键。全域旅游下的引爆模式，由"景区引爆"转变为活动引爆、乡村引爆、小镇引爆、要素引爆等综合型多样化的引爆，其中要素引爆尤其重要。

旅游 12 要素（传统基本要素为食、住、行、游、购、娱；旅游发展要素和拓展要素为商、养、学、闲、情、奇）的消费业态创新和升级，是全域旅游突破创新的关键。如何将旅游要素打造为市场引爆点，也是全域旅游创新规划和发展的重点，要用"互联网+""旅游+"的理念进行资源整合与创新业态培育，带给游客新鲜完美的体验的同时，充分发挥旅游业带动作用，形成"农业围绕旅游增价值，工业围绕旅游出产品，服务业围绕旅游成规模"的泛旅游产业格局。

（一）食

如今的"吃"，早已超越了原来的团餐、大众餐饮，也不再是简单的"吃"，已经把体验经济玩到了极致。吃的形式、吃的内容、吃的过程都发生了重大改变。

绿食生态餐厅：现摘现采 + 现场观摩 +DIY+ 绿色环境体验。

3D 投影餐厅：在顾客等待时，用 3D 投影在餐桌上表演"小厨师"制作食物。

歌舞宴：将传统文化表演与餐饮创意结合。

主题餐厅：从装潢到食物、从环境氛围到餐厅服务均围绕某一个主题展开。

古食谱体验：追寻古人留下来的健康食谱。

（二）住

民宿、郊野木屋、集装箱度假小屋、帐篷营地、自驾车 / 房车营地、乡奢主题酒店等越来越特色化、个性化的住宿业态，可满足不同群体的住宿需求。

（三）行

将交通工具转变为特色旅游方式，如邮轮旅游、航空小镇、滑翔伞基地、低空飞行、自驾营地、房车小镇等新兴业态。

（四）游

结合区域内资源与环境，针对不同的层面的市场需求，打造专业的景区景点、城市游乐、乡村游乐以及亲子游乐等。

（五）购

购物体验化、文创化、情感化发展，用真实的体验感和感情营造商业的吸引力。比如，创意手工坊、文创体验基地等。购物景区取代了景区购物与旅游购物店，如义乌商贸城、琉璃厂、采摘、博物馆、艺术馆等。

（六）娱

不论是景区的休闲娱乐、还是都市娱乐、乡村娱乐，旅游演艺、秀场逐渐成为娱乐的创业业态和形式。

（七）商

商即商务旅游、会议会展、奖励旅游等；拓展培训、邮轮商务会议、游学、商务考察、会展考察等。

（八）养

从养生、养老，到养心、享老，人们越来越注重身心一体化的健康，而老人也逐渐在走出被供养的被动心理障碍，从人格上实现自我肯定和社会尊重。

基于环境资源、文化旅居、体育健身、医疗康养、分权度假等需求和方式，实现游客养生、养心、养颜、养老、养疗等目的的健康旅游新要素，经过发展培育形成康养旅游新业态。

（九）学

基于修学、游学、科考、培训、拓展训练、摄影、采风、各种夏令营冬令营、禅修国学等新需求，形成的"旅游＋教育"相关新业态。

（十）闲

乡村休闲、都市休闲、度假等各类休闲旅游业态和新要素，是未来旅游发展的方向和主体。

（十一）情

基于婚庆、婚恋、纪念日旅游、宗教等各类精神和情感需求，形成的相关旅游新业态、新要素。

（十二）奇

探索、探险、探秘、游乐、新奇体验等探索性的旅游新业态、新要素。如玻璃栈道、高空观景平台、蹦极、徒步穿越、低空飞行、拉力赛、极限运动、滑翔、潜水、漂流、溶洞、滑雪、冲浪、登山／攀岩等。

全域旅游下的业态创新具有丰富的内容，涵盖旅游十二大要素的创新。在全域旅游新背景下，形成多样化的大旅游聚集区域和多层级的旅游目的地，为游客提供了更多的服务与体验。全域旅游业态的创新不仅是对传统旅游业态思维的刺激，更是对旅游人创新理念、贴近市场需求、完善规划布局、增添科技亮点，加深对全域旅游的再次认识与提高，进而完善旅游资源整合，形成区域产业的融合、服务品质提升、实现共建共享的全域旅游发展的新格局。

第五节 全域旅游的评价标准

随着旅游工作推进，"国家全域旅游示范区"创建工作日趋火热化。国家旅游局提出了对于创建全域旅游示范区的考核标准和工作重点。根据国家旅游局在《关于开展"国家全域旅游示范区"创建工作的通知》（旅发〔2015〕182 号）中，提出六项主要考核标准。

（1）旅游业增加值占本地 GDP 的比重 15% 以上；

（2）旅游从业人数占本地就业总数的比重 20% 以上；

（3）年游客接待人次达到本地常住人口数量的 10 倍以上；

（4）当地农民年纯收入 20% 以上来源于旅游收入；

（5）旅游税收占地方财政税收的 10% 左右；

（6）区域内有明确的主打产品，丰度高、覆盖度广。

随后在 2016 全国旅游工作会议上，李金早局长做的《全域旅游大有可为》的主题报告中，就考核指标又做了"综合贡献"的定性说明。包括直接贡献、间接贡献和引致贡献，不是简单的旅游增加值占 GDP 的比重（直接贡献）。在这个基础上，李金早局长又强化了四项基本标准。

（1）旅游对当地经济和就业的综合贡献达到一定水平；

（2）建立旅游综合管理和执法体系；

（3）厕所革命及其他公共服务建设成效明显；

（4）建成旅游数据中心。

本书以国家旅游局对全国全域旅游示范区的考核标准为基础，结合具体实践中地区全域旅游理念和模式的应用程度结果，把全域旅游打造模式的成功与否具体依赖的评价标准，归结为以下三点，分别为经济发展指标、社会共享指标以及体系构建指标。

考核标准不同于创建标准，它是在把全域旅游的发展理念具体应用在模式打造之后的结果体现，而是某个创建要求在实现过程中的具体执行以及对于创建理念与要求的实现结果。就是以结果为判定依据，在某一个时间段内综合考量，该地区在全域旅游的模式打造上，是否得以真正地实现。该考核标准在表现形式上既有硬性的数据体现，也兼有通过有效途径将软实力的展现状态。各地区可以在此标准之上进一步细化，以便具体考量。具体来说，主要包括以下内容。

一、经济发展指标

（一）旅游业对地区经济社会发展的直接贡献

我们一再强调，全域旅游是我国经济社会发展转型的必然产物，也是目前我国供给侧改革的主要抓手，更是我国旅游业升级转型的具体要求。旨在通过整合资源，提高生产效率、促进产业融合发展，进而达到区域经济增长有效提高的目标。[48]除此以外，对于缓解城乡矛盾、推行新型城镇化以及落地扶贫的政策推动是否实现，全域旅游也是有力之道。所以在对全域旅游模式打造的考核标准中，最重要的一项指标就是看旅游业对地区经济社会发展所做出的贡献，具体来说，包括以下几个要点。

（1）旅游业对当地 GDP 的综合贡献比重（旅游业增加值对 GDP 综合贡献比例）；

（2）旅游业对当地就业和新增就业的贡献（旅游从业人数占对就业总数的综合贡献比例）；

（3）旅游对农民居民增收的综合贡献（当地农民年纯收入的部分比例来源于旅游收入的比例）；

（4）旅游业对财政税收的综合贡献（旅游税收占地方财政税收的比例）；

（5）旅游业对脱贫的综合贡献。

（二）旅游业本身的质量提升标准

从我国经济社会转型的发展来看，全域旅游要对经济增长和社会进步做出应有的贡献。而从旅游业的发展规律和游客的需求转变作为考虑依据，全域旅游是旅游业从小旅游走向大旅游的必然阶段，是从门票经济走向产业经济路径，由观光旅游走向体验旅游的结果。

所以，为了符合旅游业的自身发展规律，满足游客的发展体验，相对于传统旅游，全域旅游必须在旅游产品的创新、服务质量的提高、市场行情的对接、配套体制的落实、消费能力的把握等多个要素上做文章。而把这些要素的实现看作是旅游业自身质量提升的主要结果，就成了衡量其自身发展的重要指标，具体包括：

（1）有特色鲜明的旅游核心吸引物；

（2）旅游产品业丰富、空间覆盖度高，形成空间时间的差异组合；

（3）全域旅游品牌的品牌知名营销度；

（4）旅游基础设施与公共服务体系完善程度；

（5）旅游厕所卫生和便捷程度；

（6）旅游咨询服务体系的完善程度；

（7）旅游住宿配套完善程度；

（8）旅游餐饮配套完程度；

（9）旅游购物配套完善程度；

（10）旅游文化娱乐休闲配套完善程度；

（11）旅游交通服务配套完善程度。

二、社会共享指标

全域旅游的发展理念告诉我们，全域旅游是要发挥产业优势，通过对旅游资源、相关产业、生态环境、公共服务、体制机制、政策法规、文明素质等进行全方位、系统化的优化提升，实现区域资源有机整合、产业融合发展、社会共建共享。经济的共享是全域旅游的本质要求，而价值的共享是公民社会的价值诉求。所以，从旅游发展的角度来看，需要旅游产品体系创新、旅游产业结构优化、旅游市场水平提高、旅游资源开发活化、旅游业态创新之外，从旅游政策制度、旅游者的文明素质以及旅游社区居民包容性和参与性等方面都有所提升。

换一个角度来看，旅游事业的终极发展目标，除了经济的带动增长以外，还要通过各种渠道让广大人民群众在发展中受益。而受益的展现状态就是以地区居民与游客的整体幸福指数是否有所提升，在旅游业以综合产业的身份出现在地区产业发展过程中时，尤其在居民与游客重叠空间部分，民众的舒适度与参与治理程度为标准进行衡量。

具体来说，主要包括以下指标：

（1）良好的旅游市场秩序的建设程度；

（2）旅游综合治理工作格局的建设程度；

（3）旅游市场监督长效机制的建设程度；

（4）旅游诚信体系的建设程度；

（5）地区公共资源的共享程度和便利程度；

（6）地区公共服务体系的完善程度；

（7）生态环境的保护程度和创新绿色旅游产品的建设程度；

（8）良好的环卫体系建设和节能减排措施的建设程度；

（9）良好的文化传承体系构建程度；

（10）通过有效措施，考察相关的调查评估指标，提供游客和当地居民的舒适满意程度。

总之，在全域旅游的实现过程中，安全、文明和市场规范有序以及游客和当地居民的满意程度是实现全域旅游的出发点和落脚点。要以提高游客满意度、增强当地居民幸福感为目标，实现其社会共享的价值属性。

三、体系构建指标

（一）治理体系指标

发展全域旅游，一定要重视其综合性的产业特征。在新的旅游发展视角状态下，旅游业不是一个单独产业独自发展，而是作为优势产业，通过与其余产业的融合集约，成为"调结构、惠民生、稳增长"的优势综合性产业。既然是优势综合性产业，就要求对地域资源的合理配置、市场机构、组织运作、机制体制等各个方面全盘考虑。

那么，如果想要在资源整合和产业融合上发挥其应有的带动作用，就要突破单一管理的一般模式，发挥政府在社会管理中的引导作用，整合地域的社会管理资源，充分发挥党政统筹的引领作用、市场主动的调节作用、社会主体参与的民主作用。做到有全域综合统筹发展的领导体制，形成全域旅游的体制和工作格局，各部门联动的发展机制。进一步完善旅游公共服务体系，也有旅游管理的综合协调机制，适应旅游业的综合性的产业特征，除此之外，还需要有旅游综合执法机制，为全域旅游发展提供保障。

如果说经济发展和社会共享是全域旅游实现的根本方向，那么在体系构建中的治理体系构建是否得当，就是全域旅游方向实现的根本保障。另外，在发展全域旅游过程中，还要把具体的评价体系变成地域内各级政府和相关部门的重要发展目标和考核内容，分工明确、治理得当，才能形成推动旅游综合产业和社会整体发展的合力。至于治理评价体系细化在各部门的分类标准，各个地区根据区域差异可以具体分化。统一其完整的治理评价体系，主要体现在以下几个方面：

（1）建立旅游领导协调机制，设立旅游委或类似综合协调管理机构；

（2）党委或政府在全域旅游的创建和推动中发挥引领作用；

（3）在旅游综合执法方面有针对全域旅游的执法综合创新，比如旅游警察、旅游巡回法庭等各种方式；

（4）推进或已经编制完成多规合一的全域旅游规划和实施方案；

（5）将全域旅游发展纳入具体的相关部门考核，明确责任分工，加强考核督办；

（6）专款专用，设立专项经费推动全域旅游发展。

（二）产业融合体系指标

从全域旅游的本质来说，全域旅游具有作为优势产业进行产业带动的本质属性。而产业的带动性首先就体现在旅游产业对经济社会发展的促进作用。在全域旅游的考核标准上，我们已经通过旅游业对当地经济发展的综合贡献的考核体系中有所显示。这些指标既能证明旅游产业是我国经济发展新常态的必然产物，也是旅游业的产业优势和综合实力的集中体现。然而，除了这些具体的经济指标的上升体现之外，在以旅游业作为引领和带动地域经济发展、转型升级的过程中，还需要有一些具体的产业融和体现。能明确表达这种带动性不仅体现在产业经济的带动上，还体现在文化的带动和社会功能的带动；不仅体现在经济指标的带动，还体现在绿色增长的带动；不仅体现在结构调整的带动，还体现在改革创新的带动。

另外，全域旅游的本质属性还体现在资源的整合方面。需要整合地域的生产要素资源，更需要整合地域的产业资源，才能发挥产业自身在发展过程中的融合性作用。所以，就还需要具体的产业融合表现形式来作为考核指标，落实到该地域中，作为其全域旅游的发展考核指标。考察该地区是否充分发挥"旅游+"的功能，使旅游与其他相关产业深度融合形成新业态、形成新的生产力和竞争力[49]。

以下指标，就是作为考核该地域产业整合发展的表现依据，可以通过这些业态的呈现，综合考虑。具体包括以下方面：

（1）通过"旅游+新型城镇化"，促进发展特色旅游城镇；

（2）通过"旅游+新型工业化"，促进发展工业旅游，创新企业文化建设；

（3）通过"旅游+农业现代化"，促进发展乡村旅游、休闲农业；

（4）通过"旅游+信息化"，推进旅游互联网的实现，形成智慧旅游；

（5）通过推进"旅游+生态化"，推进旅游生态化，形成生态旅游；

（6）通过推进"旅游+商务化"，推进旅游的商务功能作用，形成商务旅游；

（7）通过推进"旅游+休闲化"，推进旅游的休闲功能，形成休闲旅游；

（8）其余通过"旅游+"形成的新业态，比如养生旅游、教育旅游、医疗旅游等。

（三）数据体系指标

在全国旅游业的发展道路上，一直非常重视全国旅游数据的建设完成，并在 2015 年 1 月全国旅游工作会议上，更加强调提出要加速建立中国旅游数据中心。许多省市区对于旅游数据中心的建设都做了积极努力的相关工作。并在 2015 年 12 月 3 日，依托中国旅游研究院组建的国家旅游局数据中心成立。在切实反映我国整个旅游行业和各地方发展的现状和趋势以及对旅游产业的全局把握上，旅游大数据体系的构建具有重要意义。

另外，刚才提到旅游业与其余产业的融合，也必然要求旅游统计数据和其他产业数据要接轨，才能建立良好的合作关系，也才能对旅游业在地区经济的发展中做出客观的评价。所以更加需要建立与相关产业统计体系的联动工作机制。

以上，都是从宏观角度来分析旅游大数据体系构建的重要意义。除此之外，对于各个地区而言，地区全域旅游数据体系的构建、信息处理系统的完善，对于主动感知旅游信息，调整地域旅游布局、建立适应全域旅游特点的旅游服务质量评价体系、保证旅游目的地的可持续发展方面，也是重要的手段之一。

综合以上数据体系的建立意义，在全域旅游的考核标准中，数据体系的构建指标也是关键，具体内容主要有以下几点：

（1）设立专门的旅游数据中心，建立全域旅游统计指标体系，构建数据统计体系；

（2）旅游数据体系与其他数据体系接轨；

（3）旅游数据的适用上，方法科学、与时俱进、及时创新；

（4）地域全域旅游数据体系的构建与国家旅游大数据体系的构建在指标设置的内涵和外延上统一。

实证篇

SHIZHENGPIAN

第三篇 宁城县旅游资源评价

第一节 宁城县旅游产业发展环境分析

一、政策环境分析

（一）国家宏观环境为旅游业转型升级提供了良好的机遇

按照党的十八大提出的"五位一体"总体战略布局，旅游业作为资源节约型和环境友好型产业，将在加快转变经济发展方式、扩大内需、保障和改善民生、保护生态环境等重大战略调整中凸显自身的优势与地位。十八大以来，建设"美丽中国""生态文明"成为内蒙古旅游发展的新指引。同时，在国家实施的新型城镇化战略中，推动旅游业迅速转型升级，担负着成为新型城镇化建设重要支撑的重任。

（二）旅游业发展面临前所未有的政策保障

国家对旅游业发展的关注，近几年呈现一个渐次加强和日益重视的趋势。2009 年，国务院出台了《关于加快发展旅游业的意见》，到 2013 年 4 月十二届人大二次会议表决通过《旅游法》，为旅游业健康有序发展提供了法律保障。2013 年《国民旅游休闲纲要（2013—2020 年）》出台，为推进国民旅游体系建设，加快发展休闲度假旅游创造了新机遇。到 2014 年国务院印发《关于促进旅游业改革发展的若干意见》，说明国家的旅游政策是一脉相承的，是新的历史时期做好做大旅游产业大文章的重大契机。

（三）自治区、赤峰市对旅游业发展提出新定位

2016 年 10 月自治区第十次党代会做出了关于把内蒙古建设成国内外知名旅游目的地的决策部署。2017 年 2 月初，内蒙古自治区首届旅游发展大会在呼伦贝尔市召开，自治区党委书记李纪恒同志强调推动旅游业发展应以打造国际旅游目的地为核心，以开明的态度、开放的思路、开拓的精神抓好内蒙古自治区旅游业发展。2017年2月中旬，赤峰市召开全市旅游发展大会，提出要抢抓机遇、真抓实干，全力推动旅游大发展、大繁荣，努力把旅游业打造成赤峰经济转型发展新的增长极。当前，内蒙古及赤峰市凭借着独特的资源与区位，全力打造世界级旅游目的地正当其时，各级党委、政府持续加强旅游工作，持续推动内蒙古由旅游大区向旅游强区的转变。

（四）宁城县具备发展旅游业良好的基础

县委、县政府高度重视发展旅游业，实施"旅游强县"发展战略，提出建设"中国北方最美生态文化旅游目的地"，把旅游业发展成县域经济战略性支柱产业之一和第三产业重要增长点。从编制规划入手，持续加大对旅游基础设施的投入力度，建成了多处重大旅游项目，旅游产品体系也日趋完善，为旅游业发展奠定了良好的基础。

二、经济环境分析

（一）国民经济发展情况

宁城县在"十二五"（2011—2015年）时期，地区生产总值由91.1亿元增加到167.8亿元，年均增长11.4%。一般公共预算收入由2.9亿元增加到6.7亿元，年均增长18.2%。社会消费品零售总额由30.3亿元增加到57.9亿元，年均增长13.8%。规模以上固定资产投资为341.8亿元。2016年，宁城县地区生产总值为182.7亿元，增长为7.4%。一般公共预算收入为7.1亿元，增长6.5%。规模以上固定资产投资109.1亿元，增长16.8%。社会消费品零售总额为63.6亿元，增长9.9%。城镇和农村常住居民人均可支配收入达到26459元、9216元，分别增长8.7%和8.3%，较好地完成了各项目标任务，实现了"十三五"良好开局（见表3-1）。

表3-1　宁城县国民经济发展状况

指标/年度	2011年	2012年	2013年	2014年	2015年	2016年
地区生产总值（亿元）	91.1	136	150	162.3	167.8	182.7
一般公共预计收入（亿元）	7.5	7.9	9.5	6.2	6.7	7.1
规模以上固定资产投资（亿元）	89	109	142	155.5	93.5	109.1
社会消费品零售总额（亿元）	30.3	42.1	48	53.3	57.9	63.6

指标／年度	2011 年	2012 年	2013 年	2014 年	2015 年	2016 年
城镇常住居民人均可支配收入（元）	15185	17976	20493	22352	24341	26459
农村常住居民人均可支配收入（元）	5870	6502	7480	7791	8510	9216

*数据来源：2012—2017 年《宁城县国民经济和地区发展统计公报》。

（二）旅游收入情况

宁城县在"十二五"（2011—2015 年）时期，旅游综合收入从 1.9 亿元增加到 17 亿元，年均增长 73.2%（十五次党代会报告数据）。旅游接待量从 65 万／人次增加到 135 万／人次，年均增长 19.2%。2016 年，接待游客 165 万人次，综合收入 20.3 亿元，分别增长 24% 和 18%。旅游业逐步成为宁城国民经济战略性支柱产业之一和第三产业重要增长点，对拉动经济增长发挥着越来越重要的作用。

表 3-2　宁城县旅游业经济指标

年度	游客接待量 （万／人次）	同比增长 （%）	旅游综合收入 （亿）	同比增长 （%）
2011 年	65	14	1.9	12
2012 年	80	23	3	58
2013 年	102	28	5	67
2014 年	120	18	16.2	224
2015 年	135	13	17	5
2016 年	165	24	20.3	16

*数据来源：宁城县旅游局提供。

三、社会环境分析

（一）建制与人口区划

宁城县共辖 13 镇、2 乡、3 个街道，305 个行政村、19 个社区。

全县总人口 615237 人、223245 户，农业人口 525724 人，人口密度为 142.9 人／平方公里。男性为 321695 人，女性为 293542 人，人口性别比率为 109.6%。有汉、蒙、回等民族 25 个，汉族 528515 人，占 85.9%；蒙古族 76310 人，占 12.6%；其他少数民族 10412 人，占 1.7%。2015 年，人口出生率为 8.01‰，死亡率为 4.73‰，人口自然增长率为 3.28‰。

（二）教、文、体、卫建设

教育：学校 74 所，在校学生 62946 人，教职工 6499 人。幼儿园 102 所，在园幼儿 15520 人，教职工 896 人。自治区示范性学校 2 所、幼儿园 3 所，自治区重点中等职业学校 1 所，市级学校 4 所。

文化：综合文化站 21 个，"草原书屋" 305 个，图书馆、辽中京博物馆、国家级地质公园博物馆、古生物化石保护馆、在建文化中心综合楼、电影大厦。公共图书馆藏书 5.34 万册，博物馆馆藏文物 5794 件。各类文艺团体 36 个、1100 人，专业演出队伍 1 个。各个时期文物点 525 处，民间艺术 10 余种。

体育：全民健身活动中心 1 处，10 个乡镇建成小型健身活动中心，55 个行政村实施农民健身工程。社会体育指导员 308 名，体育健身队伍 116 个，体育协会 9 个。

卫生：医疗卫生机构 661 所，其中三级综合医院 1 家，三级蒙医中医医院 1 家，床位共 2754 张，每千口人均 4.5 张。卫生专业技术人员 2814 人，每千口人均 4.6 人。

（三）城乡建设

城镇建设：全县城镇化率 44.06%。已初步形成以天义城区和八里罕（温泉）为主副双核，汐子镇、大明镇、小城子镇为主要节点各具特色的小城镇体系，总规划区面积 126.28 平方公里，建成区面积 23 平方公里。民用和公共建筑集中供暖分别为 28.1 万平方米和 60.89 万平方米，垃圾填埋场 22 处，居民文化广场 9 处，绿化面积 93 万平方米，商住开发 40.1 万平方米。全国新型城镇化建制镇示范试点工作 1 处，全国特色景观旅游名镇 1 处，全国文明村镇 1 处。

水电网保障：220 千伏一次变电站 2 座，变电容量 36.6 万千伏安。66 千伏公用变电站 19 座、企业专用变电站 7 座，10 千伏变台 6651 台，10 千伏线路 3195.19 公里，全社会用电 7.6248 亿千瓦时。电网改造 308 个台区，实施地面数字覆盖工程 1 处，安装广播 "村村响" 307 个。广播电视覆盖率 98%，有线电视入户率 40%，实现宽带接入率 89%。集中供水管道 106 公里，安全饮水工程 188 处。

交通道路：公路总里程 2092 公里，公路网密度 48.6 公里/百平方公里。叶赤铁路从境内通过，火车站 3 个。境内赤凌一级路 54.1 公里、国道 306 线 81.1 公里、国道 508 线（原省道 207 线）56.1 公里，省道 505 线 98 公里，省道 219 线 35 公里，县道 6 条 316.4 公里，乡道 23 条 437.1 公里，村道 190 条 1014.3 公里。240 个行政村通油（水泥）路，占公路总里程 78.7%。

四、技术、投资环境分析

（一）技术环境

计算机和互联网的发展为宁城县的旅游带来了技术上的支撑，有利于宁城县的景区景点等为游客提供更加优质的服务。目前，已在地质博物馆、化石保护馆、紫蒙湖景区、道须沟景区、藏龙谷景区、大坝沟景区、元亨酒店和正基海逸酒店共安装了 8 台智慧旅游信息查询平台，开通宁城旅游微信公众平台和宁城旅游彩铃业务。

（二）投资环境

在"十二五"（2011—2015 年）期间，宁城县规模以上商贸流通企业及个体户 44 家，各类交易市场 62 个。外贸企业 6 家，五年累计实现进出口 3212 万美元，年均增长 14%。交通运输、住宿餐饮、社区服务等产业水平不断提高，电子商务、健康养老等新业态开始出现。铁西物流园区建成区面积 430 亩，入驻企业及个体工商户 110 家。存款类金融机构和保险业金融机构发展较快，分别达到 10 家、19 家。2015 年存贷款余额分别达到 133 亿元和 82 亿元，年均增长 12.8% 和 16.9%。宁城县全力推动大众创业、万众创新，加强与发达地区产业对接合作，被评为全国中小企业发展环境示范县。

2016 年，出台招商引资奖励办法，组建 10 个招商分局和承接京津冀产业转移办公室，深入开展"百日攻坚"行动。实施招商引资项目 175 项，协议引进资金 191.4 亿元，到位资金 62.3 亿元，增长 14%。

2016 年，宁城县作为全国首批全域旅游示范县，计划开发或实施辽中京文化创意产业园、温泉综合开发项目、福峰山景区、大城子—小城子自驾旅游风景道、杜鹃山景区扩建项目、法轮寺景区共 6 个项目，总投资 17 亿元。

第二节 宁城县旅游产业发展现状

一、旅游交通业发展现状

（一）旅游交通概况

国道 306 线、国道 508 线（原省道 207 线）和赤凌一级路及叶赤铁路从境内通过。省道 505 线与赤承高速公路相连，建成温泉至福峰山景观大道。宁城县通用机场规划选址，全县旅游交通网日臻完善。2019 年赤凌高铁将建成通车，届时宁城县至北京、宁城至沈阳的旅行时间将缩短至 2 小时左右。宁城县对外交通联系将更加便捷，如图 3-1 所示，宁城县周边域内对宁城县外交通主要出入口有六个。

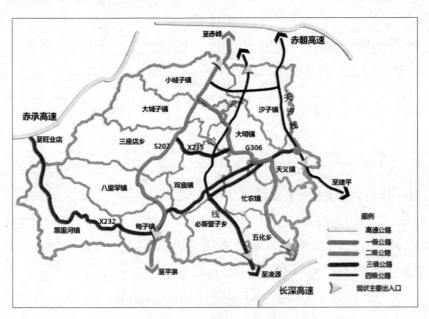

图 3-1 宁城县公路布局

在公路交通方面有比较发达的高速路网，西边有赤承高速、东北方向有赤朝高速、东南方向有京沈高速。县域对外公路通道主要有承德、北京方向的为国道 306，凌源方向的为国道 G306、县道 X233，必斯、忙农、凌源方向的为国道 G306，县道 X233。如图 3-2 所示，宁城限于内交通形成"三横三纵六出口"的布局。

（二）宁城县与周边地区旅游交通联系

宁城县位于赤峰市最南部，地处内蒙古、辽宁、河北三省交界处，北与喀喇沁旗相连，东与建平县、凌源市交界，南与平泉县毗邻，西与承德县、隆化县接壤，有"三省通衢"之誉。宁城县行政中心天义至北京 403 公里、至承德 185 公里、至沈阳 432 公里、至锦州 230 公里、至赤峰玉龙机场 100 公里，宁城县与周围各大城市的距离如表 3-3 所示。

表 3-3　宁城县与周围各大城市的距离

单位：公里

城市	距离	城市	距离
宁城县—北京	403	宁城县—承德	185
宁城县—沈阳	432	宁城县—锦州港	230
宁城县—天津	461	宁城县—秦皇岛	298
宁城县—通辽	435	宁城县—朝阳	90
宁城县—呼和浩特	846	宁城县—唐山	334
宁城县—锡林郭勒盟	526	宁城县—大连	588

*数据来源：宁城县旅游局提供。

二、旅游住宿业发展现状

（一）城镇住宿业发展状况

截至 2016 年年底，宁城全县共有住宿单位 219 家，其中星级宾馆 4 家（四星级宾馆 2 家、二星级宾馆 2 家），客房 3214 间，床位 5878 张，具体各乡镇住宿单位分布情况如表 3-4 所示。

表 3-4　宁城县住宿单位乡镇分布情况

乡镇名称	单位数	客房	床位
天义镇	125	2083	3746
温泉街道	52	625	1109
八里罕镇	7	71	131
必斯营子乡	5	42	76
大城子镇	3	27	50
大明镇	1	10	20

续表

乡镇名称	单位数	客房	床位
甸子镇	1	36	72
黑里河镇	7	196	433
三座店乡	6	30	64
五化镇	3	19	36
汐子镇	6	55	99
小城子镇	3	20	42
总数	219	3214	5878

* 数据来源：宁城县旅游局提供。

全县 80.8% 的住宿单位集中在宁城县天义镇和温泉街道，其中星级宾馆占 100%（天义镇四星酒店 2 家、二星酒店 1 家，温泉街道二星酒店 1 家），其他各乡镇街道酒店住宿业发展较弱，并尚未建立星级酒店或连锁宾馆。

（二）乡村旅游接待户

近年来，宁城县乡村旅游业实现快速发展，新增"农家乐"等新业态 35 家，各类乡村旅游接待户 150 家，其中：松枫山庄为全国休闲农业与乡村旅游示范点、全国特色民宿 TOP10、自治区五星级乡村旅游接待户；杜鹃山庄为自治区四星级乡村旅游接待户；有自治区三星级乡村旅游接待户 3 家（藏龙谷农家院地锅、黑里河建蕊餐厅、宁苑生态农家院）、自治区休闲农牧业与乡村旅游示范点 3 家（藏龙谷、紫蒙湖、杜鹃山庄）、赤峰市休闲农牧业与乡村旅游示范点 2 家（徐家大院、钓鱼台水库休闲农庄）。

三、旅游资源开发现状

（一）旅游形象定位

宁城县围绕"温泉古都，山水宁城"旅游主题形象，推出"自然生态游、历史文化游、地质科考游和红色体验游"四条精品旅游线路；形成黑里河生态旅游区、温泉旅游度假区、辽中京历史文化旅游区、宁城国家地质公园和葫芦峪红色旅游区"五大板块"；打造"千年古都，辽文化发祥地；神奇黑里河，塞外九寨沟；天然最热温泉，皇家养生胜地；远古生命乐园，世界化石宝库和首批革命老区，红色旅游胜地"五张旅游名片。

（二）宁城A级景区数量

全县已开发景点共21处，达到2A级景区标准的有7处，其中4A级景区1处（道须沟旅游区）、3A级景区2处（藏龙谷旅游区和紫蒙湖景区）、2A级景区4处（大辽猎苑旅游区、杜鹃山庄、黑里河漂流乐园、道须沟古生物化石博物馆），宁城县2A级及以上景区数量（7处）占全市2A级及以上景区数量（40处）的17.5%（见图3-2）。

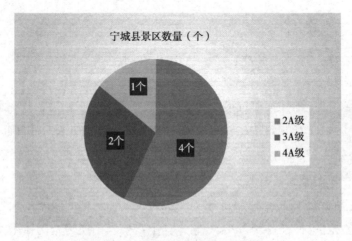

图3-2　宁城县A级景区分区情况

四、旅游商品与服务业发展现状

（一）旅游商品发展现状

宁城县为加快繁荣旅游市场，增加旅游消费，大力开发具有独特的地方特色和文化内涵的旅游产品，促进旅游商品的生产和流通。宁城县主要旅游商品如表3-5所示。

表3-5　宁城县旅游商品目录

种类	品种
地方食品类	宁城老窖、草原万旗奶酒、赛飞亚全鸭宴、东方万旗牛肉、西泉徐记煎饼、黑里河鸭蛋、紫蒙珍禽蛋、打虎石有机鱼、三座店粉条、大双庙绿豆糕、黑里河蜂蜜、三座店烧饼、老哈河芦荟、藏龙谷豆腐干、小城子豆片等
土特产类	宁城茶叶、药材系列、蘑菇系列、榛子系列、山野菜系列、小杂粮系列、山核桃、五味子、山楂干、山梨干、宁丰苹果、小城子梨枣、朝宝沟火烟等
奇石类	古生物化石、宁城鸡肝石、山头树化石、瘢子玛瑙石、宁城叶腊石、大理石等

续表

种类	品种
民间工艺品类	彩绘鸵鸟蛋、草编、柳编、荆条编、刺绣、根雕、木雕、石雕、黄家菜刀等
工艺美术类	仿辽瓷鸡冠壶、仿辽代金马、中京塔雕塑、铸造银塔、纪念币、饰品、书画、宣传画册、旅游图书、剪纸、民族服饰、酒樽、蒙古族工艺品、铜鼎等
旅游日用品类	鞋帽、太阳伞、太阳镜、登山手杖、民俗服装、景区特色服装等

　　* 目录摘自《宁城县人民政府办公室关于印发宁城县旅游商品开发工作实施方案的通知》宁政办发〔2012〕111 号。

（二）旅行社及旅游从业人员现状

　　截至 2016 年年底，宁城县共有旅行社 4 家，其中国内社 3 家（赤峰中京旅行社有限公司、宁城元亨旅行社有限责任公司、宁城金龙旅行社有限责任公司）、门市部 1 家（赤峰国旅宁城县店）。宁城县旅行社数量（4 处）占全市旅行社数量（73 处）的 5.4%。

　　截至 2016 年年底，宁城景区、宾馆以及乡村接待等旅游直接从业人数3000 余人，具有国家有导游员资格证书的有 6 人，获国家旅行经理资格证书者 3 人。

第三节　宁城县旅游资源调查与评价

一、宁城县概况

（一）自然环境概况

　　宁城县位于赤峰市南部，总面积 4305 平方公里，东西最长 94 公里，南北最宽 64 公里。地处内蒙古高原与松辽平原的过渡带、大兴安岭南端与燕山山脉的交汇处。地势西高东低，最高处为存金沟乡龙潭梁翠云峰，海拔 1890.9 米，最低处为五化镇小乌兰哈达沟，海拔 429 米，平均海拔 832.6米。七老图山屏峙西侧，努鲁尔虎山由西南向东北逶迤延伸，老哈河、坤都伦河由西南流向东北。西部山峦起伏、中部丘陵广阔、沿河平川狭长，构成了"五山四丘一分川"的地貌特征。

　　宁城县属温带半干旱大陆性季风气候，年日照达到 2700~3000 小时，年均积温 2100~3300℃，平均气温 6.0~8.0℃，无霜期 110~155 天。年均降水量 390~500 毫米，高于全市其他旗县区。

宁城县共有耕地 154 万亩，有效灌溉面积 93.4 万亩。有林面积 309 万亩，森林覆盖率 47.3%，高出全市 12 个百分点、全区 27 个百分点。林木蓄积总量 651.4 万立方米，总产值 6.1 亿元。动物 33 目 111 科 345 种，其中国家一级保护动物 2 种、国家二级保护动物 19 种。植物 138 科 465 属 953 种，其中国家二级保护植物 17 种、药用植物 130 种。黑里河国家级自然保护区总面积 41.5 万亩，森林面积 32 万亩，是内蒙古保存最好的原始次生林和野生动植物种类最多的地区之一。河流流域面积 4305 平方公里。水资源总量 4.01 亿立方米，其中：地表水 2.94 亿立方米，地下水 1.97 亿立方米，重复量 0.9 亿立方米。水资源可利用总量 3.42 亿立方米。热水温泉核心出水区 0.46 平方公里，日动采量 6000 吨，出口温度 104℃，被称为中国北方最热天然温泉。

（二）人文环境概况

宁城县历史悠久，自新石器时代就有人类的足迹。夏商以来，先后有匈奴、鲜卑、女真、蒙古、汉等诸多民族在此繁衍生息，创造了灿烂的文化，是著名的红山文化和契丹文化的发祥地之一，史称"紫蒙之野"，为辽代五都之一——中京所在地。西汉属右北平郡，唐代设饶乐都督府，辽代设陪都中京大定府，金代将中京大定府改为北京，元代改北京为大宁，明代设大宁卫。自清至民国末年，宁城地区蒙制属卓索图盟，汉制属热河省，长期实行蒙汉分治。1933 年建宁城县。

现存春秋战国时期南山根遗址、小黑石沟墓群，西汉右北平郡治所黑城遗址、汉长城遗址、辽中京遗址、清代法轮寺 6 处国家级重点文物保护单位和 300 年皇家陪嫁牡丹、辽代宗教圣地福峰山等众多历史文化古迹。辽中京遗址内的辽中京大塔（俗称大明塔）高 80.23 米，为全国现存体积最大的实心砖塔。

宁城县是国家首批公布的革命老区，晋察冀抗战前沿——承平宁抗日根据地中心区，有抗日英雄高桥烈士陵园、承平宁抗日纪念馆等自治区级爱国主义教育基地。

二、宁城县旅游资源分类

据中华人民共和国国家标准《旅游资源分类、调查与评价》（GB/T18972—2003），宁城县现有旅游资源分布如表 3-6 所示。

表 3-6 宁城县旅游资源分类表

主类	亚类	基本类型	单位资源名称
A 地文景观	AA 综合自然旅游地	AAA 山丘型旅游地	葫芦峪、玉皇岭、兰花山、杜鹃山、福峰山、七金山
		AAB 谷地型旅游地	龙潭大峡谷、藏龙谷、大东沟、道须沟、大坝沟
	AB 沉积与构造	ABG 生物化石点	道虎沟古生物化石保护馆
	AD 自然变动遗迹	ADF 冰川堆积体	冰石河
B 水域风光	BA 河段	BAA 观光游憩河段	黑里河、坤都伦河
		BAC 古河道段落	老哈河
	BD 泉	BDB 地热与温泉	热水温泉
C 生物景观	CA 树木	CAA 林地	黑里河林区原始次生林
		CAC 独树	700 年古榆树
	CC 花卉地	CCA 草场花卉地	300 年陪嫁牡丹
E 遗址遗迹	EA 史前人类活动场所	EAA 人类活动遗址	辽中京遗址、黑城子古城、八家遗址、举人故居
	EB 社会经济文化活动遗址遗迹	EBA 历史事件发生地	"人圈"遗址
		EBB 军事遗址与古战场	日军守备地遗址、汉右北平郡治所黑城遗址、
		EBG 长城遗迹	汉长城遗址
F 建筑与设施	FA 综合人文旅游地	FAB 康体游乐休闲度假地	万亩番茄园观光区、万亩黄瓜园观光旅游区、万亩尖椒园观光旅游区
		FAC 宗教与祭祀活动场所	法轮寺、普祥寺、经峰寺、关帝庙
	FB 单体活动场馆	FBC 展示演示场馆	辽中京博物馆、地质博物馆、大双庙镇村史馆
	FC 景观建筑与附属型建筑	FCB 塔形建筑物	辽中京塔、小塔、半截塔
	FD 居住地与社区	FDD 名人故居与历史纪念建筑	峰水山党支部纪念馆、抗日九壮士纪念广场
	FG 水工建筑	FGA 水库观光游憩区段	紫蒙湖

续表

主类	亚类	基本类型	单位资源名称
G 旅游商品	GA 地方旅游商品	GAA 菜品饮食	紫蒙湖鲜鱼宴、藏龙谷地锅宴、大坝沟山珍宴、杜鹃山全羊宴、道须沟豆腐宴、徐记煎饼宴、温泉辽王宴
		GAB 农林畜产品与制品	精致草原粉、黑里河山珍鱼系列、釜飞亚肉鸭熟食系列、燕京啤酒（中京）、红玫瑰火龙果、芦笋酒、芦笋菜、宁城蒙富苹果、宁城特色蔬菜、东方万旗牛肉、宁城小米、宁城豆包
		GAC 水产品与制品	紫蒙湖有机鱼
		GAE 传统手工产品与工艺品	宁城老窖
		GAG 其他物品	宁城化石
H 人文活动	HA 人事记录	HAA 人物	抗日记者陈子实烈士
	HB 艺术	HBA 文艺团体	十番会
		HBB 文学艺术作品	后唐名将李存孝打虎的传说、飞将军李广射虎的故事
	HC 民间习俗	HCB 民间节庆	那达慕大会
		HCE 宗教活动	祭敖包、福峰山庙会、大明庙会
		HCC 民间演艺	大城子秧歌、背阁台阁、十番乐、安代舞、宁城评剧、宁城皮影、民间唢呐曲谱、宁城铁铻锣鼓乐谱
		HCA 地方风俗与民间礼仪	查玛舞
	HD 现代节庆	HDA 旅游节	黑里河杜鹃节、黑里河漂流节、紫蒙湖冬捕节
		HDB 文化节	宁城县国际旅游节、辽中京文化节、紫蒙湖旅游文化节、温泉旅游文化节

　　根据上表，宁城县现有资源共 7 项主类，19 项亚类，34 项基本类型，共 93 个单体旅游资源，拥有《旅游资源分类、调查与评价》中划分的全部 8 个主类、31 个亚类、155 个基本类型中的 87.5%、61.2% 和 21.9%。

三、宁城县旅游资源空间分布

　　宁城县旅游资源比较丰富，遍及全县各乡镇，根据资源特征和地貌类型，如图 3-3 所示，可将宁城划为"两心两带·双核互动"空间战略结构和"三园 + 三区"旅游功能区。

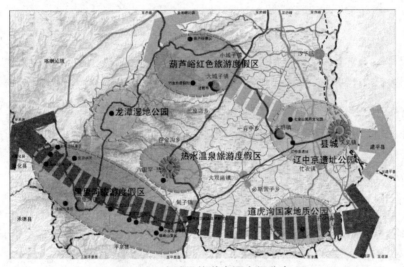

图 3-3　宁城县旅游资源空间分布

　　"两心"为天义镇旅游集散接待中心和热水旅游度假区服务中心，具备较好的交通区位优势和旅游接待设施；"两带"为历史文化旅游带和生态休闲度假旅游带，文化带主要以葫芦欲红色旅游和契丹辽中京文化为主，生态带主要以黑里河自然生态旅游和道须沟国家地质公园为主；"双核"为辽中京遗址公园、热水温泉旅游度假区，分别以天义镇和温泉街道为中心，位于宁城县东西部。

　　"三园 + 三区"中，"三园"为辽中京遗址公园、宁城国家地质公园、龙潭湿地公园，主体旅游资源分别是辽中京塔、国家地质博物馆、龙潭大峡谷；"三区"为热水温泉旅游度假区、黑里河旅游度假区、葫芦峪红色旅游区。热水度假区以热水温泉为主要代表，周边涉及宁城老窖观光工业园、南根山遗址、秀山采摘园、十番古乐等旅游资源；黑里河度假区从西北至东南旅游资源有大坝沟、杜鹃山、冰石河、哈河源、道须沟、黑里河、藏龙谷、紫蒙湖、福峰山等；葫芦欲旅游区以承平宁抗战纪念馆、七烈士陵园为主要代表，周边涉及法轮寺、汉长城遗址、康熙陪嫁牡丹园等旅游资源。

四、宁城县旅游资源评价

（一）定性评价

1. 相对良好的生态环境

宁城县位于半湿润带与干旱带过渡地区，气候较温和。县城经济以农业为主，工业化程度低、生态环境外部不良影响小。农业生产过程中，化肥、农药施用量远小于东部发达地区，尚未对土壤、水源造成较大污染。除南部山区水土流失严重外，其余部分水土保持良好。西部山区因夏季处于迎风坡，降水丰沛，植物生长茂盛，特别是黑里河林场一带，遍布原始次生林，植物种类之多，树木之密，林相之好，为华北地区所独有。

2. 刚柔相济的自然风光

宁城县西部黑里河自然保护区、葫芦峪、兰花山等景区群山耸立，不乏奇峰怪石。许多山峰多由悬崖峭壁构成，部分崖壁高达几百米、气势磅礴，雄浑而富有力度，充满阳刚之气。山间峡谷幽深，植物茂盛，溪水潺潺，颇具阴柔之美。

在自然旅游资源方面，除前所述的黑里河自然保护区外，热水温泉极具特色。泉水温度高达97℃，几近沸泉，且泉水中富含多种矿物质和微量元素。

3. 丰厚多样的人文积淀

自新石器时代以来，东胡、匈奴、乌桓、奚、契丹、女真、汉、蒙古各族人民相继在宁城地区繁衍生息，创造出光辉灿烂的古代文化。各种遗址遗迹众多，已经考古发现的古居住址、古城址、古洞穴、古窑址、古窖藏共达48处之多，此外，尚有汉长城遗址一处，古塔三座，古寺庙一座。尤其是辽圣宗统和二十五年（1007年），在现大明镇地区建中京，时为五京之一，成为辽代中后期主要政治、军事中心，盛极一时。至今辽中京古城墙遗址及三塔尚存，成为国家重点文物保护单位。

4. 种类繁多的科考项目

宁城县古代遗存遍布，出土文物众多，是考古、历史等学科踏勘、科研的极佳场所。西部黑里河自然保护区有森林、草原、河流、湿地等多样的生态系统。山势陡峻，雄伟壮观，森林茂密，环境优美，物种丰富，生物区系复杂。有明显的植物垂直分布带；有我国分布面积最大、长势最好的天然油松林；有多种阔叶林植物群落；有大量的国家重点保护珍稀濒危野生动植物。现已成为我国林业科研、教学机构的科研、教学基地。

5. 老哈河孕育了现代农业文明

宁城农业发达，拥有内蒙古最大的林果产业休闲观光基地，中国北方纬度最高富硒大苹果栽植采摘基地，中国北方最大芦笋种植加工基地，中国北方最大肉鸭繁育养殖加工基地，"绿色、无公害"是其特色所产之杂粮、蔬菜、畜禽皆为优良土特产，西部林区各种山珍味道鲜美，且绝无污染。

（二）定量评价

1. 旅游资源评级

按照 GB/T18972—2003 国家标准，对宁城县的主要旅游资源进行了定量评价。结果显示，宁城县旅游资源上以人文资源为主，代表性旅游资源数量 71 个，占旅游资源总量的 78.9%；自然旅游资源代表旅游资源数量为 19 个，占旅游资源总量的 21.1%（见表 3-7）。人文资源中大明塔、辽中京遗址等资源所占权重较高，而自然资源是目前人们出游的主要吸引物，因此，宁城县旅游发展基础应是自然旅游资源和人文旅游资源并重。

表 3-7　宁城县旅游资源分类定量统计表

旅游资源宏观分类	主类　数量	所占百分比
自然旅游资源（19）	地文景观（13）	21.1%
	水域风光（4）	
	生物景观（2）	
人文旅游资源（71）	遗址遗迹（8）	78.9%
	建筑与设施（16）	
	人文活动（22）	
	旅游商品（25）	

按照原有的旅游资源评级标准对宁城县的旅游资源进行评级，旅游资源评级如表 3-8 所示。

表 3-8　旅游资源评级

资源等级	得分值域	资源单体（单体类型）
四级	>75~89	道须沟、大明塔、热水温泉、辽中京遗址、道虎沟、黑里河
三级	>60~74	法轮寺、小塔、半截塔、葫芦峪红色文化、七金山、康熙陪嫁牡丹园、紫蒙湖水库
二级	>45~59	道须沟、杜鹃山、大坝沟、藏龙谷、龙潭湿地、福峰山辽代石窟、宁城民俗、第四纪冰川冰石河遗迹
一级	>30~44	老哈河、坤都伦河、汉长城遗址、汉军事哨望所、黑城遗迹、辽中京博物馆

2. 以市场为主导的资源评价体系

原有国标分类与评价标准受其制定时的资源背景所限，评价指标体系主要考量旅游资源的观光功能，比较强调资源单体，对休闲度假因素和资源的聚合性重视不足（见表 3-9）。

表 3-9　原有国标评价标准体系表

项目评价	评价因子
资源要素价值（85 分）	观赏游憩使用价值（30 分）
	历史文化科学艺术价值（25 分）
	珍稀奇特程度（15 分）
	规模、丰度与概率（10 分）
	完整性（5 分）
资源影响力（15 分）	知名度和影响力（10 分）
	适游期或使用范围（5 分）
附加值	环境保护与环境安全（−5 至 3 分）

在当市场需要从以观光旅游为主向以休闲度假为主转变的市场背景下，原有国标评价标准已难以适应当前的旅游经济发展需要，为此，注重休闲度假因素和资源的聚合性，构建新型评价体系（见表 3-10）。

表 3-10　市场主导旅游资源评价体系

评 价 因 子	评 价 依 据
观赏游憩使用价值（20分）	观赏价值、游憩价值、使用价值等
区域发展贡献（-10至20分）	为当地区域发展所带来的经济效益、就业等
历史文化科学艺术价值（10分）	具有全国意义的历史价值、文化价值、科学价值、艺术价值
规模丰富度及完整度（10分）	资源规模丰富，湖泊、河溪、山地、森林等资源类型的组合性等
珍稀奇特程度（-5至10分）	有大量珍稀物种，或景观异常奇特，或此类现象在其他地区罕见
知名度和影响力（5分）	在区域范围内是否具有一定的知名度和影响力
资源与环境保护（5分）	是否有工程保护措施，环境安全得到保证
适宜开发条件（5分）	可建设条件如何，是否具有避暑、避寒功能，适游时间长短等
气候条件与适游时间（5分）	气候条件如何，是否具有避暑、避寒功能，适游时间长短等
观光市场吸引力（5分）	对观光客源市场的吸引力
休闲度假吸引力（5分）	休闲度假配套设施是否完善，对休闲度假客源市场的吸引力

3. 宁城县核心旅游资源筛选与评价

根据市场主导旅游资源评价指标体系，对宁城县的旅游资源进行再评价，强化市场导向的资源观，增加观光吸引力、休闲度假潜力、适宜开发条件因子、完善多维评价体系，在上轮的资源分析基础上进行更新与归纳，筛选出十大资源（见表3-11）。

表 3-11　市场主导下的宁城县主要旅游资源打分情况

资　源	区域发展贡献	知名度和影响力	观光市场吸引力	休闲度假市场吸引力	适宜开发条件	气候条件与适游时间	观赏游憩使用价值	历史文化科学艺术价值	珍稀奇特程度	规模和完整性	资源与环境保护	总分
道须沟旅游景区	19	4	4	4	4	4	18	4	8	8	4	81
黑里河国家自然保护区	18	4	4	4	4	3	16	4	8	8	4	77
热水镇温泉	19	5	4	5	4	5	15	3	6	6	3	75
宁城老窖	18	5	4	5	5	3	13	4	7	6	3	72
辽中京遗址	15	4	4	3	4	4	15	5	5	8	5	72
道虎沟	14	4	4	4	4	3	17	4	7	8	4	70
辽中京博物馆	12	3	3	3	3	3	13	5	5	8	5	63
大明塔	13	2	2	3	4	3	14	5	5	8	4	61
紫蒙湖水库	12	4	4	4	1	3	12	4	7	6	2	62
第四纪冰川冰石河遗迹	14	3	3	4	3	3	12	4	7	6	2	61

通过市场主导的资源评分及模型标准，将道须沟单体资源升级至五级资源，从总体上看，自然资源和文化资源在宁城县旅游发展的过程中所占分量相似。人文资源中的酒文化，即宁城老窖是传统评价中被低估的资源（见表 3-12）。

表 3-12 宁城县核心资源表

现评等级	资 源 名 称	等级调整	原来等级	评 价 旅 游
五级	道须沟旅游景区	上升	四级	交通便利，资源丰富，适合休闲度假，很有开发潜力
四级	黑里河国家自然保护区	不变	四级	自然资源丰富，道须沟旅游区有带动效应
	热水镇温泉	不变	四级	温度比较高，休闲养生对温泉的需求比较大
	宁城老窖	上升	无等级	打造国家特色小城镇
	辽中京遗址	不变	四级	比较有特色的契丹辽文化
	道虎沟	不变	四级	自然风光优美
三级	辽中京博物馆	上升	一级	和辽中京遗址有组合优势，可以组成精品文化旅游线路
	大明塔	下降	四级	资源单体的休闲观光竞争力不是很强，可以和辽中京遗址组合成契丹辽文化旅游线路
	紫蒙湖水库	不变	三级	紫蒙湖水虽然资源丰富，风景优美，但是开发起来比较困难，容易破坏生态
	第四纪冰川冰石河遗迹	上升	二级	科考价值比较高，有开发潜力

第四节 宁城县旅游资源开发分析

一、宁城县旅游业发展 SWOT 分析

（一）优势分析

1.三省交界交通便捷

（1）交通区位。宁城位于蒙、冀、辽三省区六县市交界处，处于蒙东与东北、河北的交汇地带、京津冀都市圈入蒙的前沿地带、京津冀 500 公里旅游辐射圈。距北京、沈阳 400 公里，距承德、朝阳 100 公里，境内有叶赤铁路，赤凌一级路、306 国道、207 省道通过。

宁城的交通网络建设日益完善，就目前的基本状况来说大交通的问题已经基本解决，铁路、公路可进入性强。京承高速公路通车后，北京到宁城仅需 3~4 小时，而连接高速公路和县城风景区的道路已经修通，宁城的道路网络基本形成，制约旅游发展的最基本的障碍已经解决。

（2）旅游区位。宁城在赤峰旅游板块中的地位：辽文化·山地运动休闲·地缘门户旅游经济。即宁城处于赤峰南部蒙元文化和山地休闲运动板块，属于赤峰辽文化的重点项目，拟新建宁城七金山辽文化旅游区。《赤峰市"十二五"旅游产业发展规划》确立了赤峰旅游的十六节点，黑里河生态旅游区（包括热水、紫蒙湖）位列其中，是赤峰南部线路的重要节点。同时，在京津冀旅游圈中，宁城位于赤峰—北京大旅游环线上的第二站或首站。除此以外，宁城县距赤峰机场只有 95 公里，车程 2 小时左右。

2. 自然资源得天独厚

自然资源丰富，其温泉、森林农牧业资源优势比较突出。宁城县的热水温泉历史悠久，最早是在契丹辽国时期被发现和应用的，至今已有 1100 年的历史，据史料记载，辽代萧太后萧绰就曾在这里沐浴温泉。宁城热水温泉是全国水温最高的温泉之一，热水温度高达 96℃，日出水量约 6000 吨，且水质优良，在赤峰市的温泉资源中具有独特的优势。黑里河生态休闲旅游区旅游资源丰富，包括油松林、白桦林、高山草甸、河流、水库、冰石河等自然奇观，为休闲旅游的发展提供了良好的条件。宁城县是全国蔬菜生产基地，粮食产量稳定在 14 亿斤以上，设施农业新增 15.1 万亩，果树经济林新增 10.3 万亩，总面积居全区首位，为农业旅游、乡村旅游提供了良好的条件。

3. 人文旅游资源特色鲜明

宁城县自新石器时代就有了人类的足迹，夏商以来，先后有多个民族在此生息繁衍，发展生产，创造着灿烂的文化。至辽代，契丹族处于鼎盛时期，在宁城县建起辽代中、后期的国都——中京大定府，成为当时北方政治、经济、文化的中心，并且留下众多保存完整的文化遗存（辽中京遗址、大明塔、半截塔和金小塔等），这对研究该地文化历史的发展具有重要的价值和意义。另外，宁城县是以蒙古族为主体，汉族占多数的旗县，保留着传统的蒙古特色与风情，这些民族风情的资源优势为旅游开发提供了有利的条件。除了契丹辽文化，宁城的酒文化也闻名遐迩。宁城县八里罕镇素来有"三泉古镇、塞外酒乡"的美誉。宁城一带有着千年的酿酒历史，据史料记载，早在辽代时期就有多出大型酿酒作坊，闻名遐迩。并且以宁城老窖为龙头的就业园区已初具规模，为宁城酒文化的进一步传播打下了坚实的基础。

4. 国内最大的第四纪冰川遗迹

宁城的中生代地层中含有极其丰富的古生物化石遗迹资源，所产化石数量大、种类多、代表性强、保存完好，其独特的哺乳动物化石研究更是取得了举世瞩目的成果，开辟了哺乳动物研究的新纪元。尤其是"獭形狸尾兽""远古翔兽""七鳃鳗""天义初螈"等重要古生物化石的发现，为古生物演化历史、古气候及古环境研究提供了重要证据，极具科研价值。另外，宁城黑里河国家自然保护区内的第四纪冰川遗迹——大坝沟冰石河是目前国内发现的最大一处；大量夏家店上层文化的代表文物也在宁城大量出土等。宁城所拥有的这些珍贵的地质遗迹资源与文物资源，对宁城开展科学考察、科学研究具有很高的价值，也是宁城开展科普旅游、文化旅游的宝贵旅游资源。

5. 客源市场广阔

宁城处在京津唐沈等大中城市"星期假日旅游圈"之内，周边的北京、天津、沈阳、承德、朝阳、葫芦岛、锦州、大连等环渤海城市群经济发达，消费水平高，旅游出行人次多，客源市场潜力大，客源市场广阔。

北京常住人口超过 1500 万，人均 GDP 超过 3000 美元，2011 年汽车拥有量超过 300 万辆，其中私家车超过 80%。每周到周边地区的旅游者达到几十万人。北京市民收入水平高，旅游意识强，其外出旅游次数、旅游天数在全国名列前茅，是重要的旅游客源地。天津也是环渤海地区经济实力较强的直辖市，居民的出游率高、消费能力较强，也是一个重要的客源市场。

沈阳、大连是东北地区的重要城市，每年到各地的旅游客源有几百万人，两地到宁城旅游交通便利，几小时就可到达，只要宁城抓住发展的机遇，创造好各方面的条件，将能吸引这两个地区的旅游者。

承德、朝阳、锦州是地级市，政府机关、企事业单位集中，每年的会议、休假旅游、奖励旅游数量众多，宁城具有区位优势，又有环境优势，只要完善基础设施建设，开展好直接营销，宁城完全有可能成为这几个地区休闲旅游、度假旅游的首选。

宁城距离北京和环渤海城市群仅有 2~4 小时车程，在目前的交通条件下进入基本不成障碍，这些城市人口和流动人口以及商务或会展旅游者都为宁城的旅游发展提供了很好的客源基础。

（二）劣势分析

宁城从 20 世纪 90 年代就开始发展旅游，但因为人员负担重，经济困难，对旅游的投入较少，旅游开发缺乏有效的管理机构和相应的专业人员，因此管理水平较低，尚处于粗放型、放任型的发展阶段。除了旅游服务接待设施、旅游配套设施和导游服务、景区解说系统等方面尚不完善外，宁城旅游发展还受到以下一些因素的制约。

1. 旅游产品开发设计不足

目前，宁城县的旅游产品还处于初级阶段，项目种类少，活动内容单一，多为观光型产品。虽然该地的旅游资源景色优美，但是单一的旅游观光缺乏参与性，根据旅游资源的特点，探险游、科普游、生态游、疗养保健与民族风情游、乡村旅游等开发不足，旅游产品缺乏连贯性，无法满足游客的求新、求异、求知的多层次多样化的需求。同时，旅游资源的配套产品，特别是旅游商品的生产销售尚处于初级水平，还没有开发出能突出代表宁城县资源特色，表现区域文化，有较高价值和较强纪念意义的旅游商品，在满足游客购物方面没有发挥其应有的作用。

2. 对潜在旅游者的影响比较小

由于宁城县的旅游起步比较晚，产品知名度比较低，宣传力度比较小，吸引的游客大多数是距离比较近的游客（宁城县周边旗县及赤峰市辽宁省的旅游者），并且游客只是游览或参与一些相对知名的景点或旅游项目，而对另外一些旅游产品的需求较弱。并且由于宁城县没有特别知名的景区景点来提升自己的知名度，所以宁城县的旅游资源比较远一些的旅游者（如京津冀地区）而言知名度低，吸引力小。

3. 基础设施不完善

宁城县的旅游资源相对而言比较分散，有些景点与景点间的距离比较长、路况差是影响游客观光旅游的不便因素。而且对于非自驾游的散客而言，县内可以供游客使用的交通工具数量有限；并且没有设置游客服务中心，旅游服务体系亟待完善和加强。宁城县的住宿环境相对而言比较差，人多数是家庭旅馆设施比较差，其住宿条件有待提升。

4. 缺乏统一的科学规划

宁城县旅游资源丰富，特色鲜明，易于单体项目的发展，所以在旅游发展开发的初期没有意识到要在统一规划的指导下实施长远性开发，只是针对具体的、单一的旅游资源进行开发。短时间就可产生直接的经济效益，致使各景区条块分割，各自发展，形成目前的旅游产品种类与功能单一，关联性差，从而导致游客滞留天数少的问题。

（三）发展机遇分析

1. 政府对旅游业的重视

经济快速发展，产业结构转变。社会经济发展迅速，旅游业成为国家的支柱性产业。现阶段，宁城县大力支持发展旅游业，举全县之力发展全域旅游并且初有成效，在2016年的时候成为国家首批"国家全域旅游示范区"，并且是赤峰市唯一一个"国家全域旅游示范区"。并且，宁城县政府将旅游业的发展列入"十三五"规划，确定了旅游业在宁城县发展中的主体地位。

2. 人们日益增长的旅游需求

随着社会经济的发展，物质生活条件的提高，文化旅游成为旅游者的又一青睐项目，参加文化旅游不仅能使旅游者的身心得到解放，达到休闲度假的效果，而且增加了旅游者的科学文化知识，使旅游者的内涵得到提升。宁城县拥有历史悠久的契丹辽文化，是著名古生物的发现地，人文知识和古生物化石遗迹资源相辅相成，增加了宁城文化旅游的吸引力。当代居民的工作节奏比较快，生活压力比较大，也引爆了游客的疗养、养生需求。宁城的温泉为需要休闲疗养的旅游者提供了有利的条件，宁城县的热水温泉水质好，富含对人体有益的锶和氡等元素，属于硫酸钠型氟、偏硅酸医疗热水矿泉，达到医疗矿泉水的标准，具备医疗热矿水的开发利用价值，是开展休闲疗养的良好场所。

3. 高铁的开通和冬奥会的举办将带来新的机遇

2019年赤峰至2019年赤峰至京沈高铁喀左站铁路开通，标志着赤峰市纳入了京津冀两小时经济圈,赤峰到宁城县的车程只有 1 小时 40 分钟,高铁的建设为宁城市的发展带来了机遇。2022 年北京冬奥会的主会场在张家界和北京,将迎来冬奥会举办之前的"十三五"时期的冬季旅游及草原景观旅游廊道的火爆期,宁城县可以分流冬奥会给张家口带来的巨大游客量。

4. 国家对贫困地区重点发展战略与相关优惠政策

作为西部相对落后的地区,宁城能够享受到国家发展西部、帮贫助困的优惠政策,同时自治区和赤峰市也对旅游业非常重视,制定了许多促进旅游发展的政策,并提供了一些资金扶持项目,宁城可以充分利用这一发展的良好机遇,实现迅速崛起。

(四)威胁分析

1. 周边优秀旅游旗县的竞争压力

宁城旅游开发把客源主要目标市场定为北京及周边的大中城市,必然面对其他旅游景区的竞争威胁,承德、葫芦岛、赤峰地区的其他旗县,从区位、自然条件、旅游资源、开发项目的吸引力等方面都对宁城旅游的开发形成了威胁。由于宁城县的旅游规划开发起步较晚,旅游业发展观念相对比较滞后,宣传力度比较小,在古生物化石遗迹、文化、温泉以及森林公园等资源方面和周围的旗县存在相似性。所以,宁城要充分利用其旅游资源优势,和周围旗县做竞合分析,找出相似的资源中存在的特色,走差异化的发展道路,并且可以和其他相似或互补的资源打包,协同发展。同时,在旅游产品开发、旅游线路设计、旅游对外宣传及推销方面等突出特色,增强竞争力度。

2. 有形遗存少,观赏性不强

宁城旅游资源丰富,是辽文化发源地,辽中京所在地,但由于辽代存在时间短,环境变迁,古迹建筑大多已不存在,保存下来的有形遗址也不完整,观赏性不强。宁城的辽代遗址、遗迹在旅游资源评价中,仅列普通级水平。与优秀级、优良级有不小的差距。基本上处于"较有说头,少有看头,更少玩头"的境地。

3. 市场范围受到局限

由于旅游资源的独特性差,宁城旅游资源仅有地区性影响,旅游市场范围有限。从国内市场分析,宁城客源主要集中在赤峰市和周边北京、天津、辽宁、河北等地区，占 90% 以上，其他省份的游客很少，说明宁城客源市场仍以地域性为主，拓展空间较大。海外游客绝对人数很少，所占比例极低。

4. 区域内外合作意识不强

国内旅游业已经进入到大众化、产业化、现代化的新阶段，进入一个全面发展、全面融合、全面竞争的新时期，未来旅游产业的发展将不再是单个景区、单个企业单枪匹马的闯荡江湖。各地方、各旅游企业将依托旅游综合服务平台形成一种新型的"抱团"式发展，寻求一种合作共赢的大旅游时代。

二、与周边旗县旅游资源竞合分析

选取宁城县周边的克什克腾旗、喀喇沁旗、巴林左旗、隆化县和平泉县作为对象，对其进行竞合分析。根据区位条件、交通条件、旅游资源情况、产品开发情况、发展定位及重点发展方向等因素，对宁城未来区域旅游发展进行竞合分析。具体见表 3-13。

未来旅游产业的发展将不再是单个景区、单个企业单枪匹马的闯荡江湖。各地方、各旅游企业将依托旅游综合服务平台形成一种新型的"抱团"式发展，寻求一种合作共赢的大旅游时代。宁城县发展旅游业要加强区域间合作，推行区域联动战略。

通过比价分析可见，宁城县应该发挥作为赤峰旅游南大门的有利区位，交通及产业优势突出契丹辽文化及宁城老窖酒文化，积极推进宁城镇热水温泉、黑里河国家自然保护区的推广与宣传等各方面的统筹发展。加强与喀喇沁旗、平泉、巴林左旗的合作，共同打造契丹辽文化旅游精品线路；注重与隆化的合作，推出温泉加老酒联动旅游产品；加强与喀喇沁旗的合作，推出滑雪加温泉的联动产品；除此以外还可以和隆化共同开发自驾生态旅游路线。通过开发个性化的旅游产品，吸引游客的滞留；通过提升接待服务水平，提高游客的消费水平。大力招商引资、推进旅游基础设施和服务设施的建设，加快实现旅游业的跨越式发展。

表3-13　宁城区域旅游合作竞合表

旗县		宁城县	克什克腾旗	喀喇沁旗	巴林左旗	隆化县	平泉县
区位竞争力	较强	一般	强	弱	强	强
		宁城县位于冀、辽三省交界，地理位置优越，交通条件便利。距周围旗县车程都在40分钟左右并且距北京403公里，距天津400公里，距锦州230公里，距沈阳432公里，距赤德120余公里，便于周边地区的游客出行，距离商游容易于接受	克什克腾旗位于内蒙古东部，赤峰市西北部，地处内蒙古高原与大兴安岭南端山地和燕山余脉七老图山的交汇地带，西与赤峰市宁城县毗邻，距北京610公里，距锦州269公里	喀喇沁旗地处内蒙古东部，内蒙、辽、冀三省区交汇处，居东北经济区与华北经济区结合部，东与辽宁建平县相邻，南与赤峰市宁城县毗邻，西与河北省围场县，正与隆化县交界，北与赤峰市松山区，红山区接壤，距赤峰38公里，北京380公里，沈阳500公里，锦州港280公里	巴林左旗位于内蒙古自治区东南部，赤峰市北部，东与阿鲁科尔沁旗为邻，西、南两面与巴林右旗接壤，北与西乌珠穆沁旗交界，距赤峰258公里，距北京638公里	隆化县位于承德市中部，北和北与围场县，内蒙古相邻，南接承德市，滦平县，东邻宁城，西部丰宁县，距北京260公里，承德60公里	平泉县地处河北省东北部，为辽、冀、蒙三省交界地，东与辽宁省的凌源市接壤，北与内蒙古自治区赤峰市宁城相接，南邻承德市，西邻平泉县蒙古族镇平，南有"通衢辽蒙，燕赵门户"之称，近邻北京、唐山、秦皇岛，赤峰，朝阳等大中城市，平泉县人民政府驻地平泉镇，距承德市92公里，距北京489公里，距省会石家庄293公里
交通竞争力	较强	一般	强	弱	强	强
		到北京车程约5小时40分钟，到赤峰的车程约1个小时40分钟。2012年叶赤铁路宁城段，大连至赤峰，沈阳至赤峰，锦州到赤峰客货列车从该线通过，国道306国道306线和省道207线平双公路穿越宁城境内，全县公路总里程1500公里左右。2012年底，赤峰通车，至凌源一级公路建成，结束了宁城县没有高级公路的历史，进一步加速宁城县的经济发展	目前到北京的车程约8小时30分钟，到赤峰市的车程约30分钟。在克什克腾旗境内有集通铁路，省际大通道，303国道，306国道货运线网络，距赤峰特机场200公里左右。截至2012年，克什克腾旗公路通车总里程163公里，公路通车总里程2800公里	目前到北京的车程约5小时，到赤峰市的车程约50分钟。喀喇沁旗是内蒙古进京出海最便捷的通道之一。京通铁路，承隆铁路贯穿旗境内，京通铁路在喀沈，C306，S206线穿境而过，赤峰至大板、赤峰至通辽、赤峰至朝阳、承德高速公路在辖区内交汇。玉龙机场位于新城营子镇玉龙村，距离赤峰新城区（红山区）15公里	目前到北京的车程约8小时30分钟，到赤峰市的车程为3小时。	目前到北京县的车程约4个小时，到承德市的车程约1个小时40分钟。铁路，公路较发达。京通铁路，承隆铁路通过隆南北，县城内有客运站，承隆铁路分局和通辽铁路三线，货物存能力70万吨以上；公路，隆化县公路成网，县内公路建有252线，京沈快速县道三线，其中宁线101线，升级铁，承朝京沈铁路，京中干线，隆化高速通圈，县道里程638余公里，其中公路4条，县级公路4条，承赤高速、赤峰、隆郡、隆凤、张隆等多条国省干线公路通车里程591公里	从北京到平泉县的车程约4个小时20分钟，到承德市的车程约为1小时40分钟。公路：遵小铁路，承朝高速，新改建公路线开工建设；承赤高速，县道252线，升级：赤通车，分属三线铁路：铁路：现有承隆京沈铁路，京沈快速路，承朝高速，101线，升级铁路建成了一环，县城区环城快速路和城区间的陆路交通新框组，预计到2020年，平泉县各级公路将达到3499公里

续表

旗县	宁城县	克什克腾旗	喀喇沁旗	巴林左旗	隆化县	平泉县
	自然资源富集。境内有大山脉两里河里河黑里河两个国家级高原保护区和中国北方最大的天然温泉，达96℃的中京温泉；宁城蒸气底蕴丰厚，辽代红山文化遗存，称为"草原之珠""缩影"之誉，为内蒙古五都首批革命老区、内蒙古曾是国内抗日根据地中心地、自治区级抗日纪念馆等；此外，宁城的酒文化历史悠久	克什克腾旗旅游资源丰富，自然资源有：草原、湖泊、温泉、石林等；人文资源主要有兴隆洼文化、赵宝沟文化、明清宗教文化和蒙古族文化等。克什克腾旗是我国第二地质公园是联合国教科文组织首批进入的世界地质网络目录的公园，知名度比较高，贡格尔草原风情、人文景观、名声古迹与草原文化与一体，竞争力也比较强	喀喇沁旗的自然资源和人文资源都比较有森林、清雪资源等；人文资源主要有蒙古族文化、蒙古族等	巴林左旗历史文化底蕴深厚，是契丹辽文化的发祥地，也是契丹国家确认的文物大旗（县）。目前已发现的各类文化遗存819处，其中：国家级文物保护单位6处，自治区级文物保护单位4处，距今1000多年前，要建立了"草原第一都"，军事、经济、文化中心长达200余年	隆化县的自然资源有森林、河流等；人文资源有红色文化（董存瑞）、书法、诗歌等。隆化县森林公园在全国在金叶"陷泉大战"。现国家森林公园在金叶"陷泉大战"就发生在这里；清朝时木兰围场等重要组成部分，康熙、乾隆等皇帝都曾在这里围猎、秋狝	平泉旅游资源丰富，境内名胜古迹众多，人文景观、民俗风情、文化、民间艺术独树一帜，风味美食独特，生态环境优美，森林植被覆盖率达到65.8%，是全国绿化模范县。县境西北部的辽河源国家森林公园是中国第七大河流辽河的自然发源地，大河流风光。契丹文化遗产优势资源于一身，是全国集四种优势旅游资源于一体的不可多得的宝贵旅游项目的地
旅游资源及产品竞争力	宁城县的旅游处于起步阶段，目前为止没有形成系统的规划。黑里河国家级自然保护区资源比较丰富，相对而言比较成熟。热水镇温泉旅游小有所成，但是为止没有休系列没有形成；目前知名度特别知名的品牌作为旅游的交通不是很便利，基础设施不完善	克什克腾旗的知名度资源优质而言比较高。克什克腾旗世界地质公园作为旅游发展起引领作用，相对而言比较成熟，其旅游产品体系比较成熟，在赤峰市是比较有竞争力的旗县	喀喇沁旗的旅游发展起步相对而言比较早，被评为"全国休闲农业与乡村旅游示范旗""全区旅游产业发展重点县"，其中主客府旅游被评为"中国历史文化名旗"，喀喇沁旗已经成为的美林谷滑雪场已经成为中国北方的滑雪场，在北方名气比较大	巴林左旗的旅游发展比较缓慢，现在正处于起步阶段，旗内的交通、基础设施都不是很完善，目前为止也没有比较知名的景区、景点，相对而言竞争力比较小	隆化县作为环京津冀旅游产业带上的特色县，其旅游发展比较迅猛。今年来，隆化县把森林温泉休闲旅游产业作为现代服务业的强大引擎，以七家、茅荆坝现有森林温泉为主的休闲旅游产业发展，其依托于皇家园国家4A级景区重存瑞红色旅游景区，游文化托于皇山旅游项目，隆化县正在重点开发建设的白岩森林文化公园等投入使用，由于具有丰富的自然以及人文资源，对隆化县旅游的发展有较大的竞争力	近年来，平泉县为将生态、文化、产业优势转化为发展优势，聘请国内一流的专业机构，先后编制了《平泉休闲旅游总体规划》等七个规划。辽重点打造了投资10.5亿元的辽河源契丹文化产业园、辽河源主题公园景观、票流、旅游等休闲项目，契丹文化休景区、契丹文化休闲项目正在建设中。由于国有契丹文化资源的位置以及丰富的自然旅游资源，对宁城县旅游投入使用空白。同时，大力发展农家乐成果等，平泉县比较注重品牌宣传

续表

旗县	宁城县	克什克腾旗	喀喇沁旗	巴林左旗	隆化县	平泉县
形象定位	温泉古都，山水宁城	地质奇观，幻境草原	百年王府，冰雪王国	草原古都辽上京	中国北方森林温泉之都	契丹祖源，圣地平泉
未来发展重点	以创建"全国休闲农业与乡村旅游示范县"与"全国生态旅游示范区""中国全域旅游示范县"为目标，统筹以大尺度生态环境为基础的现状，通过深入考察宁城县旅游资源及现有的文化本底，确定以黑里河一线的文化与酒文化融入人的生态旅游资源，整合以宁城核心景区建设，大力开发石林两大资源圈，深入挖掘以黑里河为核心的温泉文化、民族文化、历史文化，开发建设"世界地质公园"品牌，打造健康养生自驾游、服务、富养生态文化内涵的筑赤峰旅游南大门	以克什克腾旗的独特地质奇观为基础，统筹县域的合理现状，通过优化全县空间布局，整合旅游资源，打造"世界级旅游品质景区"，尤其其旅游服务及水平，完善其旅游产品体系，延长其产业链，克什克腾旗相对而言地理距离的优势，富养身的市场优势宣传准冀，努力宣传优势自身旅游业的发展	以喀喇沁亲王府文化为文化内涵，发展文化观光产业，以休闲度假及文化创意为亮点，以冰雪的特色和喀喇冬季旅游为主，借助邻近赤峰中心城区的区位优势，发展乡村旅游	通过对辽文化的提炼、挖掘与再造，整合文化资源，以创建"国家级科研考察旅游目的地"为目标，打造全域旅游品牌，统一包装全域旅游项目，以辽上京遗址为核心，古城文化、祭祀文化作为核心文化要素，构建品古辽文化的特色，打造大辽古都，祭心灵圣山，拜契丹佛寺，享皇家行宫五位一体的文化体验模式，遗址保护、生态观光、休闲体验于一体的辽文化体验旅游区	隆化县目前着重发展文化休闲旅游，以打造"红色旅游"基地、森林温泉之都、历史文化名城"为目标，积极推进旅游标准化建设，不断完善旅游基础配套设施	目前，辽河源旅游综合开发项目正在做总体规划设计；契丹文化城北公园、欢乐谷等项目正在有序推进，打造了柳溪镇大窝铺和王土房乡山湾子2个乡村旅游示范村，积极争取到了3个全国乡村旅游重点村
竞合关系	—	克什克腾旗是宁城旅游引物竞争的核心，克什克腾旗是重要的旅游目的地和新兴的全域旅游示范区，克什克腾旗在宁城较在开发旅游特别是地质旅游注重保护的时候要重点突出差异化，其黑里河相对而言地理距离的优势，富养身的市场优势，努力宣传自身旅游业的发展	冰雪旅游是喀喇沁旗的核心吸引力，在人文化资源方面，喀喇沁旗以喀喇沁亲王府文化和宁城的辽王府贡文化相近。这些资源以及契丹辽文化资源互为补充，共同开发宁城和喀喇沁旗的冰雪滑雪旅游以及辽文化旅游产品以及辽文化旅游线路	辽上京文化是巴林左旗旅游资源的核心竞争力，和宁城的契丹辽文化一脉相承，但做此之间存在一定的差异，因为宁城的文化以辽中京文化为主。在文化旅游方面，宁城可以和巴林左旗进行合作，共同深入挖掘契丹辽文化，打造契丹辽文化旅游线路，打造滑雪旅游产品以及辽文化旅游专线	隆化的森林、温泉以及红色旅游是其核心竞争力，与宁城之间存在的竞争相对而言，隆化的地理距离比较远，但是宁城品级别比较出众的温泉和森林资源也比较高，另外还有比较出众的宁城老窖，可以运用温泉和森林资源组合推向市场。除此以外，宁城要加强和隆化的合作，以对隆化的游客分流	辽河源以及契丹文化是平泉开发文化旅游产品的时候，宁城在要注重挖掘其特色，在产品开发方面要有创新，加强自身的文化吸引力

三、宁城旅游资源开发综合分析

通过对宁城旅游资源的调查、评价发现，宁城的旅游资源品味比较高，很多旅游资源在内蒙古自治区、全国乃至世界都是独一无二，特色十分鲜明，所以在对宁城旅游发展进行分析时，要充分挖掘资源潜力。

·宁城具有中国温度最高的天然温泉，对于开展温泉养生旅游具有得天独厚的优势。

·宁城是中国红山文化和契丹文化发祥地之一，宁城拥有中国最大辽代都城——辽中京遗址、全国体积最大古塔——大明塔，适合开展历史文化旅游。

·宁城拥有世界连片面积最大、最优质的天然油松林，中国森林氧吧——黑里河国家级自然保护区，中国北方最美的高山湿地，自然资源品位高，适合开展观光休闲游。

·具有"塞外茅台"美誉的宁城老窖，曾荣获全国麸曲浓香型金杯奖、中国食品博览会金质奖和日本东京国际酒类博览会金质奖，并荣获"全国驰名商标"称号，适合开展文化体验旅游。

因此，宁城旅游资源开发的总体定位：温泉古都，山水酒乡。

第四篇 宁城县全域旅游发展战略

第一节 宁城县全域旅游发展思路和目标

一、宁城县旅游发展思路

以科学发展观为指导，按照《国民旅游休闲纲要（2013—2020）》《国家关于促进旅游业改革发展的若干意见》《国家旅游局关于开展国家全域旅游示范区创建工作的通知》（旅发〔2015〕182号）、《内蒙古自治区"十三五"旅游业发展规划》（内政发〔2017〕18号）、《内蒙古自治区党委、自治区人民政府关于进一步加快旅游业发展的意见》（内党发〔2017〕5号）和《中共赤峰市委、赤峰市人民政府关于推动旅游业跨越发展的意见》（赤党发〔2017〕3号）《赤峰市乡村旅游发展实施方案（2016—2020年）》（赤政发〔2016〕82号）、《加快乡村旅游发展的实施意见》《宁城县创建品牌景区三年行动方案》（宁政办发〔2015〕51号）等相关文件的精神，依据宁城现有旅游资源优势和产业基础，坚持"自然为本、特色为根、文化为魂、市场为源"的原则，倡导"以人为本、服务至上，突出特色、打造独特风格和旅游消费带动"的理念，做好"创新、统筹、融合、共享"的文章，积极鼓励和引进社会资本投资旅游业，支持旅游企业合资合作、战略重组，引导旅游资源向优势企业集中，培育打造一批旅游龙头企业。用3~5年的时间，在全县率先创建国家全域旅游示范市，全力打造宜居宜游的国际性全域旅游目的地、国家级温泉养生旅游目的地城市和中国西部独具特色的旅游休闲度假城。

在区域上：形成黑里河自然生态旅游区、温泉旅游度假区、辽中京历史文化旅游区、龙潭峡森林自驾旅游区和葫芦峪红色旅游区五大板块。

在空间上：以八里罕特色温泉小镇为中心的西部生态板块、以天义镇为中心的中部历史文化板块、南部乡村科考板块。

二、宁城县旅游发展目标

（一）总体目标

树立"四大旅游形象"，即"温泉、古都、山水、酒乡"，实现"三大转变"，即实现由"传统观光旅游"向"深度休闲度假"产品的转型，由"景区门票经济"向"目的地产业经济"的转型，由"区域旅游竞争者"向"区域旅游合作者"身份的转型，初步成为集温泉养生、休闲娱乐、酒乡文化、绿色采摘、科学考察、节事活动为一体的旅游目的地、国家全域旅游示范区和国家旅游休闲示范城市。

（二）具体目标

1. 经济目标

（1）力争到2020年接待游客人数保持12%的增长率，旅游接待人次达到236万人次。

（2）力争到2020年实现旅游总收入34亿元，年均增长15%；旅游业增加值占第三产业增加值比重达到12%以上，实现旅游总收入跨越式发展，充分扩大旅游产业的经济效益。

（3）力争到2020年宁城旅游业各项税收收入占地方财政税收比重达到6%左右。

2. 民生目标

按照旅游富民战略，围绕旅游促民生的发展目标，进一步扩大旅游产业的辐射带动作用，发挥旅游产业创造就业的功能，鼓励本地居民参与到旅游产业发展之中，努力改善民生福祉，提高居民生活质量，帮助贫困群众脱贫致富，使旅游产业成为宁城的民生产业。到2020年，旅游就业人数占本地就业总人数的比重达到17.1%。

3. 品牌目标

实施品牌战略，打造精品景区，整合各类资源、业态、产品和产业，力推旅游品牌，培育一批国家级的旅游品牌。

（1）将温泉养生、酒乡文化打造成为国内一流的旅游品牌。

（2）打造国内一流的全域旅游目的地，成为国家旅游示范区。

（3）打造世界一流的科学考察旅游目的地，成为国内外科学考察、野外实习的天堂。

（4）创建宁城旅游节庆品牌，打造采摘、捕捞等具有综合效益的节事旅游品牌，争取 1~2 个大型具有全国影响力的文化节庆活动。

4. 生态目标

将生态环境的保护放在优先位置，设立生态环境监测系统，提高大气质量、地表水质量，将发展旅游成为促进宁城生态环境保护和优化的重要手段。创建绿色旅游饭店、生态景区、循环型景区等绿色环保旅游企业，构建资源节约型、环境友好型的旅游产业。在旅游资源开发、资源消耗、废物产生、再生资源产生、社会消费等环节中贯彻生态、乐活、绿色、低碳的理念，发展低碳旅游，降低单位旅游人次的能耗和污染排放量，引导乐活生活方式和低碳旅游的消费观念，构建和谐可持续的生态环境，实现区域旅游生态化、零排放的发展目标，成为生态文明的示范区。

5. 阶段目标

宁城县全域旅游按"三步走"战略发展，宁城县全域旅游示范区初步建成，天义镇、黑里河镇、大明镇、八里罕镇旅游产业快速发展，全域旅游同步进行，实现宁城县全域发展目标。

（1）2017—2018 年为全面启动、导入发展期：大力发展旅游交通和旅游景区，2017 年建设两条干线公路和 7 条景区连接线，同时也要构建沿着宁城县边界的闭合式的旅游大环线。除此以外还要进行旅游公共服务体系、智慧旅游体系的建设，为宁城县旅游景区、景点及旅游企业为游客提供优质服务和支持。

（2）2019 年为持续推进、突破发展期：这个阶段的主要任务是打造王牌景区，首先开发以八里罕特色温泉小镇为中心的西部生态板块，打造 2~3 个王牌旅游产品。推动宁城县西部生态板块的交通、环境、基础设施等全面发展，力争开创全域旅游新局面，实现更优美的环境，更高质量的旅游产业，宁城县全域旅游初显成效，实现由点到面的扩展，建成全域旅游发展带。

（3）2020 年为升级渗透、全面建成期：持续深入推进全域旅游发展，在西部生态板块开发初见成效的基础上继续开发以天义镇为中心的历史文化板块，以及南部的农业科考板块。将全域旅游向宁城县全域深入渗透，形成发展合力，整体性实现宁城旅游产品精品化，做优、做强、做精宁城县旅游品牌，实现旅游产业由数量向效益的转变，全域旅游实现由线到面的扩展，实现全域旅游发展目标。全域旅游在宁城县初步布局，谋划全域发展的基本条件，实现在点上的重大突破，宁城县 2020 年基本实现全域旅游示范区的创建目标。

第二节 宁城县旅游功能区划

一、西部生态板块

西部生态版块包括 8 个乡镇（小城子镇、大城子镇、三座店镇、八里罕、温泉街道、存金沟镇、甸子镇、黑里河镇），这是宁城旅游资源的重头戏，也是西部生态板块的核心部分，宁城所有的优质资源都集中在这 8 个乡镇，所以要优先发展西部区域，要打造宁城国家公园，把西部生态旅游区这 8 个乡镇所属的优质资源（包括秦格尔泰故居、康熙陪嫁牡丹园、普祥寺、八家采摘园、葫芦峪，大城子镇的法轮寺、斯琴高娃故居、钓鱼台水库、龙潭峡宁城湿地、优质的温泉资源、八里罕的酒）整合到一起，按照美国黄石公园的发展理念，打造宁城国家公园。

二、中部的历史文化板块

宁城县有丰厚的历史文化积淀。自新石器时代以来，东胡、匈奴、乌桓、奚、契丹、女真、汉、蒙古各族人民相继在宁城地区繁衍生息，创造出光辉灿烂的古代文化。各种遗址遗迹众多，已经考古发现的古居住址、古城址、古洞穴、古窑址、古窖藏共达 48 处之多，此外，尚有汉长城遗址一处，古塔 3 座，古寺庙 1 座。尤其是辽圣宗统和二十五年（1007 年），在现大明镇地区建中京，时为五京之一，成为辽代中后期主要的政治、军事中心，盛极一时。至今辽中京古城墙遗址及三塔尚存，成为国家重点文物保护单位。辽中京遗址是辽国五京规模最大的辅都，全国第一批重点文物保护单位。

在充分开发西部生态板块的基础上，以天义镇为中心，开发宁城县中部历史文化板块旅游资源。

三、南部的乡村科考板块

宁城县农业发达，拥有内蒙古最大的设施农业、林果产业休闲观光基地，中国北方纬度最高富硒大苹果栽植采摘基地，中国北方最大芦笋种植加工基地，中国北方最大肉鸭繁育养殖加工基地。"绿色、无公害"杂粮、蔬菜、畜禽皆为优良土特产，西部林区各种山珍味道鲜美，且绝无污染。宁城县可以通过发展乡村旅游，打造田园宁城。除此以外，宁城县古代遗存遍布（冰石河、道虎沟古生物化石保护馆等），出土文物众多，是考古、历史等学科踏勘、科研的极佳场所。

宁城县旅游的发展要梯度开发，首先开发以八里罕特色温泉小镇为中心的生态文化板块，打造拳头旅游产品，提升宁城县旅游的吸引力，拓展宁城县的旅游市场；其次，在西部生态板块充分开发的基础上，以天义镇为中心的中部历史文化板块和南部乡村科考板块齐头并进，共同开发，最终使宁城县的旅游形成一个大的框架、一个大的格局（见图4-1）。

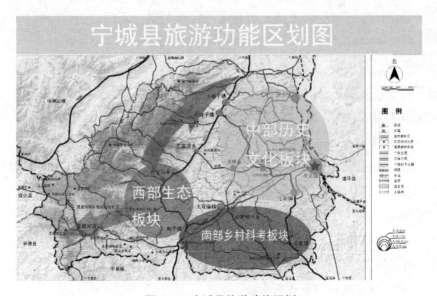

图4-1　宁城县旅游功能区划

第三节　提升要素水平

一、推动景区深度开发

宁城县的旅游资源丰富，自然资源里面的森林、温泉、湖泊等资源的品级比较高，在人文资源里面文化、遗址也比较多，目前为止现有的景点有法轮寺、大明塔、经峰寺、辽中京博物馆、地质博物馆、半截塔、宁城道须沟景区和紫蒙湖景区等。但是现存的旅游景区、景点的参与性不强，景区、景点应该深度开发。

（一）完善旅游景区、景点体系

整合宁城县具有投资潜力的旅游项目，建立健全全县旅游项目库，加大旅游招商引资力度。增强宁城县旅游产业发展专项资金和旅游扶贫专项资金对旅游景区建设的扶持引导作用。

（二）实施精品带动战略

充分发挥黑里河国家级自然保护区、宁城热水温泉、中京契丹辽文化、宁城老窖等优质旅游资源的知名度高、影响力大、竞争力强、辐射力广的优势资源的带头作用。普及 A 级景区标准，全面推动景区（点）按照相关等级标准进行更新改造。所有未评 A 级的景区要制订创建计划，已评 A 级景区要制订晋升计划。开展创建 5A 级、4A 级景区。除此以外，还要改善景区经营环境，全县要开展旅游景区经营环境综合整治工作，重点解决景区及景点脏、乱、差等突出问题，做好绿化、美化、净化、亮化，使景区的环境、经营管理、接待服务、市场秩序等方面有较大改观。

（三）实施标准化战略

推广旅游服务业标准化试点工作，探索建立覆盖规划、服务、管理等在内的景区标准化体系，树立一批行业标杆景区，提升全县旅游景区标准化服务水平。加强旅游景区内部的标识系统、安全救援、旅游厕所等配套建设。提高旅游景区的可进入性。鼓励电子门票、移动互联网、实时视频、电子导游等信息技术的应用，打造数字化景区。

（四）创新景区经营管理方式

努力提高旅游资源的开发利用水平，提升各景区的服务质量和管理水平，鼓励、引导全县旅游景区向精品化发展。变门票经济为旅游目的地经济，将旅游与商业有机结合起来，大力完善旅游纪念品、演艺活动、娱乐项目、住宿、餐饮等景区配套服务，提高景区游览附加值，推进旅游景区投资经营多元化。积极探索景区所有权和经营权分离，鼓励有条件的旅游景区实施资本运作、筹备上市，创新旅游景区经营管理机制。

二、优化住宿业结构和质量

截至 2016 年年末，宁城县一共有酒店和宾馆 219 家，其中星级酒店只有 4 家。宁城县的酒店质量偏低，在 219 家宾馆里面只有 2 家 4 星级酒店，其余的大多数为宾馆或家庭旅馆，环境和卫生状况都比较差。住宿分布严重不均衡，全县 80% 以上的住宿单位集中在宁城县和温泉街道，其中星级宾馆占 100%（天义镇四星酒店 2 家、二星酒店 1 家，温泉街道二星酒店 1 家），其他各乡镇街道酒店住宿业发展较弱，并且尚未建立星级酒店或连锁宾馆。为了更好地发展旅游业，吸引游客，增加游客的滞留时间，优化住宿业结构和质量势在必行。住宿业的发展应该适应多元化市场消费需求，建立健全包括休闲度假综合体、分时度假饭店、主题饭店、公寓式饭店、青年旅馆、休闲农庄、农家旅馆等在内的多元化住宿接待体系。结合新农村建设制定乡村客栈住宿标准，鼓励地方特色浓郁的乡村客栈集聚发展。结合自驾车线路，培育汽车旅馆、汽车营地、露营地、房车等新型住宿业态。进一步优化旅游饭店产业结构，促进高档饭店品牌化、经济型饭店连锁化、乡村客栈规范化、度假饭店主题化、饭店服务个性化与人性化发展。大力推动旅游饭店服务质量等级的评定工作。

（一）重点推进经济型饭店和社会化的住宿接待设施

引进全国经济型旅游连锁服务品牌，积极培育本土特色连锁饭店发展。结合乡村旅游发展规划，重点建立健全乡村旅游住宿接待设施体系，形成乡村旅游服务接待点。根据不同层次游客的住宿需求，按照"外部风貌乡土化、内部设施舒适化、配套设施齐全化、景观环境优美化"的原则，规划建设乡村民宿、乡村主题饭店、生态旅舍、农家乐、家庭旅馆等功能搭配合理，高、中、低档齐全的住宿设施体系。

（二）特色化发展度假、养生、文化等主题类饭店

宁城县的主体饭店严重缺乏，远不能满足游客需要，应全面开发宁城县文化主题饭店，依托宁城县的契丹辽文化、宁城老窖酒文化以及温泉等文化和自然资源，在旅游中心、重点旅游区建设各类文化主题饭店。

（三）配套发展露营地，自驾车、房车，汽车旅馆

迎合自驾车、房车旅游热潮，培育建设汽车旅馆、汽车营地、露营地等新型住宿业态。在宁城县依托现有自然地理和设施基础，选址建设青年旅社、游客之家、家庭旅馆、露营地、自驾车营地、快捷饭店、星级饭店、主题客栈、家庭旅馆等类型住宿形式，满足京津冀地区自助游、背包客的新型住宿需求。

三、推动业态融合

旅游和其他产业融合可以充分发挥旅游业的拉动力、融合能力，及催化、集成作用，为相关产业和领域发展提供旅游平台，插上"旅游"的翅膀，形成新业态，提升其发展水平和综合价值。宁城县的农业比较发达，人文和自然资源比较丰富，为旅游业和其他产业的融合提供了可能。

（一）旅游业与农业的融合

宁城的农业比较发达，粮食产量连续 11 年超 10 亿斤，2015 年达到 15.1 亿斤，产值 17.3 亿元，纯收入 10 亿元，占农村常住居民人均可支配收入的 24.9%。并且，"宁城苹果""宁城辣椒""宁城西红柿""宁城黄瓜""宁城滑子菇""宁城草原鸭"6 种农畜产品成功注册国家地理标志证明商标，农业加旅游是宁城县发展经济很好的选择。宁城县要强化政府主导，优化发展环境，结合乡村旅游发展现代农业，做强特色产业，做大特色品牌，用现代特色农业提升乡村旅游人气，以乡村旅游提高现代农业效益，把农产品变成旅游产品，打造特色乡村旅游，实现农旅结合。进一步探索农业与旅游融合发展的方式，增强农业与旅游互动，针对消费实际需求设置宜游宜乐的项目，丰富内涵，提升品位，促进农业和旅游业融合发展；不断提升基础及配套服务设施，延伸产业链，提高农副产品附加值，做大做强农旅产业，塑精品、上台阶。全面挖掘生产、科技、休闲三大元素，将现代休闲农业与旅游观光、艺术创意农业相结合，提高农业和农产

品附加值，形成一个以农业生产为主，以科技重点支撑、以科普教育及旅游观光服务为配套的现代农业旅游产业。

（二）旅游业与文化融合

宁城县的中京契丹辽文化比较有名，宁城要充分依托旗县内丰富的文化旅游资源，优化文化产业布局，强化与平泉、喀喇沁旗以及巴林左旗的合作，共同开发契丹辽文化旅游精品路线，凸显宁城县特色，加强旅游产品市场推广，延伸文化旅游产业链条，促进旅游产业升级，打造赤峰市领先的文化旅游高地。除了契丹辽文化，宁城县的酒文化历史也比较悠久，宁城老窖闻名遐迩，宁城县应该深度挖掘酒文化，将宁城老窖打造成能够引导宁城旅游的符号。

（三）旅游业与养生产业的融合

随着旅游业由观光向休闲度假方式的过渡，旅游追求层次也越来越高，游客在旅游过程中越来越注重康体养生，旅游产业更多地加入了养老养生、康复保健、长寿健康等理念。因此，旅游业与康体养生产业的融合发展日益兴旺。主要呈现的融合方式有：温泉康体养生旅游、医疗养生度假、景区养老、禅茶养心等。宁城县的热水温泉是全国水温最高的温泉之一，温泉水温度高达 96℃，日出水量约 6000 吨，且水质优良，为旅游和养生休闲的融合提供了必备的条件。

第四节　宁城县旅游产品体系开发

一、迈克尔波特"钻石模型"分析

"钻石模型"是由美国哈佛商学院著名的战略管理学家迈克尔·波特提出的。波特的钻石模型用于分析一个国家某种产业为什么会在国际上有较强的竞争力。波特认为，决定一个国家的某种产业竞争力的主要有以下四个因素。

（1）生产要素——包括人力资源、天然资源、知识资源、资本资源、基础设施。

（2）需求条件——主要是本国市场的需求。

（3）相关产业和支持性产业——这些产业和相关上游产业是否有国际竞争力。

（4）企业的战略、结构和同业竞争。

波特认为，这四个要素具有双向作用，形成钻石体系（如图4-2）。

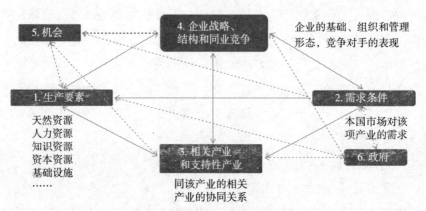

图4-2　四要素钻石体系示意图

运用迈克尔波特"钻石模型"对宁城县的旅游产业定位进行分析，分析结果是：宁城县具有发展高端旅游度假产业集群的竞争力，具体分析结果如图4-3所示。

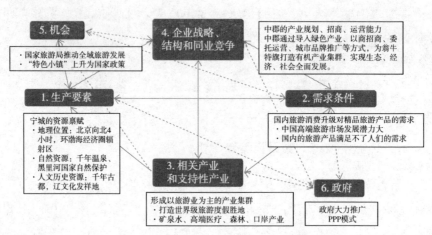

图4-3　宁城县四要素体系搭建示意图

（一）生产要素分析

1. 宁城简介

宁城县位于内蒙古自治区东部、赤峰市最南部，地处内蒙古、辽宁、河北三省区交界处，南与河北省平泉县毗邻，西与河北省承德县、隆化县接壤素有"千年古都、山水宁城"之称。宁城县全县总面积4305平方公里，辖13个镇、2个乡、3个街道办事处，总人口61万，是内蒙古人口第一大旗县，其中蒙古族人口7.2万人，占总人口的12%。

2. 宁城县地理位置优势

宁城县地理位置优越、交通发达。距北京、天津、沈阳均不足400公里，距秦皇岛港口300公里，距锦州港230公里，是内蒙古自治区通往环渤海经济圈的最近点。

3. 宁城县自然资源优势

（1）气候条件：四季分明，区域差异明显。宁城县气温偏高，降水偏低，地区差异明显，无霜期较短。全县气候属于北温带中纬度半干旱大陆性季风气候区。宁城县整体气候条件复杂，雨热同季，利于农林牧业生产复杂，但水热失控分布不均，地区差异明显，发展农牧业生产，在布局上必须因地制宜、分类指导。

（2）温泉资源优势：千年皇家养生热泉。宁城热水温泉是全国水温最高的温泉之一，热泉温度高达96摄氏度，日出水量约6000吨，且水质优良。宁城的温泉历史悠久，最早是在契丹辽国时期被发现和应用，至今已有1100年的历史。除此以外，宁城县的温泉在古代的时候是皇家专享，据文字记载，辽代萧太后萧绰就曾在这里沐浴，清代康熙皇帝第二次北寻时就曾经到巴尔汉（今八里罕）温泉休憩。

（3）森林资源优势：宁城黑里河，赤峰原始森林林最后的伊甸园。宁城县拥有森林面积304万亩，森林覆盖率为47%，高出全市12个百分点、全区27个百分点，是内蒙古保存最好的原始次生林和野生动植物种类最多的地区之一。黑里河国家级自然保护区有1000余种植物和500余种动物堪称华北最大的野生动植物"博物馆"，黑里河自然保护区素有"塞外绿色明珠""塞外西双版纳"的美誉。

（4）农牧业资源优势：全国蔬菜生产基地。宁城县粮食产量稳定在14亿斤以上，设施农业新增15.1万亩，果树经济林新增10.3万亩，总面积居全区首位，被评为全国蔬菜生产基地县、经济林建设先进县。

宁城全县家畜存栏增加56.5万头，达到171万头，跻身全国牛羊、生猪调出大县行列；"宁城番茄""宁城草原鸭""宁城苹果"等6件农畜产品成功注册国家地理标志证明商标，83种农畜产品获得无公害、绿色、有机食品认证。

4. 人文历史资源优势

宁城县的历史文化悠久、底蕴深厚，是千年古都，辽文化的发祥地。自新石器时代就有人类在宁城县生活，宁城县是辽代五都之一——中京所在地。宁城拥有国家地质公园，园内保存了数量丰富和精美的世界级古生物珍品，被誉为"世界化石宝库"，同时宁城还是首批革命老区，是红色旅游胜地。

5. 宁城县资源总体特征

宁城旅游资源丰富，拥有森林、温泉、民俗、遗迹、河流湖泊和动植物景观等多种资源组合，资源条件优越，具备开发成为国家级生态型旅游度假胜地的条件（见图4-4）。

原始森林： 拥有内蒙古最好的原始次生林和野生动植物种类最多的地区之一。	热水温泉： 全国水温最高的温泉之一，具有治疗各种疾病的疗养功效。	遗迹、民俗： 辽文化发祥地，辽中京遗址，世界化石宝库，红色旅游胜地。	河流湖泊： 老哈河、坤都伦河两大水系，无污染河流湖泊水体。

图 4-4 宁城县总体资源特征

（二）需求条件

目前国内市场对高端旅游产业有巨大的需求，巨大的国内旅游市场，是产业发展的巨大动力。近几年中国旅游业飞速发展，2016年全国旅游总收入达4.69万亿元，同比增长13.6%，国内旅游人数超过44.4亿人次，继续保持世界第一大出境旅游客源国和第四大入境旅游接待国的地位。

但是目前旅游供给方存在一些问题，国内的旅游产品满足不了人民群众日益增长的需求。国内旅游景点所售纪念品千篇一面，没有特色；不仅旅游纪念品没有特色，许多旅游产品也多年不变，缺乏特色，适应不了旅游消费者的需要。国内许多地方大众旅游式的开发模式已经给当地的生态和自然景观资源造成了难以弥补的伤害。

（三）相关产业及支持性产业

一个优势产业不是单独存在的，它一定是同国内相关强势产业一同崛起的"产业集群"。近几年国家各级政府非常重视旅游业的发展，截至目前，旅游产业是国家和地区经济增长、转型升级的"强劲引擎"。旅游业是新常态下新的经济增长点，在国民经济中扮演着非常重要的角色。《宁城旅游业"十三五"发展规划》对宁城县旅游业的发展进行了规划，预期通过五年的努力，把宁城建成文化特色鲜明，旅游产品丰富，服务设施完善，旅游经济发达的旅游城市，建成中国北方最美生态文化旅游目的地。切实把旅游业培育成为县域经济战略性支柱产业和第三产业重要增长点。

（四）企业战略

通过对宁城县的资源、市场需求、支持产业等各方面分析，中郡成为宁城县打造温泉文化产业集群的差异化战略。

（五）机会角色

目前，宁城县拥有发展旅游的很好契机，国家各级政府对旅游产业都有政策扶持，旅游业成了经济新亮点。全域旅游、特色小镇等概念相继提出，为宁城县旅游的发展提供了新的理念和模式。宁城县积极响应国家的政策，顺利的搭上了国家发展旅游的便车，在 2016 年宁城县入选首批创建国家"全域旅游"示范区名单。

（六）政府角色

近年来，国家大力推广 PPP 模式，PPP 模式为政府减轻财政负担，为企业带来高效的投资回报，并有机会进行更大规模和更长远的旅游投资建设（见表 4-5）。

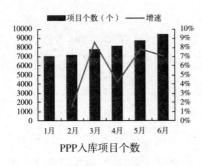

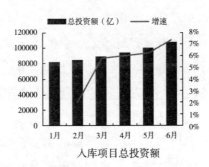

图 4-5　PPP 项目信息库数据情况

根据财政部 PPP 项目信息库数据，截至 2016 年 6 月 30 日，财政部 PPP 项目库入库项目数为 9285 个，重点跟踪的建筑上市公司共披露 PPP 项目 145 个（包括框架协议与落地项目），总投资额 10714 亿元，其中：①落地项目 85 个，（确定项目投资额）合计投资 3028 亿元；②框架协议 31 个，合计投资 7686 亿元。

（七）宁城县旅游产业定位

宁城要避免大众旅游模式，要做中国旅游的"升级版"，打造世界级的温泉旅游度假目的地，出售空气、美丽和纯净，让每个中国人都来了不想走，年年都想来。

二、宁城县八里罕温泉特色小镇品牌定位

（一）标杆案例：日本"温泉之乡——箱根温泉"

1. 箱根概况

箱根位于神奈川县西南部，距东京 90 千米，只要 1 小时车程，面积 92.82 平方千米，人口 1.3 万左右，温带海洋性气候，夏季均温 20 摄氏度，冬季较寒冷，是日本的温泉之乡和世界温泉疗养胜地。由于终年游客来来往往，络绎不绝，故箱根又享有"国立公园"之称。

2. 箱根温泉历史

40 万年前箱根火山爆发，此后又喷发了 5 次，充沛的降雨渗透至地下，与岩浆融合，形成了富含多种微量元素的箱根温泉。箱根全山十七汤每日喷涌约 2.5 万吨的温泉涌出量居于日本全国第 5 位。泉质有碱性单纯温泉、食盐泉（氯化钠泉）、石膏泉（硫酸钙泉）等共 20 余种。

3. 箱根旅游发展

箱根温泉是日本最著名的人气温泉之一，每年接待 1900 万国外游客，其中一日游 1443 万人，温泉泡汤部分占全镇收入的 8.3%，旅游相关税收占 81%，个人的 72% 的税收和旅游产业相关。

4. 箱根温泉主要产品

箱根是一个风光秀丽的国立公园，主要包括景点观光、休闲度假两大类。远可观富士山雪顶，近可看满树锦簇樱花；有最原始的下酒馆，有最著名的小涌园温泉乐园（见图 4-6）。

类别	主要产品
观光	温泉相关：火山遗迹大涌谷、温泉公园、温泉博物馆 其他观光：芦湖、富士山、名胜古迹(箱根佛群、箱根神社、早云寺、千条瀑、仙石原、湿原、九头龙神社等)、美术馆(博物馆)等观光设施3所
休闲度假	温泉相关：主要为"箱根十七汤"及依托其建设的大量家庭温泉旅馆、浴场系列；针对大众市场；浴场549所，疗养宿舍326个 其他度假：高尔夫球场6个、箱根园别墅、神山别墅、箱根王子宾馆等高品质酒店群落

图 4-6　日本箱根旅游产品

（1）温泉特色 ——"箱根十七汤"。箱根的温泉久负盛名，著名的有十七处聚集地，又称"箱根十七汤"，每个温泉都含有多种矿物质，并具有多种疗效。

（2）箱根小涌园温泉乐园。箱根小涌园温泉乐园是日本最大的可当天往返的温泉设施。有着泳衣入浴区域"YUNESSUN"和裸体入浴区域"森林浴场"，以及只有这里才有的可以享受美食和购物的 Shopping Mall 构成。"森林浴场"是箱根面积最大的浴场，包括总桧浴场、木桶浴场、庭园风格露天浴场等 32 种浴场，一应俱全。一边眺望箱根外轮山一边入浴，别有一番滋味。

酒温泉：洋溢着酒香的"酒温泉"，是加入了从酒瓶流出来的真酒的温泉。带着少许醉意来泡温泉，让人感到暖烘烘，对于有惧寒症的人来说非常适合。

红酒温泉：红酒温泉于 2005 年正式向游客开放，此后每天都会分几次向池内注入真正的红酒。以红酒瓶作为设计概念，在红酒温泉中能享受到葡萄的颜色和芳香醇厚的红酒香味，感觉一下子掉进了红酒池。由于红酒温泉的美容效果非常好，所以从古时开始便作为"重返年轻的汤"而十分受欢迎。

咖啡温泉：咖啡温泉使用了以小涌泉独家的"Stone Polish 制法"烘焙和香味极高的咖啡豆来制作的"真正的咖啡温泉"，是日本首个粗粒滴滤式温泉。在这里既能放松也能恢复体力，对美容也很有帮助。另外，每日 11 点、13 点及 16 点有向池内注入咖啡抽出液的表演，非常受欢迎。

绿茶温泉：绿茶的香气有很好的疗愈效果，加上清新的绿色能让人放松，使情绪安定下来。另外，绿茶温泉对美容和改善惧寒症都有效果，十分推荐。

神之爱琴海浴：以地中海为原型设计的大温泉池，无论晴天还是雨天都能享受的宽敞室内空间，喷泉与泡泡的"光·音·水"表演每30分钟举行一次。

牛仔山滑水道：牛仔山滑水道是小涌园温泉乐园的招牌，可随着急流一起滑下，感受畅快刺激，还可以远眺箱根的美丽山景。为了防止意外，救生员会随时待命在滑水道旁。

洞窟温泉：洞穴温泉最适合好好地休息和放松身体。在充满幻想和神秘感的空间内，身体和内心都会变得非常平静。在这里，会让人忘记自己正身处于温泉设施之中，可以享受在箱根的大自然中的感觉。

（3）多个层级酒店住宿体验。箱根拥有200多家酒店，涵盖家庭旅馆、高端温泉酒店、温泉度假别墅等多种不同档次的酒店，能够满足不同消费群体的度假需求。

（4）丰富的区域旅游休闲产品。在自然之中，游览日本历史：作为与湖泊、温泉等自然风光和谐共存的观光胜地，箱根受到人们喜爱，其神社及关口等历史性建筑物在大自然环绕中被直接保留下来。

在箱根，感受日本四季：箱根因其"春夏秋冬"四季丰富色彩而成为象征日本的观光胜地。樱花、杜鹃等春花，以及树木呈现出红色、黄色的红叶，在日本国内也十分受欢迎。

大自然与美术馆：箱根美术馆很多，有装饰于室内的绘画，以及在庭院内鉴赏的艺术题材，游客可欣赏到各类艺术作品。

箱根交通工具，种类丰富：畅游箱根的交通工具有火车、巴士、出租车、游览船、缆车等，种类繁多。游客可在享受自然美景的同时转移地点。此外，更有在日本国内也很少见的人力车。

尽享购物乐趣，特色产品多样丰富：箱根温泉附近有奥斯莱特购物中心，方便游客购买特产。另外，还可以购买箱根特色商品，以及传统木片拼花工艺品"寄木细工"。

5. 箱根案例总结

箱根作为旅游目的地，有其核心品牌，产品层级比较多，区域的资源都有效地整合在了一起，并且突出了本土的文化。

（1）1个核心品牌：箱根十七汤；

（2）多个产品层级：大众观光、家庭旅馆、高端酒店、度假别墅、高尔夫等；

（3）区域资源整合：芦湖、温泉、名胜古迹与富士山形成经典旅游线路；

（4）本土文化凸显：随处可见体现温泉及箱根本土文化的设施、建筑，如日本小酒馆等。

（二）"104℃"温泉特色小镇

箱根温泉的今天，就是八里罕温泉的明天，宁城县借鉴日本温泉之乡箱根温泉的旅游产品开发，宁城县有机会在未来5~10年，为中国游客提供同样高品质的旅游产品，成为国际顶级温泉文化旅游目的地。

宁城县具有独特的自然资源，地理位置极具优势，并且宁城县温泉是一个"独一无二"的价值禀赋，在中国"城市经营价值版图"上占据只属于"宁城温泉"的位置。宁城县八里罕温泉温度最高达到104摄氏度，是我国北方温度最高的温泉，具有独特的温泉文化，直接用"104℃"命名八里罕温泉小镇，传递宁城县温泉特色，吸引游客消费。

1. 小镇定位："104℃"温泉特色小镇

宁城以独特的自然资源优势和文人优势为基础，将历史悠久的辽文化与城市融合，打造城乡共融的新都市田园小镇，为消费者提供高端休闲度假产品，将形成强大的市场效应。

2. 品牌口号：森林公园，温泉小镇

宁城县集温泉、美酒、古都、奇山、秀水于一体。森林公园和温泉小镇既是资源特征总结，也是传播口号，既能森林徒步远行也能泡热水温泉，尤其是北京人，来宁城旅游、观光、度假、休闲，感受它独一无二的魅力。

3. 打造国际顶级温泉文化旅游目的地

中国正在进入一个高端旅游、会议、度假、休闲和购置度假不动产的时代，宁城距离北京只有4小时车程，且处于环渤海经济圈辐射范围内，宁城有机会走高端旅游的路线，打造成为国际顶级温泉文化旅游目的地。

4. 以高端旅游市场为发展核心

将市场定位在高收入阶层，尽管来宁城旅游人次未来不会太大，但旅游收入将非常可观。

三、"104℃"温泉特色小镇产品开发

将整个八里罕温泉特色小镇看作一个旅游产品，就是对标日本的箱根温泉小镇来设计，让中国人不出国门，来到宁城就能获得国际温泉疗养体验。

（一）打造八里罕"104℃"温泉特色小镇

"特色小镇"上升为国家政策，宁城有机会将热水镇打造成中国温泉公园小镇，围绕热泉文化改造小镇的整个视觉、产品和产业的设计。八里罕特色温泉小镇产品开发，以八里罕温泉为核心区域打造成温泉公园小镇。设计的 5 大产品具体如下。

1. "104℃"温泉旅游度假服务中心

主题功能：在热水镇布局温泉旅游度假服务中心，辐射黑里河旅游度假区，为旅游者提供宁城区域内景区景点特色介绍、旅游线路推荐、餐饮、住宿、医疗、交通的预订等综合服务。

生态停车场：服务中心配套停车场，占地面积约 5000 平方米，规划 100 个停车位，停车场栽植以乔木为主的植物，形成一定的绿荫覆盖，地面应用透气、透水性铺装材料。

2. 中国首个街头免费热泉广场

在小镇上建设一些免费的温泉泡脚设施，提供免费的温泉足浴、热气蒸脚、WiFi 服务，打造"三步一小池，五步一大池"的温泉景观池，为来自国内外自驾游客提供足浴，休憩场所。

目前宁城的温泉体验度较低，可通过"免费"的泡脚温泉来吸引自驾游旅客，有助于打造温泉之都的体验，形成口碑传播。

参考案例：北海道街头温泉足浴

日本国民对温泉情有独钟，北海道在有温泉的地方，还设有很规范的泡脚池。温泉区的街道上不仅有著名温泉酒店，还有露天的温泉足浴设施。

3. 八里罕镇日式温泉街

借鉴日本箱根温泉街的营造经验，充分挖掘日本温泉街建筑风格，在八里罕小镇的整体建筑色彩上进行元素符号提炼，对房屋建筑、街道进行绿化美化，打造热水镇日式温泉街。

八里罕镇以景观小品和广场节点等形式从空间上活跃过于单调规整的房屋、道路布局，并最终将小镇改造成为特色鲜明的温泉风情街以及家庭温泉旅馆为主的大众休闲区。

（1）温泉街建筑风格。温泉街日式温泉疗养区建筑风格参照日式温泉建筑风格进行打造，包括接待区、露台、汤泡区、视听区、冥想区以及卫生间。

接待区：以日本榻榻米风格进行设计，游客进入区域内就能够被浓浓的日式气息所吸引。

露台区：露台以通透的阁楼式建筑设计为主，可以休憩、远眺附近美丽风景。

汤泡区：室外温泉与周边风景相结合，让游客体验在大自然中泡温泉，赏美景。

视听区：以日本民居式结构为主，为游客提供休闲、娱乐的自由空间。

冥想区：以极简的设计风格为主，营造安静的氛围，让游客放松身心。

（2）温泉主题商业街。依托温泉文化，打造一条温泉文化主题商业街，商业街售卖温泉磨脚石、温泉手工礼盒、温泉护肤乳液、温泉生态瓜果、温泉公仔等温泉主题特色商品。

参考案例： 日本箱根温泉街

温泉街功能：箱根温泉街两边分布着大大小小，不同档次的温泉酒店，同时露拥有天温泉、散步道、公共温泉、游乐场等旅游设施以及特色商品店等体验项目，旅游者可以泡在不停涌动的温泉水中享受山野的清新空气，还可以悠闲地观看远近山林、品尝各类特色美食。

温泉街建筑特征：温泉街以日本文化"和风"为旅馆经营概念设计，温泉旅馆以和式二、三层建筑为主，并且注意高度、外观、色彩的统一，以保持温泉街的历史性和景观的统一性。

温泉街景观设施：温泉街将日本文化与温泉文化进行结合，以传统的街景为核心，配备地方小吃、乡土馆，完善景观导视系统，为旅游者提供理想的温泉体验。

4. 热水镇高端温泉疗养中心

（1）开发高端温泉医疗养生，建设中国最大的热泉康复疗养小镇。热水镇矿泉具有多种放射性元素。矿泉水对治疗多种疾病有良好疗效，特别是对风湿性关节炎、增生性关节炎、类风湿等疾病有特殊疗效。引进国际一流的疗养设施，设立慢性病康复中心和分时疗养中心等，提供制订健康计划，打造国内专项康疗胜地。

（2）引入世界顶级的医疗中心，帮康养人群设计完整的理疗假期。

参考案例：温泉理疗套餐

德国巴登小镇温泉度假村，有世界知名顶级专家提供的"温泉理疗套餐"，价格：每晚人民币 2000~20000 元。

5. "104℃"温泉游乐园

借鉴日本大分县"别府市"的"温泉游乐园计划"，规划热水镇温泉游乐园。参考"别府市"的温泉游乐园规划温泉旋转木马、温泉过山车、温泉摩天轮、温泉冲浪、家庭温泉游览车等游玩设置，为游客提供独特的温泉休闲体验。

主要功能：接待服务、休闲娱乐、温泉游乐、周末度假。

"104℃"温泉游乐园具体划分：温泉旋转木马、温泉过山车、温泉摩天轮、温泉冲浪、家庭温泉游览车（见图 4-7）。

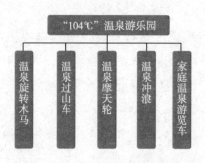

图 4-7 "104℃"温泉游乐园

参考案例：日本别府市温泉游乐园计划

别府市拥有全世界最多的温泉资源，每分钟流水量约8.3升。据英国《每日邮报》报道，日本南部城市别府公布了一段宣传片，在片中别府市的市长宣布将建造"温泉游乐"公园。

（1）温泉过山车。别府市温泉游乐园未来将设置温泉过山车体验项目，游客裹着浴巾坐在有温泉水过山车里，一边泡温泉，一边体验过山车的刺激，同时坐在过山车下方，还能体验空中淋浴。

（2）温泉冲浪。别府市温泉游乐园中心将设置温泉冲浪，游客乘坐滑车从高空快速冲向温泉池，充分享受冲浪刺激。

（3）温泉旋转木马。温泉旋转木马是将木马设置为能够装温泉水的木马，游客可以骑木马的同时泡温泉。

（4）家庭温泉游览车。别府市温泉游乐园还会规划家庭温泉游览车，在游览车里面边泡温泉边看风景。

（5）温泉摩天轮。温泉摩天轮在摩天轮中设置温泉浴，游客泡温泉的同时，可以从高空俯瞰温泉乐园全景。

（6）温泉广场。温泉广场设置完善的公共设施，为游客提供餐饮美食，游客可以穿着泡袍边休息边品尝美食。

（二）打造"黑里河全生态森林公园度假区"

黑里河是国家自然保护区原始次生林是国内北方地区育种基地，绿化面积大，生态环境好，空气中负氧离子含量高，是非常理想的休闲度假地和户外运动地，将黑里河自然保护区打造成为全生态森林公园度假区，作为热水镇重要的森林旅游资源补充，为游客提供丰富的户外体验。

以黑里河国家自然保护区为核心，将道须沟景区、松枫山庄、杜鹃山景区、藏龙谷景区、紫蒙湖、福峰山、黑里河漂流以及沿途景观打造成"全生态森林公园"，将沿途7个特色景区打造成为森林公园的特色产品，为游客提供特色产品体验。

1.打造国际顶级森林自驾车营地

在欧美国家，自驾车露营、房车露营休闲方式随处可见。随着生活水平的提高和财富阶层对生活休闲的重视，房车旅游在中国已呈现蓬勃发展之势。

黑里河自然保护区天然拥有自驾车和房车阶层所向往的森林、湖泊、山地生态美景资源，黑里河紫蒙湖、道须沟、大坝沟等景区拥有独特的风景，可为自驾车、房车露营提供充足的需求空间。

参考案例 1：克罗地亚国家公园三星级湖畔型 Korana 露营地

Korana 露营地位于克罗地亚十六湖国家公园南部，距离公园入口仅 6 公里。营地占地 34.83 公顷，可容纳 2500 名游客露营活动。营区依傍十六湖国家公园繁茂的森林和干净的河流，优美的放松环境使很多游客乐不思蜀，成为克罗地亚最美的露营地之一。

Korana 并没有品类繁多的娱乐项目和设施，这里是一个单纯为人们提供露营和休闲度假的地方，娱乐方面只有散步、慢跑、骑自行车或游泳等慢节奏休闲活动。

克罗地亚国家公园三星级湖畔型 Korana 露营地设施。

基础设施：房车露营营位、帐篷露营营位、度假木屋；水龙头、电源插座、排污处理设施；自助餐厅、露天餐厅、烧烤区、便利店、咖啡厅；公共卫生间、淋浴间，活动中心、小操场。

娱乐项目：游泳、骑自行车、徒步、烧烤、观鸟活动、钓鱼。

参考案例 2：德国五星级家庭营地 Wirthshof

德国五星级家庭营地——Wirthshof，是一个适合家庭度假的、有 40 年历史的家族营地，距离德国第一大淡水湖——博登湖往返大约 7 公里。马尔克多尔夫镇，是距离营地最近的小镇，有风景如画的老街、特色商店，幽静的林间小路，鲜花点缀其中。

营地设计：营地内设有 280 个自驾车旅游营位，每个营位约 80 平方米，每个营位边都配有常规用电接口；自驾车营位是精心修剪过的草坪，与营区道路相邻。另外还有 78 个房车专用营位（每个营位 120 平方米），每个房车营位都有单独的电力接口、净水管、废水及排污口。

基础设施：Wirthshof 营地的基础设施有室外儿童娱乐区、室外游泳池、营地有机蔬菜、营地桑拿房等。

营地常设休闲设施：乒乓球、足球训练场、沙滩排球、街头篮球、儿童玩具、台球桌、桌上足球、日光浴草坪型室外游泳池、迷你高尔夫、健身房、网球、桑拿、大型儿童蹦床、安静区域、攀岩墙。

参考案例3：黑里河国际顶级森林自驾车营地配套设计

将黑里河国家级自然保护区建设成中国顶级的森林自驾车营地。围绕黑里河森林度假景区设置自驾车营地，规划生态停车场、出入口道路、管理服务中心、娱乐中心、自驾车服务中心、医疗与救援中心、帐篷服务中心等。可同时接纳自驾车3000辆，露营者5000多人。

汽车营地服务：包括住宿、露营、餐饮、娱乐、越野、拓展、汽车保养与维修等。

基础设施：配套建设森林帐篷营地、自驾车租赁站、汽车保养与维护站、帐篷酒吧、烧烤设备租赁、汽车电影等相关服务和游乐设施。同时不定期组织夜晚观星象、篝火晚会、黑里河垂钓、户外拓展、汽车电影等一系列营地活动。

2.黑里河全生态山地运动公园

在黑里河镇为核心区域规划生态山地运动挑战赛基地，建设黑里河国家森林徒步道、露营场地、山地自行车运动场地、水上漂流区以及户外专业拓展基地等休闲游场地，将赛事变成节日，把运动变成常态，打造成为全国最高级别的综合性户外挑战赛基地。

（1）黑里河国家森林徒步道。在黑里河景区规划森林徒步道，途径道须沟景区、松枫山庄、杜鹃山景区、藏龙谷景区、紫蒙湖、福峰山、黑里河漂流7大特色景点，将黑里河核心景色串联起来，为游客提供最美丽的森林徒步体验。

徒步道路线设置：徒步道分两条线，1条专业徒步线路，1条为普通游客徒步线路。

1号线全长40公里，专门为具有半专业水准的徒步爱好者量身定制，线路长，难度高，野趣足。

2号线全长12公里，分为4段（4公里、4公里、3公里、1公里），普通游客可结合自身的游览线路和预定的住宿地点，有针对性地选择徒步道进行体验。

徒步道主题命名：每段徒步道根据所在景点特点的不同命名，设置不同的主题。

根据黑里河国家森林公园里景点的特点命名主题徒步道，如从藏龙谷到紫蒙湖称为"龙谷路"，徒步道沿途可以观赏藏龙虎"一线天"、双龙洞等自然美景，聆听泉水潺潺伴鸟鸣的悦耳歌声。

·福峰山至藏龙谷："祈福路"——攀登福峰山，祈求幸福安康！

·藏龙谷至紫蒙湖："藏龙路"——观赏藏龙虎"一线天"，祈福谷祈平安。

·紫蒙湖至黑里河："紫蒙路"——游紫蒙湖，观打虎石水库。

·黑里河至道须沟："黑里河之路"——黑里河镇森林探险，黑里河川漂流。

·道须沟至杜鹃山："沟谷路"——行走沟谷地形，探秘天然植物博物馆。

·杜鹃山至第四纪冰川冰石河遗址："杜鹃路"——赏杜鹃花海，观百年古松。

·第四纪冰川冰石河遗址至大坝沟："冰川遗迹之路"——看草甸风光，观万马渡冰石河地质奇观。

徒步道安心系统设置：规划徒步道露营补给站，建立安全预警系统。

在黑里河森林徒步道规划徒步道露营补给站，保证徒步过程有充裕的物资补给，同时建立安全预警系统，徒步者选择相应徒步时间并进行录入登记，如在时间内徒步者未返回或者在下一景点未反馈给露营地，黑里河森林公园将组织救援。

徒步道标识系统设置：完善的徒步道标识系统。

完善徒步道标识系统，保证徒步者的方向正确，同时对沿途的动植物进行标识，可以让徒步者在徒步过程中学习知识，体验乐趣。

（2）山地自行车挑战赛基地。与国际自行车联赛进行合作，举办全国山地自行车挑战赛，同时挑战赛得分与国际联赛计分系统接轨，打造一个专业山地车骑行、技术交流、竞技竞赛、国际赛事的场地。

（3）登山马拉松公开赛基地。与国际山地马拉松系列赛合作，举办登山马拉松公开赛，同时赛事可分成专业、业余及体验三个级别，把竞技与全民健身有机结合，将黑里河全生态山地运动公园打造为打造中国最权威、最专业、最高端的山地马拉松赛事基地。

（4）黑里河漂流体验基地。完善黑里河漂流码头基础设施，包括停车场、咨询服务、道具租赁、餐饮购物、更衣室、医疗设施等建设，建设完整的漂流服务体系，打造成为真正的"塞外第一漂"漂流体验基地。

（5）户外专业拓展基地。规划户外专业拓展基地，开展人工攀岩、弹跳蹦极、射击模拟、拓展体验，动感单车、热气球飞行，以及真人 CS 野战游戏等娱乐项目，打造最新、最大、最专业的"专业拓展基地"。

（三）打造"八里罕宁城老窖旅游度假区"

宁城县的酒文化历史悠久，宁城老窖闻名遐迩。宁城县应该利用当地资源及品牌优势挖掘酒文化旅游项目，加快布局"酒＋旅游"步伐，不断加码基础设施建设，并通过开发厂区参观路线、组织相应文化宣传活动等方式吸引游客。

宁城县八里罕镇有着千年的酿酒历史，是个古老而神奇的地方，其宁城老窖被誉为"塞外茅台"之称。宁城老窖深厚的文化底蕴和酿造工艺具备发展酒业旅游的优势，围绕酒文化旅游可以开发以下项目。

· 一条酒工艺参观路线；

· 一座酒文化历史博物馆；

· 一座宁城老窖酒庄；

· 一个宁城老窖白酒文化节。

1. 一条酒工艺参观路线

为方便游人参观，同时又不影响正常的生产经营秩序，专门开辟一条旅游通道，建成了一条复古生产线，重现"人推磨""大木锹""柏木甄桶""柳条酒篓""百年酒缸"等经典酒酿造技艺，并让游客参与其中，亲身感受做酒的乐趣。

喝头酒，好头彩：让游客参观宁城老窖池，体验喝头道酒，寓"喝头酒，好头彩"。

私人定制，深度体验：旅游者可以根据自己的需求挑选宁城老窖酒厂的任意厂房（保密性较高的厂区除外）进行参观游览，为私人定制线路游客配备专车连接各个参观点，游客可深入厂区第一线体验宁城老窖酿造工艺，游客离开时赠送宁城老窖或荣誉纪念品。

2. 一座酒文化历史博物馆

在酒厂内规划酒文化历史展览馆，同时酒文化历史展览馆由两大展馆构成：上下五千年酒文化历史展览馆和宁城老窖历史展览馆。

（1）上下五千年酒文化历史展览馆示意。全面展示源远流长的中国酒文化以及多姿多彩的酒礼酒俗。

（2）宁城老窖历史展览馆示意。根据宁城老窖酒厂的历史变迁，以时间为轴线，反映老窖不同时期的生产、生活场景。

3. 一座宁城老窖酒庄

以高端体验为理念，在宁城老窖旁建设一家辽代风格宁城老窖酒庄，酒庄外观采用营帐造型，酒店功能融商务会议、住宿、美食、酒文化展示与交流、购物等于一体。

酒庄除提供山珍、肉鸭、绿色蔬菜等特色餐饮外，同时也是一座辽代艺术品收藏博物馆，入住可以体验酒店的私家艺术品收藏，只有入住酒店的客人才能随意参观。

4. 一个宁城老窖白酒文化节

酒圣祭祀大典是古人传承白酒文化，祈求来年产业兴盛的一项传统祭祀活动。每年在宁城举办宁城老窖白酒文化节，白酒文化节期间开展祭旗、祭酒、出酒等传统祭祀活动，除此之外还开展百家酒坛、摇滚音乐会、中国酒仪酒礼等表演活动。

（四）辽中京遗址公园

以辽中京遗址为核心载体，以契丹辽文化为灵魂，以文化创意产业为驱动，兼具旅游功能与城市服务功能，建设集文化体验、观光度假、购物娱乐、宗教活动、影视拍摄、旅游集散等功能于一体的辽中京品牌旅游景区。

以"申遗"和建设国家 5A 级景区为目标，以生态、可持续为发展理念，通过生态修复、景观改造、景观美化等手段逐步推进辽中京遗址的保护与展示建设，再现古都辽中京的磅礴气势，将辽中京文化体验区建设成为国内首屈一指的遗址公园以及宁城未来的文化中心。

1. 遗址美化

做好残存遗址的保护性展示工作，对保护区周边村落进行局部拆迁或改造，使其不大明塔遗址景观相协调。并借鉴欧洲文化遗存扎生态保护手法，通过植物搭配造景的方式增加残墙的美观性，展示一种残缺的美，突出其历史的沧桑感，并要重视生态游步道与解说系统的设计。

2. 生态都城景观

以保护辽中京遗址为准则，借鉴陕西凤翔雍城以草和绿篱勾勒城市轮廓的方式，以植物生态墙和绿篱的形式再现古都内城与城内的街区里坊肌理，形成别样扎生态都城景观和大地艺术，也可作为植物迷宫增加娱乐性。

3. 辽文化景观雕塑群

在对保护区内实施绿化工程的基础上，对保护区进行主题分区，分别展示具有辽代文化特征的雕塑、壁画、浮雕、景观小品等，营造辽文化氛围。

4. 中京夜明塔

对大明塔及周边区域启动夜间亮化工程，形成"中京夜明塔"，使其成为宁城夜色中的标志性景观。

5. 特色游步道

在遗址公园的绿地上修建带有辽文化元素符号的特色游步道，包括可以行驶电瓶车和自行车的文化车道，以及用于步行游览观光的特色木栈道。

6. 辽中京博物馆

对现有博物馆进行面积扩容和功能提升，在丰富展示内容的基础上，运用潘多拉技术等高科技手段将看不见摸不着的历史转化成为绚丽震撼的视觉盛宴，让游客通过现代高科技手段，感受到古都中京的盛世辉煌。同时增加文化体验型项目，提升博物馆寓教于乐的功能。

7. 公园大门

在遗址公园外修建公园大门，以辽代建筑特征、古都城墙、图腾符号等为元素进行景观叠加设计，大门设计要简单又不失文化内涵，能成为独具特色的标志性景观。

8. 游客服务中心

在公园入口处修建游客服务中心，提供咨询、购票、导游、特色购物、投诉等服务。整体建筑风格采用辽代建筑方式，以具有辽代风格的文化符号进行内部装饰。

游客服务中心兼具自驾服务接待中心功能,可自驾游客提供咨询、休憩、加油、汽车租赁、汽车维修、代驾等一站式服务。

9. 文化休闲广场

在遗址公园外围修建辽文化主题的休闲广场,广场中央设耶律隆绪铜雕像、文化图腾柱和辽币、契丹文字地景浮雕,周边以大型创意浮雕展示"澶渊之盟""宋史出辽""四季捺钵"等历史故事与活动场景,用景观传递历史文化记忆,配合绿化、水景、音乐喷泉、休闲设施、少量商业设施的设计,形成中京文化的休闲广场。

（五）打造"葫芦峪红色旅游体验区"

将红色旅游资源与绿色生态资源和乡村旅游资源组合,打造葫芦峪红色旅游体验区,寓教于游,开发"原汁原味、有惊无险、苦中有乐、先苦后甜"的红色产品。

葫芦峪是宁城县西部著名的红色旅游胜地和自然风景区,沿晃荡石、一线天、点将台、银鞭溪、花子洞、夹扁石等16处景观进行整合,完善基础建设,将葫芦峪打造成为全域旅游示范区。

·葫芦峪革命纪念馆;

·红色人家民宿体验区;

·葫芦峪红色主题拓展训练基地。

1. 葫芦峪革命纪念馆

葫芦峪革命纪念馆整体空间以抗日事迹为主调,并融入宁城地域文化元素,发挥爱国主义教育基地、文物保护、对外接待、红色旅游的作用,增强爱教宣传、学术研究、接待服务和带动发展等功能。

（1）情景化 + 互动化:"我为红军贴标语"。在展馆内设置"我为红军贴标语"的互动项目,设置抗战数字沙盘,观众可以在触摸屏上选择当年红军写过的标语并重新书写,灯光会把内容投射到另一侧的墙上。

（2）科技性 + 参与性:室内多媒体大型情景再现"高桥抗日"。在室内复原抗日时期抗战的场景,结合多媒体展示技术使游客在观看过程中脚下竹筏浮动,呈现波光粼粼的特效,仿佛与红军共进退,产生历史共鸣。

（3）游乐化 + 娱乐化:打造成新型的红色旅游"景区型纪念馆"。依托葫芦峪"奇山、异石、翠峰、秀水"的景区特点，规划"重走葫芦峪抗战主题路线"，由纪念馆出发，环绕一圈后再回到纪念馆，同时纪念馆的所有场景皆以"场景化"的表演手法，每到一处都是一个景点，将旅游路线和展馆打造成新型的红色旅游"景区型纪念馆"。

2. 红色人家民宿体验区

改建民宿风情园，对现有民宿风情园进行改建，重点建设民宿风情园大门、民宿风情园表演广场及其他典型代表性建筑，将其作为民宿集中展示和保护地。

规划红太阳露天剧场、"红色年代"体验式购物商店和农耕样板生活体验等主题体验。

（1）红太阳露天剧场。红太阳露天剧场以参与性、互动性的小型歌舞剧、话剧为主题，以宁城成立以来整个发展变迁为历史背景和民俗文化为脉络，同时可放映露天电影。除了专业演员的演出外，游客还可以在专业演员的配合下，演出自己的故事，分享自己的人生经历。

（2）农耕样板生活体验区。通过对现有居民房屋外立面的修缮和内部装潢，以20世纪六七十年代中国普通家庭的装饰布置风格和典型家具布置，从外到内兼具农村古朴特色与温馨住家风格，提供特色民宿、农耕体验，使游客犹如穿越时空重回30年前的家。

（3）细节设计。在细节处理上，建筑内摆放了从农户家中收集的革命时期的布鞋、草鞋、农具和陶器等，使红色革命元素融入建筑装潢，处处展现山洋地区独特的乡村风貌。

（4）民宿体验区景观节点设计。设计一些主题活动，让游客参与体验。

3. 葫芦峪红色主题拓展训练基地

完善葫芦峪红色文化旅游基础设施以及体验路线，打造红色主题拓展训练基地，以参与式的方式引导游客参与户外拓展，在活动中体验革命精神。

（1）微缩军事工事。敌我双方的军事工事，按比例缩小，形成微缩景观，帮助游人很快形成军事工事的整体概念，增强教育意义。

项目设置：战壕、明暗碉堡、指挥所、战地医院、各类轻重武器（或模型）展示等。

（2）兵器园。利用废弃军事器材，收集部分国内退役武器装备，以武器装备展示为线索，集武器展示、国防科普、军事训练、国防教育课等相关内容，尤其做好武器装备的标示解说，形成鲜活的开放式博物馆。

（3）国防教育训练场。选择树木丛生，壕场、碉堡遍布，高低不平的地势规划设计地道战区、密林枪战区、阻击战区、靶场区等游戏体验场景，为游客提供一个体验真实战斗的场地。同时依托山地地势地形开设软体爬梯、高空断桥、蜘蛛网、高空钢架等户外拓展运动项目。

四、传播推广

宁城作为一个旅游目的地，对其进行营销推广是非常重要的。宁城的旅游目的地营销要将宁城县看成一个整体，通过塑造独特的目的地形象，打造良好的整体环境来吸引游客。

（一）宁城旅游目的地营销

游客来之前	游客来的路上	游客来之后
·宁城旅游形象宣传 ·制造事件和话题 ·召开宁城旅游目的地展示推介会 ·培养"意见带头人" ·营销传播媒体组合	·机场围栏 ·高速公路广告牌 ·车载广告 ·灯箱广告 ·电子大屏 ·手机APP	·游客服务中心 ·宁城旅游服务热线 ·旅游宣传册 ·旅游指南 ·智慧城市 ·智慧景区 ·基础设施 ·提升旅游从业人员素质

培养意见带头人：邀请媒体记者、旅行体验师、市民代表或新媒体社区中的活跃用户来宁城实地考察旅游，产生直观认识和亲身感受，进而成为主动传播宁城旅游品牌形象和产品的"意见带头人"。

营销传播媒体组合主要是三个层面。

国家级或综合性的大众媒体：包括国家级的电视台、报纸、刊物和综合性门户网站。

客源地传播媒介：赤峰市电视台、京津冀地方电视台、客源地门户网站、客源地楼宇电子屏、街头灯箱等。

网络社会媒体：包括综合社区中的客源地板块、人气高的达人微博、客源地旅游爱好者在网上聚集的旅游圈和点评网站（蚂蜂窝、飞猪旅行）等。

（二）宁城品牌形象设计

打造城市的超级 IP，通过设计宁城城市超级符号，更好地支持宁城旅游产业发展，创建国际性城市品牌，提升宁城已经建立的和即将出现的具有竞争优势的领域。

品牌形象在产品应用上的表现，取决于视觉符号的运用能力，以及这种视觉符号本身所具备的表现力。

将温泉符号嫁接到宁城温泉的地理属性上，就是运用了全世界、全人类的集体潜意识，将温泉符号的原力注入宁城城市品牌中，成为宁城城市的超级符号（见图 4-8）。

图 4-8　宁城品牌设计

*图片来源：课题组自绘

（三）市场推广

宁城温泉疗养旅游城市 —— 四季节庆活动。

宁城作为千年的辽文化古都闻名遐迩，她千年皇家养生热泉资源则具备更大的财富想象力。在此基础上设计丰富多彩的四季活动，将令宁城不再有淡旺季之分，拥有 365 天的无限魅力，这是宁城的一年四季（见图 4-9）。

激情的春天　最美的夏天
狂野的秋天　纯净的冬天

图 4-9　宁城市场推广策略

一组传播推广物料：一个城市道旗广告、一个旅游杂志广告、一个户外高炮广告、一个公交站牌广告、一个机场围挡广告、一个携程首页广告（见图 4-10）。

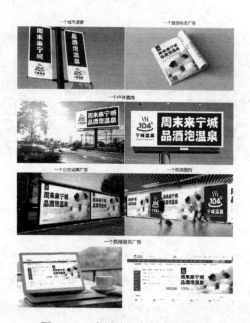

图 4-10　宁城市场推广传播物料

*图片来源：课题组自绘

第五节 公共旅游服务体系建设

一、大力推进厕所革命

宁城县积极实施旅游厕所改扩建工程，按照3星级旅游厕所的卫生质量标准，在各类旅游经营场所和旅游公共场所，新建、升级改造公用厕所并全部对游客和公众免费开放。建成管理规范、清洁卫生、方便游客的旅游厕所体系。在各景区、景点、旅游集散换乘中心等地，加快通道（路）、电（楼）梯、平台、房间、洗手间（厕所）、席位、盲文标识和音响提示以及通讯、信息交流、哺乳室等无障碍设施建设，确保残疾人、老年人、孕妇、儿童等社会成员通行安全和使用便利。

二、完善旅游标识系统

（一）旅游交通引导标识系统

在通往旅游集散地、旅游目的地、旅游集聚区、3A级以上旅游景区的主要道路上，设置规范醒目的中英文交通指示牌。在高速公路、高等级公路、旅游支线公路、公共活动场所、车站广场、主要街道等逐步普及旅游交通引导标识和旅游形象展示标识，方便旅游者快速到达旅游景区。外部交通标识的设计必须在颜色、外形上有别于一般交通标识，且图案设计要与各景区形象相统一（见图4-11）。

图4-11 交通引导标识

（二）旅游景区标识系统

在景区入口的显要位置必须设置导游全景图，并且规格要略大，以达到清晰醒目，全景图要正确标识出主要景点及旅游服务设施的位置，包括各主要景点、游客中心、厕所、出入口、医务室、公用电话、停车场等，并明示咨询、投诉、救援电话；在主要岔路口和游客较为集中的地区必须设置导览图，标出游客当前所在位置和附近其他景点的位置。

统一标识系统设计方案，图案直观明了，雅致大方，外形和材质等必须与景区的文化氛围相统一，标识牌必须做到中、英文对照，景点介绍牌增加中、英、蒙文等多种语言对照。标识系统建设可与数字信息化相结合，可在导游全景图旁设置电子屏，可根据不同时期的需要动态显示不同的内容，如天气预报、安全提示、旅游活动预告等。

（三）公共信息图形符号系统

公共信息图形符号系统，如图4-12所示。

图4-12　公共信息图形符号

*图片来源：百度图库

在停车场、出入口、售票处、购物场所、医疗点、厕所、餐饮设施等位置合理设置公共信息图形符号，符号设计应参照GB/T10001标准，如果现有的国家标准没有提供图形符号，可采用国际惯例或景区自行设计，设计风格上要遵循与文化特色相融合。

（四）景区标识标牌系统建设

在各景点、主要节点安装标识、标牌。包括：出入口的导览图，交叉路口的导引牌、景点景观名标牌、环境解说标牌、功能指示牌、植物简介牌、公益与友情指示牌、安全提示牌、导示牌、旅游内部交通标识牌、旅游交通标识牌、电瓶车停靠点指示牌、温馨提示牌等。标识标牌突出宁城县山水之都特色。

（五）建立旅游解说系统

建立旅游解说系统，完善导游服务系统，主要旅游景区逐步实现无线导游和多语种自动导游机服务。一是充分利用多媒体解说，制作宣传片光盘，直观展现旅游区特色和文化内涵，介绍旅游产品及展示旅游区内游客可参与的各种活动；二是合理配备导游和解说人员：通过直接的交流，引导游客游览，使景观更加生动。同时导游和解说人员还应协助旅游区的管理，负责组织游览进程，安排游客食宿，向游客推介具有特色的食品和旅游商品。解决游客疑问，排解游客纠纷等；三是推广自导式解说设备：主要是景点广播、解说耳机等，可降低人员成本。游客可选择较有兴趣的内容与方式，配合导游图和旅游手册，自行设计游程活动，真正体验闲适自在的游览过程。

三、完善智慧旅游建设

智慧旅游是实现服务智能化、管理数字化、消费便捷化、营销网络化的全新旅游业态，是加快旅游业转型升级的重要路径和支撑，是把旅游产业建设成为现代服务业的必然要求。宁城县要把智慧旅游建设作为旅游业发展的重点工作，到 2020 年基本完成全市智慧旅游"一个平台、四个体系"建设，到 2025 年全面建成智慧旅游支撑体系，实现现代信息技术在全县旅游行业各个领域的广泛应用，全面提升宁城县市旅游信息化管理与服务水平，形成智慧旅游引领旅游发展的格局，增强宁城县旅游业的核心竞争力，力争宁城县智慧旅游走在赤峰市乃至内蒙古自治区前列，打造智慧旅游目的地。

（一）建设智慧旅游数据平台

建设全县基于公众信息服务为主的旅游信息数据平台，采集存储基础数据和动态数据，一方面，逐步实现全县按照统一规则采集旅游信息，统一数据标准进行集中存储；另一方面，面向各级旅游主管部门、旅游企业、旅游电子商务平台开放并提供数据交换的技术规范，使基础数据平台成为来源并服务于全县旅游业互联互通的基础平台。重点实施四大工程：无线网络覆盖工程、智慧数据库工程、旅游刷卡无障碍工程、二维码识别普及工程。

（二）建设智慧旅游管理体系

要围绕旅游景区、旅游饭店、旅行社等开展智慧管理系统建设。智慧管理系统建设应积极利用物联网、云计算、移动互联网、GPS 定位等新技术，要求各系统建立在统一的中央数据库平台上，相互之间能实现数据的无缝交换。智慧旅游管理要重点围绕旅游服务中心、旅游管理中心、旅游营销中心开展智慧管理系统的建设。

参考案例：杭州智慧旅游

1. 旅游门户网站

旅游门户网站，如图 4-13 所示。

杭州旅游电子政务网　　　　　杭州旅游网

图 4-13　旅游门户网站

*图片来源：百度图库

2. 移动终端服务

游客利用手机、平板电脑等移动终端在旅游的过程中获得各种服务已成为未来的趋势。通过开发基于 iOS、Android 或 Windows phone 等平台的智慧旅游服务终端系统（APP 应用程序），为游客提供旅游前、旅游中、旅游后的智慧服务，提升游客在宁城县的旅游体验。智慧旅游服务终端系统应包括导览、导购、导游、导航四个方面的应用，可以为游客提供全方位的服务。

3. 订单推送系统

订单推送系统是一个在线的旅游活动营销平台，通过该系统可以统一开展各种在线活动，如营销、商务等。支持在线商务活动包括门票订单推送、客房订单推送、抽奖获奖单推送、订餐单推送、订车单以及照片游记分享推送等，系统可帮助中小旅游企业开展电子商务。

4. 旅游信息推送

旅游信息推送是根据游客需要以及根据分流的的需要向游客推送旅游相关信息，由旅游咨询服务中心根据掌控的信息进行操作。一般分两种情况推送，一种是个性化的根据游客需要推送，另一种是为了管理需要批量的进行推送。旅游信息推送系统采用旅游数据库和移动终端结合，通过组织和管理海量文字、图片、音视频等跨媒体信息，最终为用户提供准确、及时的旅游资讯和服务，并且可以提供基于位置的个性化信息服务。在游客到达某一景区后，旅游信息推送系统能够判断出游客所在的位置，通过短信或手机 APP 主动向游客推送包括景区、酒店、餐馆、购物中心、农家乐、加油站、停车场、码头、车站等旅游基础信息和经营信息。

5. 电子票务系统

电子票务系统，如图 4-14 所示。

图 4-14　电子票务系统

* 图片来源：百度图库

6. 旅游护照

"杭州旅游护照"包含线上服务窗和线下快捷支付两大板块。线上服务窗由"预订、畅游、我的护照"三块功能构成，初步实现杭州旅游信息查询、旅游产品在线预订、旅游商户信息展示互动、优惠活动发布以及高德导航、快的打车等多种功能。线下快捷支付是通过支付宝钱包的"当面付"功能，实现游客手机扫码消费。

（三）建设智慧旅游政策体系

编制和推广应用宁城县地方标准《智慧旅游企业应用标准》等规范。根据行业特点和企业实际建设智慧旅游项目，面向广大游客提供旅游产品的在线预订和支付服务，并利用市场合作渠道，拓展旅游产品的市场覆盖率，形成规模效应。智慧旅游企业建设的标准化水平将逐步纳入各类评级评星的要求。支持通信运营商、电子商务机构、专业服务商、高校和科研机构开展合作，建立政府与高校、科研院所、相关企业的合作发展机制，引导他们通过技术输出、资金投入、服务外包、资源共享等方式参与智慧旅游建设，形成政产学研金相结合的智慧旅游产业化推进模式。以智慧旅游试点为基础，以智慧旅游创新项目为主体，开展宁城县智慧旅游示范地区和示范企业的评审和命名工作。树立一批有较好社会经济效益与导向作用的示范景区景点和企业。宁城县旅游主管部门建立相关扶持政策，在专项引导和扶持资金中加大对智慧旅游的投入力度，优先保障公益性智慧旅游服务项目建设，以奖代补引导重点项目建设，并加强对项目资金使用的统筹管理与审核监督。

第六节　全域旅游战略实施保障

建设中国知名旅游目的地，打造综合性战略支柱产业，宁城县旅游业发展要抓住黄金机遇期，各地各部门要团结协作，密切配合，形成整体合力，并抓住重点、破解难点、形成亮点上狠下功夫，努力实现旅游发展新突破。

一、加强领导组织，形成统筹推进的强大合力

（一）将发展旅游业作为党政工作的一把手工程
宁城县政府要充分认识旅游业在促进经济增长、调整结构、扩大就

业和改善民生的重要战略地位，自觉把旅游业发展摆到工作全局来谋划推进，将其作为一把手工程，纳入经济发展规划，像抓工业一样抓旅游产业。充分发挥县旅游业发展领导小组的领导职能，加强各乡镇政府工作领导，建立健全领导体制和工作机制，研究探索全县、重点旅游区推行旅游发展委员会体制，党政一把手亲自谋划、亲自部署、亲自推动。

（二）构建多位一体、多级联动工作机制

整合部门资源，形成旅游、发改、财政、文化、交通、林业、国土、规划建设、农业等部门多位一体统筹推进旅游产业发展，统筹推进行动计划实施的协调机制。针对相互结合的重点任务、重点地区、重点项目，编制带资金、带项目、带政策专项规划，形成发展合力。构建县里统筹、乡镇落实、乡村参与的四级联动机制，形成各级政府发展合力，实现旅游发展的纵向合力。推动县镇工作逐项对接、各乡镇之间紧密合作、部门之间密切协作，形成层层分工、层层落实推进，横向协调合作的工作格局，实现旅游发展的横向合力。

（三）大力推进旅游品牌创建与考核督办

大力推进重点旅游创建工作，以创建为平台形成主要领导推进、整合资源大力发展旅游业的工作局面，调动各级党委的积极性，有效发挥综合协调的体质机制。在宁城县旅游产业领导小组下设战略品牌创建办，统筹协调全市创建工作。乡镇作为创建责任主体，要加强统筹领导，制定相关规划和创建工作方案，明确工作责任，落实工作要求，整合资源、力量扎实推进创建工作。强化配套考核与问责制度。出台目标责任考核评价办法，把旅游发展目标任务纳入党政领导班子和领导干部综合考核评价体系之中，纳入乡镇经济考核的指标体系中。开展年度旅游发展先进乡镇评选活动，推动乡镇旅游经济发展。

二、加大资金投入，形成多渠道投融资大格局

加大对旅游发展的资金投入，大力推进旅游投融资模式创新，形成活力迸发的旅游投资大格局，注入强劲动力。

（一）组建旅游产业风险投资机构

旅游风险投资是指风险投资机构将风险基金投入到具有高风险、高收

益性的旅游业发展与建设中，并期望获得高额收益的一种投资。有 3 种模式：由县政府可直接投资，或认购风险投资公司一定比例的股份；依托大公司、大集团，组建风险投资机构；混合型旅游产业投资机构。政府以少许启动资金带动大量非政府资金投入到旅游产业开发领域。另外还可以发展证券公司的风险投资，直接获得国外风险资本。

（二）拓展旅游产权交易融资渠道

资产证券化是指旅游企业单位或金融机构将其能产生现金收益的旅游资产，通过重组或结构安排等设计，转换成为可在金融市场上出售和流通的证券，然后出售给有兴趣的投资人。资产证券化不会分散企业控制权，而且相对债权融资又不会给旅游企业造成固定的负担，是一种非常高效的融资方式。资产证券化有利于扩大旅游项目融资规模，增强融资吸引力。

（三）积极争取国家专项资金支持

抓住国家加快供给侧结构性改革、编制三年滚动投资计划的机遇，加快国家重点旅游投资项目库建设，增加项目储备，选报一批投资规模大、带动功能强、综合效应好的旅游大项目、好项目入库储备，为争取政府性资金支持旅游业发展做好项目储备。对接国家"十三五"旅游基础设施建设项目规划，编制宁城县旅游基础设施与公共服务体系建设规划，为争取"十三五"中央及自治区预算内基建资金支持旅游业发展提供规划项目支撑。争取中央及自治区政府性投资更多地支持宁城县旅游业发展，争取国家旅游发展基金项目。对近年旅游发展基金地方补助资金使用情况进行监督检查。

三、加大改革创新，全面释放旅游发展的活力

要通过深化改革创新，全面优化宁城县旅游企业发展环境、旅游投资环境、旅游创新就业环境、旅游消费环境。

（一）全面推进依法治旅

深入实施《中华人民共和国旅游法》，建立健全旅游法规体系，规范旅行社、导游、领队管理等制度；建立旅游安全综合管理和救助制度，制定旅游安全风险提示、高风险旅游、旅游保险管理等旅游安全保障制度。重点旅游区建立旅游信息、旅游交通和旅游服务功能配套办法；完善旅游

规划技术标准，制定旅游规划编制指导文件，研究科学评估制度。推动制定景区开放、门票价格、流量控制等具体措施，落实旅游景区管理制度；推动建立和完善旅游市场联合执法机制，加强旅游执法队伍建设。推动形成统一的旅游投诉受理机制，完善部门间的投诉处理转办机制。加强旅游执法队伍建设，完市、区县三级投诉受理联动机制，实行重大案件报备制度，提高全区旅游政策法规建设的计划性、科学性和时效性。

（二）深化旅游改革创新

充分发挥旅游的综合职能，从管理方式到产业促进，全面推进改革开放。支持宁城县探索旅游发展新路径、新模式，使旅游业成为统筹当地经济社会发展的引领产业；创新旅游产业促进机制，强化政府推动作用，加强引领、整合和服务，引导产业持续健康发展；创新工作方式，支持以旅游产业发展大会和旅游节庆活动推进旅游产业发展；建立和完善旅游产业统计和分析体系，组建市旅游数据中心。着力构建旅游综合性产业综合抓的体制机制。支持旅游部门以旅游产业发展委员会的形式强化统筹协调职能，解决旅游业发展的重大问题。建立景区门票价格监管体系，完善价格机制，规范价格行为。推动有条件的地区设立旅游警察、旅游工商分局、旅游巡回法庭。进一步简政放权，政企分开。启动宁城县旅游业供给侧改革专项研究工作，做好旅游政策储备。

（三）创新旅游新闻引导

创新旅游新闻宣传机制，推动旅游新闻工作由行业宣传向社会宣传转变、由机关媒体宣传向全媒体宣传转变、由被动式宣传向主动发声转变，实现旅游新闻宣传意识全面增强，新闻发布、应急处置、舆论引导、宣传策划能力不断提升，旅游行业新闻宣传平台同社会主流媒体紧密衔接，宣传网络更加完善，旅游业社会影响力和美誉度显著提高，基本建成适应大众化旅游时代和产业融合发展需要，覆盖广泛、便捷高效的综合性新闻宣传体系。要围绕年度重点工作，全力抓好系列旅游新闻聚焦行动，组织开展旅游主题新闻宣传活动，建设县旅游局新闻发布会、官网焦点新闻、旅游新媒体宣传推广等旅游新闻宣传平台，组建行业新闻宣传通讯员、骨干旅游记者、旅游新闻宣传专家三支队伍建设。

（四）创新旅游综合监管

进一步强化地方政府、旅游景区、旅行社等旅游业经营主体，以及旅游、工商等部门对旅游市场的监管力度，共同营建良好的旅游市场秩序；健全宁城县旅游监管体系建设，加强旅游质监执法机构和队伍建设，充实各级旅游质量监管机构的力量，建立旅游投诉快速处理机制；加强部门和区域联合执法，建立健全旅游监管体系、旅游服务质量评价体系、旅游诚信体系和旅游投诉体系，完善旅游企业信誉等级评估、重大信息公告和违规记录公示制度；建立旅行社、旅游购物店信用等级制度及旅行社电子档案管理制度，规范景区门票价格，严厉打击价格欺诈和不正当竞争行为，切实维护游客的合法权益；推进旅游中介服务体系建设，加强旅行社、旅游服务公司等旅游行业中介的管理。落实属地管理责任、部门监管责任和企业主体责任，强化重点行业、重点时段、重点领域的安全监管。重点开展旅游安全生产责任落实年专项行动、旅游包车专项整治行动、旅游景区游客容量控制专项检查行动以及假日旅游安全专项检查行动。

附录

FULU

附录一：

宁城县单体旅游资源概述

一、地文景观

1. 道须沟景区

道须沟景区位于宁城县黑里河国家级自然保护区，是以原生态自然风光为主的国家 4A 级景区。建有五棵松广场、水车博览园、情人岛、森林氧吧等 47 处景观。当您进入道须沟时便被这里的美丽山水所吸引，被这里的绿色、恬静所陶醉，那山、那水、那石、那林，可与"九寨沟"媲美，有"春水秋山，十里画廊"之美誉。道须沟以华北植物区系为主，是华北植物区向东北植物区、森林气候向草原气候、内蒙古高原向东北平原的"三重过渡带"，是内蒙古自治区植物最丰富、天然次生林保护最好的地区，也是西辽河源头和环京津的绿色屏障。道须沟有高等植物 953 种，其中苔藓植物 176 种，蕨类植物 32 种，裸子植物 4 种，被子植物 748 种，国家二级保护植物 17 种；有哺乳动物 33 种，其中金钱豹和棕熊是国家二级保护动物；鸟类 117 种，其中金雕、隼类、雕鸮等是国家一、二级保护鸟类；有昆虫 179 种；有野生真菌 165 种，是名副其实的动植物王国。

2. 藏龙谷

景区毗邻紫蒙湖景区，属七老图山脉东麓，是国家 3A 级景区，距县城天义 70 公里。此处曾是契丹先民的繁衍生息之地，也是历代皇亲国戚的狩猎之所。清代康熙皇帝曾在公元 1677 年和公元 1681 年两次北巡途经这里，并在附近深山里猎得猛虎。白蛇传的故事在这里也流传甚广。五代时期十三太保李存孝打虎的故事更是家喻户晓。这里是红山文化的发祥地，这里是古人称谓的"紫蒙之野"，这里是人文始祖之一炎帝的故乡。

踏入藏龙谷景区，东部一座山峰恰似一尊弥勒大佛镇守山门，大佛坐东面西，庄严肃穆，若有所语，仿佛为来这里的游客祈福。西侧高高矗立的山峰，酷似埃及金字塔，且主峰两侧各有一座小峰，三峰相连，形如汉文"山"字，故名金山。

沿上山游步道石阶向景区深度进发，有一巨大石壁，石壁下有一石洞，名"双龙洞"。洞下百米深渊、万仞绝壁，上有黑白两条水痕，据传是青白二蛇练功经常出没所致，"双龙洞"也由此得名。上行，则有"金龟瞅蛋""仙桃石""天外来客"等绝妙景观，"野香亭""望湖亭"可供游人登高小憩。谷底，"一线天"奇景赫然入目，长15米，宽不足1米，仅供一人侧身而过。两壁高耸，壁间夹一巨石，摇摇欲坠，惊险刺激。"一线天"西南面是"母子峰"，母子互相依偎，惟妙惟肖。"龙泉"水，三九不冻，四季不竭，冬暖夏凉，饮之甘爽清冽，山泉水富含大量矿物质，有健身祛病之效。尤其值得一游的是千佛岩下，石窟之中，一巨佛侧卧，为释迦牟尼涅槃佛，游人在这里祈福，据说很灵验！

藏龙谷各种鸟的鸣叫声，此起彼伏。可以登山、赏绿、观景、听涛，尽享大自然"氧吧"带给游人的纯净和充满芳香的气息。景区盛产山珍野果，山杏子、榛子、山丁子、山核桃、山楂、山梨等硕果累累，游人可尽享采摘之趣。

3. 道虎沟

道虎沟位于宁城县五化镇，集中分布着丰富的古生物化石，已发掘出包括哺乳类、鱼类、鸟类、昆虫类、爬行类和植物类等几大类30多个品种，这些古生物主要生活在距今1.5亿年前的侏罗纪。

2009年开工建设道虎沟古生物化石保护馆，2012年8月开馆，是国家2A级景区。道虎沟古生物化石保护馆设计特色为笼盖三层地质剖面的球形外观，寓意燕辽生物群、道虎沟生物群和热河生物群的有序衔接，建筑面积2993平方米，东西跨度68米，南北跨度50米，高度27.3米，是目前亚洲最大的古生物化石原地保护馆。该馆保存了至今约在1.4亿年到1.6亿年之间的侏罗纪和白垩纪时期以来地球历史和环境变迁的纪录，有着大量品种丰富、保存完整的古生物化石。

道虎沟古生物化石保护馆保存了很多在世界上独一无二的化石品种。有最早学会游泳的哺乳动物——獭形狸尾兽；首次飞上天空的哺乳动物——远古翔兽；最早的冠群真螋类生物——天义初螋；中生代的吸血鬼——孟氏中生鳗；首次发现具有原始"羽毛"的翼龙——宁城热河翼龙以及宁城树息龙、道虎沟足羽龙、无尾两栖类蝌蚪等 20 多个门类的古生物化石。该馆以道虎沟古生物化石赋存的地质剖面为展示主线，辅以该地区出土的特色化石及相关知识介绍，向游人展示古生物化石形成的过程及赋存埋藏状态，讲述地层学、古生物学、古气候与古环境方面的知识，让世人更加了解远古生命的演化过程，是一座集旅游与科普于一体的古生物化石保护馆。道虎沟古生物化石保护馆的建成，可以进一步唤起公众对大自然的保护意识，增强对古生物化石资源珍惜保护的理念。

道虎沟古生物化石保护馆是中东部历史文化旅游产业带（以天义为旅游服务中心的地质公园博物馆—道虎沟古生物化石保护馆—辽中京遗址—七金山—陪嫁牡丹园—普祥寺—法轮寺等为节点的历史文化旅游产业带）的重要节点之一。景区旅游客源市场主要是周边 400 公里内游客及国内外考古专家。

4. 大坝沟

大坝沟景区位于黑里河国家级自然保护区，距县城天义镇 110 公里，是以原始森林旅游资源和第四纪冰川遗迹——冰石河为主的原生态旅游区，国家 2A 级景区。景区内松枫山庄是全国休闲农业与乡村旅游示范点。景区山高林密，鸟语花香。因这一带在历史上是大辽国皇家狩猎之所，故以"皇家猎苑"称之。

大坝沟拥有丰富的生物资源，野猪、狐狸、鹿、狍子、獾子、野兔、松鼠等出没山林，山鸡、黄莺、山鸽、百灵鸟在林间嬉戏。景区复杂的林型，丰富的物种，奇特的地质景观，初春杜鹃满山开放，夏季，林木葱郁凝重，溪流淙淙，凉风习习，是避暑休闲的理想场所。雨中的大坝沟，山色空蒙，如烟蒸腾，如云朦胧，更是奇景妙境。秋季的大坝沟，秋叶摇金流丹，耀眼明净，色彩绚丽，桦黄枫红，是赏叶观景的最佳季节，誉为"九色黑里河"。大坝沟的冬天，松柏苍翠，云杉油绿，显示着不尽的生机，也有那不落的柞叶橙黄，皮色不变的白桦青杨，倔强的碱草一片片，白茫茫，更有那经冬不落的红果，在枝头调和着冬天的颜色。

5. 杜鹃山

杜鹃山景区位于黑里河国家级自然保护区，是国家 2A 级景区，总面积 20 平方公里，距县城天义镇 100 公里，赤峰市 110 公里，承德市 120 公里，北京市 380 公里。

杜鹃山景区林茂山奇，植被丰厚，景观独特，春天杜鹃花漫山遍野，黑松、白桦、山杨、山核桃、落叶松、柞、柳、槐、椴、榆以及其他不知名的乔木遍布，各色的灌木和草本植物、各种野花遍布。景区有 350 米长的滑索，横空架设两山之间，人在百米高空快速滑行，惊险刺激。杜鹃山景区是中国北方杜鹃花的发源地，杜鹃花是一个大属，全世界有 900 余种，内蒙古就有 10 余种。杜鹃山的石也是一奇。第四纪冰川运动造就了这里的"冰石河"美景，块块巨石从山顶倾泻而来，顺流而下，大者如房，小者似碾，相互挤压，层层叠叠，宽达百米，绵延数千米，气势磅礴，蔚为壮观。

杜鹃山庄设计典雅，设施齐全，是自治区四星级乡村旅游接待户和自治区休闲农牧业与乡村旅游示范点。山庄与大自然融为一体，中高档客房，可供百人入住，是旅游度假之理想场所。

6. 龙潭大峡谷

龙潭大峡谷位于宁城县存金沟乡，距县城天义镇约 10 公里，其最高山峰为翠云峰，海拔 1890.9 米。站在山峰之上，可见整个高山峡谷奔南而去。龙潭大峡谷称为"内蒙古第一大峡谷"，具有峡窄、谷深、崖险的特点。峡谷两侧树木葱葱，万紫千红，长有珍贵的金莲花。峡谷中最壮观、最奇险之处为龙潭飞瀑，陡崖百丈，水泻细线飞流，让人头晕目眩。峡谷中有湿地、高山草甸等景观，具有度假、休闲、探险的开发价值。

7. 宁城国家地质公园

宁城国家地质公园于 2009 年 8 月经国土资源部批准成立，总面积 80.17 平方公里，由道虎沟古生物化石遗迹园区、宁城温泉园区以及两园区间具有保护价值的部分区域组成。宁城国家地质公园已建成地质博物馆和道虎沟古生物化石保护馆。宁城国家地质公园"两馆"，是一方记录生物进化传奇的热土；是一座亿万年地球与生命演化铸就的化石宝库；更是一部探索远古奥秘、破译生命变迁的百科全书。现已发现昆虫类、双壳类、腹足类、鱼类、两栖类、无颌类、爬行类、鸟类、哺乳类和多种植物化石在内的 20 多个门类。这些化石见证了地球历史的变迁，也对中生代生物起源与演化研究具有不可替代的作用。

8. 葫芦峪

葫芦峪位于宁城县小城子镇日嘎苏台乡。地处七老图山脉，景区东西长约 5 公里，南北宽约 3 公里，以"奇山、异石、翠峰、秀水"为其景观特征在深山老林中因山峰环绕状似葫芦而得名。建有高桥七烈士陵园，是内蒙古自治区和赤峰市爱国主义教育基地，是宁城县著名的红色旅游胜地和自然风景区。登翠屏峰主景区，可见景区全景，座座山峰兀立，怪石嶙峋，崖壁陡似刀削，形状千姿百态。翠屏峰的西侧，就是葫芦峪绝壁，上有"晃动石""迎客松"等自然景观。遍布峰壑的奇松，破石而生，盘结于危岩奇石之上，挺立在险峰巨壑之中，或雄壮挺拔，或婀娜多姿，显示出顽强的生命力。花草树木郁郁葱葱，鸟语花香，山间溪水潺潺，水质清澈，可饮可浴，有"塞外小黄山"之美誉。

9. 兰花山

兰花山位于西南部四道沟村西南，山顶海拔 1500 米。兰花山峰在石海之上突兀崛起，远看似一朵秀丽的兰花，由此得名。景区内悬崖峭壁遍布，植被茂盛，多古松古桦、奇花异草。山下林茂草丰，特别是山西侧，有一大片湿地，水盛泥深，中有溪水长流。湿地中生长着茂密的沼泽林，并伴生着各种沼泽植物。

10. 大东沟

大东沟位于西南部西泉乡盆底沟村，景区内山峰雄奇险峻，怪石嶙峋，流泉处处，林茂花香，素有宁城"九寨沟"之称。

11. 甜蜜之路天然神牛石

天然神牛石位于五化镇境内甜蜜之路中游的一个山腰上，神牛石栩栩如生，卖力的拉车向山顶直奔，有直冲云霄之势，据当地村民介绍该石群有浓重的历史传说，山下老梨树众多，景色优美，是游客休闲、爬山、赏花、采摘的好去处，该神牛石属于待开发旅游景点，适当开发有利于提升甜蜜之路人文及历史神话色彩。

12. 玉皇岭

玉皇岭位于大城子镇境内，山势陡峭，气势雄伟，植被良好，沟谷开阔，是建立水上乐园、滑雪场及山货采摘的理想之地。

13. 七金山

七金山位于宁城县大明镇，辽中京遗址北7.5公里，亦称九头山或九龙山。七金山在大唐时期曾建奚王避暑庄。契丹建国后，征服了奚族，此地归属契丹国管辖。公元1004年，宋辽双方签订"澶渊之盟"，辽宋两国成为兄弟之邦。为加强交往，辽王朝决计建设一座新都城。"辽统和二十五年（公元1007年）萧太后与辽圣宗去过七金山、土河之滨，南望云气，有浮郭楼阙之状，因议建都，择良工于燕蓟、董役二岁，拟神都之制"。于是一座气势雄伟的新城辽中京崛起在北国大地。成为辽代中晚期的政治、经济和文化中心，并把七金山的奚王避暑庄，扩建成辽帝夏钵行宫。公元1065年，即辽咸雍元年建起大辽皇家寺院三学寺，一时香火旺盛。山顶修建了野香亭，用于观光揽胜。七金山成了辽代皇帝朝觐观光、消暑纳凉的胜地，辽国灭亡后，三学寺和辽帝夏钵行宫毁于战火，目前遗迹尚存，断壁残垣见证着历史的兴衰更替。

14. 福峰山

福峰山位于宁城县甸子镇辽代称台香山或香台山，清代时福峰山俗称阿圭山，近代称为喇嘛洞山。福峰山是著名的自然风景与历史文化相结合的旅游区。福峰山上怪石嶙峋，美景遍布。著名的有"海豹出水""玉兔望月""金龟揽蛋""骆驼立崖""试剑石"等，惟妙惟肖，让人目不暇接。而山脊上比比皆是的第四纪大冰期形成的"冰臼"群，不但具有观赏价值，而且具有很高的科学研究价值，声名远播，使人啧啧称奇，流连忘返。

二、水域风光

1. 紫蒙湖

紫蒙湖风景区位于黑里河镇与甸子镇接壤处，距县城天义镇70公里，有省道505线通过，是国家级水利风景名胜区，国家3A级景区。紫蒙湖于1976年1月1日破土动工，总面积400公顷，总蓄水量1.2亿立方米。整个湖区由雄伟的拦河大坝、浩瀚的湖面、两个泄洪洞和湖区水电站四部分组成。

进入湖区，大坝上著名书法家李贵民先生书写的用花岗岩砌成的"打虎石水库"五个苍劲大字，格外显眼。大堤外层用块石堆砌，堤上有两条172级石阶通道分别从坝底可达坝顶。坝顶海拔727.6米，坝高42.1米，坝顶长529米，宽5米，坝底宽218.13米，坝顶筑有1.2米高的防浪墙。站在大堤之上，看水天一色，烟波浩渺，湖区渔帆点点，鸥雁嬉戏，游艇往来疾驶，游人欢声笑语。岸边游人或嬉水垂钓，或采拾蛤蜊，好一幅南国水乡图。

湖区养殖水面6000亩，盛产鲢鱼、鲤鱼，尤以鲢鱼最为著名，最大者可达30余公斤。两个泄洪洞，最大泄洪量每个每秒可达500多立方米。水电站装机容量为1500千瓦，年发电总量可达500万度。

紫蒙湖以奇峰秀水闻名。大坝西侧公路边有一巨石，为传说中李存孝打虎之地。大坝东侧，沿石阶而上，有"海豹出水""骆驼立崖"等景观。近年来，以现有水利资源为优势，开辟了旅游服务区（宾馆一处、酒店一处）、滨水欣赏区（观光码头、亲水平台）、度假休闲区（北岸太阳岛植物园、鸿雁观赏区、阳光沙滩、快乐酒吧、木屋别墅等）、水上观光娱乐（豪华游艇、快艇、水上飞伞、水上自行车、水上嘉年华闯关等）等景观和项目。紫蒙湖"鲜鱼宴"味美诱人，"清炖鲢鱼头"堪称美味一绝。是集休闲娱乐、康体健身、观光购物、餐饮美食、疗养住宿为一体的度假区。奇峰秀水紫蒙湖，不愧为北国林海中的蓝色明珠，正在绽放着更加瑰丽的光彩。

2. 热水温泉

宁城温泉旅游度假区距县城天义镇60公里，距承德市180公里，距北京市330公里。交通便利，国道508线从境内穿过。环境优雅，空气清新，是中国北方最知名的天然温泉养生福地。宁城温泉旅游度假区被国家建设部列为全国500家小城镇重点建设示范镇之一。一大批旅游疗养设施、公寓、住宅楼拔地而起，网球场、钓鱼场、游泳馆、保龄球馆、各式洗浴、推拿按摩等娱乐、健身活动设施一应俱全，是度假、休闲、养生、娱乐之理想场所。

宁城温泉久负盛名。清康熙二十年（公元1681年）4月15日，康熙皇帝第二次北巡塞外时，曾驻跸"巴尔汗"（今温泉旅游度假区）汤泉沐浴，大清侍讲学士高士奇伴驾中，曾写有《驻跸巴尔汗之汤泉》一诗："夕照下西岭，平楚生荒烟。旌旗散晚猎，万马奔前川。忽看碧草际，一水流溅溅。深涧转清澈，暖气如沸煎。小坐濯尘缨，云是古汤泉。远听铙吹发，帘幕灯光悬。四望尽暝色，圆月明山巅"。辽代萧太后也曾在此沐浴。据辽宁省地质大队1972年勘探介绍：温泉在天山余脉——八里罕新华夏系构造带上。泉水经热水河和汤后沟两条河谷交叉处的两侧涌出地表，及到达冲积沙砾石层中与冲积层的凉水混合而成一条特殊地带。温泉中心出口温度高达104℃，是全国温度最高的温泉之一。温泉赋存面积已探明0.5平方公里，日动储量6000吨。温泉中富含钾、钙、钠、镁等20多种微量元素，水质无色透明，化学类型为重碳酸、硫酸钠型水，对治疗皮肤病、关节炎、消化系统等疾病有明显疗效。当你感到旅途劳顿之时，到温泉洗一洗、泡一泡，立刻会神清气爽，疲劳全消。

3. 黑里河、坤都伦河

黑里河和坤都伦河位于县境西部，均为老哈河主要支流，流经地区植物繁茂，泥沙含量较小，基本保持原始风貌。黑里河国家级自然保护区核心区，距县城天义镇80公里，距赤峰市110公里，承德市150公里，北京市330公里，有天旺旅游公路通过。黑里河国家级自然保护区总面积2.7万亩，有塞外"九寨沟"之美誉。旅游区峰峦叠翠，是探险、狩猎和旅游胜地。有松、柏、枫、椴、柞、桦等数十个高大树种，还有山葡萄、蕨菜、木耳、猴头蘑、黄花等名贵山珍和山核桃、山杏、山枣、山梨等野果，野生植物品种繁多。有豹、熊、狼、狐狸、猞猁、山兔、狍子、獾、刺猬、山鸡、黄莺、山鹰、大鸨、山鸽、喜鹊、画眉、大雕、老鹳等珍贵动物，是飞禽走兽的乐园。这里曾是文人墨客、帝王将相游玩狩猎的场所。清代康熙皇帝曾在此围猎，设园林。

漂流景区全长20公里。漂流区两侧，高山峡谷雄伟壮观，河段水流湍急，清澈透底。在峡谷中穿石绕壁，溪水跌宕流湍其中，溪水奇石星布成趣，河水落差近百米，大小落差百余处，两岸鲜花争奇斗艳，沿岸杨柳婆娑起舞。因水路九曲连环，时而急流激荡，时而缓流轻越，黑里河漂流刺激逍遥尽享，不仅尽享自然美景，又感悟上帝造物之伟大，是中国北方绝无仅有的自然享受，被誉为"塞北第一漂"。

4. 冰石河

第四纪冰川遗迹——冰石河形成距今约200万年前，在地球的历史上，曾发生过距今较近的三次大冰期，即震旦纪大冰期、石灰—二叠纪大冰期和第四纪大冰期。震旦纪大冰期出现在距今 7~9 亿年前，石灰—二叠纪大冰期出现在距今约 2 亿年前，而第四纪大冰期是距今最近的一次大冰期，约出现在 200 万年前。这次冰期出现的情况比较复杂，除了冰期持续时间长外，在大冰期中还出现了温度相对较高的温暖期，称为间冰期。在整个第四纪冰期中曾出现过四次寒冷的冰河期和三次温暖的间冰期。当冰河期结束后，间冰期开始。这时，整个地球气温回升，冰雪慢慢消融，巨大的冰川逐渐向北撤退，树林中的各种动物也开始活跃起来。在山谷冰川的边缘地带虽然无冰川覆盖，但在潮湿寒冷的气候条件下，山脉体表层的冻融体作用很强烈，尤其在岩石节理、裂缝发育处，极容易产生劈裂风化作用，导致岩体不断崩塌或滚落，形成大量碎石堆积，在有坡处缓缓向下蠕动。逐渐形成高出地表的长条形"石河"，其蠕动速度多为每年几十厘米，多者不过数米。这样就形成了现在的"冰石河"。

5. 老哈河

老哈河是二级支流、宁城县境内最大的河流，径流年际、季节变化均大，具有典型的北方河流特征。其中甸子—铁匠营子河段（约 33 公里），河谷宽阔，水流平缓，常年不断流，经合理规划和开发，可成为一条良好的水上旅游观光带。

三、生物景观

1. 黑里河林区原始次生林

黑里河林区原始次生林位于县境西南部，距县城天义镇约 100 公里，与喀喇沁旗相连。黑里河国家级自然保护区位于燕山山脉的七老图山支脉，这里是东北针阔混交林向华北落叶阔叶林的过渡地带，是燕山山脉山地生物多样性的典型地段及自然景观的缩影，也是西辽河重要的水源涵养林区之一。这里生物资源复杂多样，具有很强的典型性、代表性、特有性及脆弱性，在全国生物多样性保护中占有重要地位。保护区有天然油松林 4667 公顷，是华北山地面积最大、长势最好、最为集中连片的分布区，保护区的油松林生长较快，具有皮薄枝细、干型通直、遗传品质优良的特点，年生长量达 5 立方米／公顷。是该保护区的代表性保护植物，是我国重要的油松优良种源基地。

该保护区现记录鸟类 117 种，分属于 16 目 38 科，其中国家 I 级保护鸟类 1 种（金雕），II 级保护鸟类 18 种，被列入《中国生物多样性保护行动计划》鸟类物种多样性保护优先序列的有 21 种，有世界受胁鸟 3 种，它们是黄爪隼、褐头鸫、鸿雁，属于《珍稀濒危野生动植物国际贸易公约》的物种有 5 种。保护区有野生哺乳动物 33 种，分属于 6 目 14 科，其中国家 I 级保护动物 1 种（豹），国家 II 级保护动物 1 种（黑熊），被列为《珍稀濒危野生动植物国际贸易公约》的哺乳动物 3 种。该区域豹最多数量种群为 7 只、黑熊 4 只，且均在保护区内繁殖。初步查明保护区内有苔藓植物 176 种，分属 42 科 88 属，占内蒙古苔藓植物总科数的 66.7%、总属数的 47.8%、总种数的 34.4%，其中珍稀濒危苔藓植物 13 种。保护区共有维管束植物 777 种，分属于 96 科 377 属。其中蕨类植物 12 科 18 属 32 种；裸子植物 1 科 3 属 4 种；被子植物 83 科 356 属 741 种。是内蒙古自治区已建保护区植物种类最丰富之一。其中有国家 II 级保护植物 17 种。

目前，保护区内已开发建成大坝沟（AA）、杜鹃山（AA）、道须沟（AAAA）、黑里河漂流乐园（AA）、哈河源漂流、藏龙谷（AAA）、紫蒙湖（AAA）。年接待游客 40 万人次，客源市场主要是朝阳市、承德市、唐山市、北京市、天津市及赤峰市区。

2. 300 年陪嫁牡丹

300 年陪嫁牡丹位于布日嘎苏台乡长皋村乌向南家院内。康熙皇帝为巩固北部边疆，遵其祖训实行"南不封王，北不断亲"的策略，对大旗王子下嫁公主，小旗王子下嫁郡主，以维持与蒙古人的友好关系，于公元 1676 年将自己的叔伯妹妹爱新觉罗固伦郡主以公主名义下嫁给万丹伟征之子额琳臣为妻，并赐资在小城子建驸马府，又将公主平时喜欢的御花园中的名贵牡丹赐给公主。经历了 340 余年的风风雨雨，一株公主陪嫁牡丹，至今仍在宁城县小城子镇长皋村的乌家嫣然开放，成为大山深处一道亮丽的风景。花枝全高约 1.5 米，覆盖直径约 2 米。一根分四株，最大的一株干径达 7 厘米。每年农历四月中旬，是牡丹盛开的季节。花色为粉红色，花瓣是千层，花朵直径在 20 厘米左右。它经历了 300 多个严寒酷暑，越发显得枝叶茂盛，根须发达，株型端正，花姿典雅，颜色富丽，清香宜人。经专家鉴定，此牡丹为富贵红是我国传统牡丹的优良品种之一。1999 年，这株牡丹在昆明世界园艺博览会上生根开花。

四、遗址遗迹

1. 辽中京遗址

辽中京遗址位于大明镇内，距县城天义镇 15 公里。该城始建于辽圣宗统和二十五年（公元 1007 年）正月。辽亡之后，金、元、明各代又沿用，毁于明代战火。1964 年被列为全国重点文物保护单位。辽中京大定府是辽中晚期政治、经济、文化的中心之一，原城仿照北宋都城汴梁，整个都城布局为方形，城东西长八华里，南北宽七里半。城墙三重，设有外城、内城和皇城三部分，呈"回"字形分布，外城有护城河围住。该遗址内除三塔保存较完好，即大塔、小塔和半截塔。大塔居于城东南角上，小塔居外城内偏西处，半截塔在城外西南角。中京城北之七金山上有三学寺遗址，并建过奚王避暑庄及辽代离宫。遗址现仅存有土城墙遗迹。

中京位于五京之中，建于各京之后。公元 1004 年，辽宋双方订立了"澶渊之盟"，辽国的财力更加雄厚，两国的交往日益频繁，出现了"两国使臣不绝于路"的局面。为了显示辽的国力，辽圣宗与其母萧太后决定在原奚王牙帐地兴建中京。《辽史地理志》记载：辽统和二十五年（公元 1007 年），辽"圣宗尝过七金山、土河之滨，南望云气，有郛郭楼阁之状，因议建都。择良工于燕蓟，董役二岁，郛郭、宫掖、楼阁、府库、市肆、廊庑、拟神都之制"。城修完后，"号曰中京，府曰大定。皇都中有祖庙。大同驿以待宋使，朝天馆以待新罗使，来宾馆以待夏使"。辽中京的建成，使辽的政治、经济、文化中心南移近 350 公里，大大方便了辽与宋及其他周边国家的交往。辽中京仿北宋都城汴梁之制，分外城、内城、皇城三个部分。整个城市布局为方形，呈回字形分布。外城东西长 4200 米，南北宽为 3500 米，周长 15 公里，城墙高 4 至 6 米，宽 11 至 15 米，每层夯土厚 15 厘米。除西墙外，每隔 90 米处，建有楼橹一个，楼橹同城墙同筑并突出墙外，径 10 米，比城墙稍高。南面正中为朱夏门，上有楼阁，并建有瓮城，入门有南北向宽 64 米的中心大街一条，直达内城南门"阳德门"。与朱夏门东西对称各有一门，东为长乐门，西为景昌门，比朱夏门略小。阳德门大街西侧有排水沟，以木板或石板砌盖。大街西侧为市坊区，东西各有四坊，如"丰实坊""利通坊""贵德坊"等，各坊都筑有围墙，设有坊门，为商贾贸易、作坊及市民居住区。外城共有东西向大街 5 条，南北向大街 3 条，纵横交错，布局井然。大街之间又有小巷，同时还建有许多大型馆舍以及寺庙和佛塔。据记载，辽中京一带曾有寺庙 30 余座，城西南角的镇国寺建在小山之上，气势恢弘，宋相苏颂在《游中京镇国寺》一诗中，有"纵观无限意，记述恨无能"句，足见当年之盛。

内城建在外城内，东西长 2000 米，南北宽 1500 米，墙上有楼橹建筑。其南门为阳德门向北直达皇城，有 40 米宽的大街一条，大街两侧筑有围墙，大定府设在其中。城内按契丹民族生活习俗，遍设穹庐、毡帐，为禁卫军驻地。外城及内城东部因地势偏低，多住民户，主要机构如宰相府、文忠王府、度支使司、留守司、总管府、处置司、警巡院、国子监、文思院等全设在西北部。皇城位于内城北部，呈正方形，边长各 1000 米，以内城北墙中部为其北墙，其余三面单筑，南墙正中有阊阖门，仿宋都宫门形制，设 5 个门洞，上有阁楼，称五凤楼。两侧设东西掖门，均有大道与中心大街相连。从东掖口入，经武功门直达武功殿，为辽圣宗居住之处。从西掖门入，经文化门直达文化殿，为国母萧太后居处。城内还有清风殿、八方殿等皇后居所，又有皇家的祖庙，是辽统治者居住、举行大典和行使权利的地方。内城南部阳德门西，现有一座小城，当地人称"紫禁城"，南北长 620 米，东西宽 530 米，高 4 至 5 米，土筑城墙较为完整，四面正中各有门。城内出土文物表明是明代建筑遗址，为明初宁王朱权的府第。

在辽中京遗址内外，现存砖塔 3 座，即大塔、小塔和半截塔。大塔居于城东南角上，小塔居外城内偏西处，半截塔在城外西南角。中京城北之七金山上有三学寺遗址，并建过奚王避暑庄及辽代离宫。

辽中京从建立到辽保大二年（公元 1122 年），经历了 100 余年的辉煌。金灭辽后，仍作为国家的陪都，起初仍称中京大定府，后改中京为北京。公元 1215 年，元朝大将木华黎攻破北京，改大定府为北京总管府，公元 1270 年，改为大宁路，公元 1288 年，又改为武平路，4 年后复为大宁路。明初，改大宁路为大宁都指挥使司，后又改为北平行都指挥司。洪武二十年（公元 1387 年），设大宁卫。洪武二十四年，朱元璋封其十七子朱权为宁王，进驻大宁，为清除后顾之忧，纵火焚烧中京城，致使历时近 400 年的四朝古都葬身火海。因该城废于明，故人们习惯上称其为大明城，将大塔称为大明塔。

2. 辽中京塔

辽中京塔位于宁城县天义镇，辽中京遗址内城阳德门外东侧，被誉为"神州第一塔"。因辽中京延续到明代而只留下塔，人们也习惯称之为"大明塔"。塔高仅次于陕西泾阳的崇文塔和河北定县的料敌塔，为全国第三高塔，体积则全国第一。

中京塔为八角形十三层密檐式实心砖塔，塔高 80.22 米，基座直径 36 米，第一层大檐下塔身高近 11 米，每面雕有细致入微、栩栩如生的菩萨坐像浮雕。每位菩萨左右各有两个胁侍，上端有一对飞天，八面转角柱用砖雕成双层塔的造型，上刻本面菩萨说法地名，下刻本面菩萨的法名。大檐为仿木结构，二层以上为木质密檐。塔顶基部高 7.16 米，铜顶高 2.88 米。整个大塔建筑宏伟，造型秀美，工艺精湛。由于数百年的风吹雨打，特别是经历了 1976 年唐山大地震，塔顶倾斜，风铎、铜鉴大部分坠落。历史上对大塔有过多次维修，但未见史料记载。只是在塔正面菩萨像两边有蒙文字两行，译为"大清帝国咸丰甲寅年修"。

为了保护这一宝贵的古代建筑，1981 年，国家投资 50 多万元进行全面维修，施工 3 年，于 1984 年 8 月竣工。维修后不仅将残损部位全部修好，而且更换了原铜顶，新制风铎 1000 多个，铜鉴 40 个。

3. 黑城子古城

黑城子古城位于赤峰市宁城县西南 60 公里的老哈河北岸。古城分内城、外城、因城墙土色发黑，故称"黑城子"。内城保存较好，东西长 812 米，南北宽 540 米，四面皆有城门，且城外四面都有护城河，城内由中心延伸出东西、南北两条道路，城内遗物众多，有战国至汉朝的瓦片，辽金时的瓷片、铁镞，还有元代铜权，明代条形砖等。外城由内城的北墙向东延伸，长 1800 米，南北宽 800 米，遗物丰富，在城中部发现新莽时制作铜钱的作坊，在城东墙发现三口竖穴开采铜矿的井，城内还发现汉代绳纹瓦和云纹、羊头纹瓦当。花城是战国时燕国所筑的军事堡垒，在城外北墙偏西处，东西宽 200 米，南北长 280 米，因是军事设施，故遗物较少。

4. 汉右北平郡治所黑城遗址

黑城，清代也叫青城，蒙语哈拉浩特。距县城天义镇 50 公里，距河北省平泉县城 45 公里。城南为黑里河与河北黄土梁子河的汇合处，周围山势险峻，易守难攻，南扼卢龙古道，北通大漠，为兵家必争之地。秦汉时期的平冈城，为今黑城中的"外罗城"，呈横长方形，东西宽 1800 米，南北长 800 米，有南北两门，城墙残垣高 1.5 米。黑城在外罗城内，东西长 815 米，南北宽 486 米，建有城门、瓮城敌楼等。城外还有护城河，当为辽时遗存。

在右北平郡城内发现过许多汉代文物，有"渔阳太守章""白狼之丞""卫多"等封泥，"部曲将印""假司马印""左门妇印"等铜印和"宜官"石印等印章；有大量新莽始建国元年铭款的钱范；有"千秋万岁"瓦当及卷云纹瓦当等建筑构件。这些文物都足以证明这座城市的重要地位。清初，康熙皇帝两次北巡都曾在此城会见蒙古王公。"秦时明月汉时关，万里长征人未还。但使龙城飞将在，不教胡马度阴山"。右北平郡曾经演绎了两千多年的战争与和平，今天的右北平郡遗址是一个凭吊古人，旅游观光的绝佳去处。

5. 峰水山党支部纪念馆

峰水山党支部纪念馆位于宁城县乌苏台洼境内，是宁城地区第一个党支部诞生地。1943 年，宁城地区抗日斗争进入最艰苦阶段。在中共承平宁联合工委的领导下，经承平宁工委书记黄云等人培养，三座店乌苏台洼峰水山农民杨秀章、任中山、金宝善于 1943 年 10 月秘密加入中国共产党，并建立了党支部，杨秀章任支部书记。这是宁城乃至承平宁地区建立最早的党支部。这个党支部和几位共产党员在及其艰苦的条件下，发动群众抗日，掩护抗日三区队和地方武工队干部战士，给部队和武工队筹集物资，为抗日斗争做出了重大贡献。为了宣传革命历史，传承红色基因，发扬光荣传统，挖掘和保护这一宝贵资源，三座店镇党委本着"建成一个对广大党员干部、各界群众和青少年学生进行革命传统教育、爱国主义教育、廉政文化教育、思想道德教育的重要基地"的原则，2016 年，投资 20 万元在乌苏台洼村峰水山自然村建立了宁城县第一个党支部纪念馆——峰水山党支部纪念馆。纪念馆的展厅为仿古式建筑，分为主展厅和分展厅两个部分，分别围绕"红色记忆"和"建设辉煌"两个主题，以图片、展板的形式，展出了"国家衰败，山河破碎""中流砥柱，抗战先锋""宁城抗战，风起云涌""乌苏台洼，光荣历史""英雄事迹，千古流传""红色土地，欣欣向荣"6个部分的内容，展出照片90张，人物事迹、革命故事等文字注释12000余字，再现了抗日战争时期，宁城人民英勇抗敌的历史以及改革开放后第一党支部诞生地——乌苏台洼村的发展情况。

6. 九壮士牺牲地遗址

五化镇"抗日九壮士纪念广场"位于马营子村李营子前山脚下，修建于2011年7月，占地40平方米，广场建有纪念碑一座，高1.5米，宽0.5米，基座为正方形，宽2米。广场主要是为了纪念舒殿友、刘相廷等九位烈士，讲述的是1944年2月6日，八路军冀东军区三区队攻破宁城（小城子），日伪调重兵扫荡，三区队为完成打击和牵制敌人的任务，划为小分队与日伪军穿插作战。3月11日夜，三区队二连连长舒殿友率50余人在西南沟与强敌遭遇，突围至李营子前山，在子弹打光，周围地形不熟的情况下，全体干部战士誓死不作俘虏，毅然跳下悬崖，舒殿友等9人壮烈牺牲，其余人突出包围。到1944年末，三区队成批和零星回到冀东根据地的共计近200人，有100多人将鲜血洒在了承平宁的土地上。

7. 日军守备地遗址

日军守备地遗址位于谢杖子村境内。抗日战争时期，谢杖子村地处交通要道，承平宁抗日根据地中心部位，为了镇压当地军民反满抗日，日均"山本守备队"于1943年春进驻谢杖子。守备队30余人，装备精良，防备森严，经常四处扫荡，反动破坏至极。1943年8月15日，八路军晋察冀军冀军区分区三区队在地方游击队的配合下，将守备队诱出全部歼灭。现守备地房子已重建为民房，山上炮台还在。

8. 八家遗址

八家遗址位于大城子境内。清代乾隆年间，刘庸任左忠堂，山东省黄河水缺乏治理，河水暴涨，大面积房屋被谁淹没，造成大量人员伤亡，百姓生活非常困苦。饥寒交迫之下，有刘罗锅出面向北方蒙古王爷救援，请求借地养民。当时大城子王爷汉罗布增祖旦弹公爷接受了这些灾民之时，恰逢他施工修建坟墓之际，于是从灾民中挑选出八名石匠、瓦匠。旦弹公爷将府内丫鬟分别许配给了他们。在大金沟把家处建房定居，按蒙古族的风俗习惯生活，后代均为蒙籍。这八名匠人师傅分别姓田、段、白、鲍、杜、刘、黄、富。至今已有 200 余年历史。

9. 汉长城遗址

宁城县现存汉代长城遗址——烽火台（烽燧、墩台、狼烟墩）60 余处。东北部自喀喇沁旗西桥乡进入本县，经小城子、大城子、三座店、存金沟、八里罕、温泉街道、甸子、黑里河等镇乡街，西南入承德县三道沟门乡向西延伸。自东北至西南逶迤相属，曲迴连绵，贯穿宁城全境近 200 华里，各遗址已确定为县级重点文物保护单位。汉代长城在宁城境是老哈河、坤都伦河流向为走向。修筑在依山傍水的高阜地带。原来的城墙遗迹，只有甸子镇大宝台村和大营子乡西南的山脊上还历历可见。保存下来的遗址，只有每隔 2 公里有一座（或两座）的烽火台。烽火台的形制大体相同，原都用夯土筑就，今呈坟丘状，高 5~7 米，宽 15~20 米，站在上面前后两座都可望见。只有三座店乡敖汉营子村、存金沟乡南山根村、甸子镇大宝台村 3 处是双台（两座并立）遗址。其余全是单台遗址。城墙分双墙和单墙，建筑材料全是因地制宜，就地取材。大体分土筑和石砌两种，全与烽火台相连。甸子镇河洛堡村北山上的"土龙"，是单墙遗址；黑里河镇西南山脊上有双墙遗址。双墙的修筑方法是将山脊之土掘向两侧，在两侧筑墙，间隔约 5 米。单墙的修筑方法是两侧掘土中间筑墙。甸子镇大宝台村北山上有一段土石墙与山峰相连，以峰代墙，峰豁处砌石墙作为屏障。在烽火台遗址周围能拾到汉代陶片、铁镞、铜刀及鱼骨盆陶片。汉代长城在当时是用于防御、通讯、报警的，其主要是防御匈奴族南侵。今日又成了研究汉匈（匈奴）关系史的重要资料。沿线主要景点有：葫芦峪红色旅游区、法轮寺、龙潭大峡谷、温泉旅游度假区、福峰山、紫蒙湖、藏龙谷、黑里河漂流乐园、道须沟、哈河源漂流、杜鹃山、大坝沟等景区（景点）。

10. 举人故居

五化镇土门村东山举人故居建于清道光三年（公元 1823 年），距今 195 年，当年的刘家族大丁繁，人口众多。现在的东山、下坡子、西台子三个自然营子都为刘家大院。刘氏举人故居在现在的东山营子，现存较完整的一处位于东山西北角，院内有正房一处三间，西厢房一处三间，门口有影壁墙一处，都保留着道光年间的建筑风格。东山现有院落 63 处，其中保留原有小青瓦风格的 56 处。土门村刘氏家族在当地颇具盛名，方圆百里无人不知，无人不晓，原因有三，一是清中晚期刘家出了两位举人，而且是父子俩，父亲刘纬道光甲午（公元 1834 年）科举，当时已五十几岁，未曾出仕，据传当时皇帝已经下诏，派其到某地出任县令，当皇帝圣旨到时，老举人一激动得了脑溢血，故未能出任。少举人刘云昂，咸丰辛酉年（公元 1861 年）科举，据说少举人也未曾出仕，原因是什么不曾考证，不知是否因受老举人影响，朝廷不宜下诏，恐象其父，坑害了人才。据传，老举人以教书为业，通晓医道，有人求医也给人看病。少举人以经商为业，受其父影响，也通晓医道。二是刘家受祖上影响，重视文化，方圆几十里，教书的大部分是刘氏家族的人，大概有几十人在外教书，所以在当地出了名。三是刘氏家族当时日子过得大，有地数千亩，而且都是上等好地，家有烧锅，外有商铺，有学堂、药铺、钱庄、有堂号，实乃富庶之家，方圆百里远近闻名。

五、建筑与设施

1. 辽中京博物馆

辽中京博物馆是 1988 年在县管理所文物陈列室基础上建立的，博物馆设在全国重点文物保护单位辽中京遗址内，占地 4.5 万平方米，建筑面积 2200 平方米。博物馆建立以来，先后举办了宁城出土文物、辽代文物、古生物化石、辽宋人物蜡像等陈列展览，同时还举办了宁城社会经济成果、国防教育、书画作品等展览以及兄弟旗县博物馆馆藏文物精品展 30 余次。2006 年国家文物局将辽中京博物馆列为"县级博物馆展示服务提升项目"。展示服务提升后的辽中京博物馆突出了地方特色，有"草原青铜器""古都辽中京""契丹风云录""白垩纪遗踪"4 个专题陈列。草原青铜器展，从兵器、礼器、车马具、生活生产用品、装饰品等几个方面全面展示了我国北方青铜文化——夏家店上层文化面貌。古都辽中京展，以辽墓觅踪、古都雄姿、辽塔探密、市井生活为主题系统展示了辽中京昔日风采。"契丹风云录"，精心塑造了 23 个辽宋人物蜡像，布设了天神送子、友好往来等六个历史场景，使人们对辽代、辽中京有一个初步的认识。博物馆展出面积 1300 平方米，展出文物五百余件组。文物馆：收藏和展出新石器时代以来，在宁城县境内发现的历史文物、民族文物、革命文物、流散文物等，共计 4300 余件，其中辽代文物件数最多，最完整，居全国之首。珍贵的文字碑铭、瓷鸡冠壶、佛像、壁画、农耕用具……这些文物记载着宁城县的历史渊源和发展演变，更是一部辽代的兴衰史，对研究宁城的历史发展及辽文化特别是辽中京文化有着十分重要的意义。蜡像馆：始展于 1996 年，共有二十多尊历代名人人物蜡像，形象逼真，惟妙惟肖。这些蜡像所记述的都是与宁城有密切联系的人物或是在这里发生重要历史事件的人物。蜡像馆展出的这些蜡像，表达着宁城人民对于这些影响宁城历史的历史人物的崇佩之情和对于历史的追忆。

2. 地质博物馆

宁城国家地质公园地质博物馆位于宁城县天义镇，是国家 2A 级景区，占地面积 21.47 亩，建筑面积 13000 平方米，展出面积 5000 平方米。博物馆主体呈六边形，取材于具有辽文化的古塔平面形式。地质博物馆是宁城国家地质公园的重要组成部分，内部由瑰宝之源、地质公园、远古生命的记忆、大自然的沉淀、美好家园、和谐发展、3D 影院七个展厅构成。博物馆以宁城国家地质公园古生物化石为核心展示内容，以展示模型、图片、文字说明、化石标本、实物、生光影电子设备互动以及多媒体等为主要形式。同时，展出了宁城国家地质公园的区域地质演化历史、具有典型代表意义的地质遗迹和地质景观类型和分布、公园地质遗迹的区域与国际对比及其科学意义等内容，是科普教育、科学研究、展示陈列、旅游观光、保护地质遗迹现场的重要功能单元。

3. 道虎沟古生物化石保护馆

道虎沟古生物化石保护馆位于宁城县五化镇，是国家 2A 级景区，该馆于 2009 年开工建设，2012 年 8 月开馆。道虎沟古生物化石保护馆设计特色为笼盖三层地质剖面的球形外观，寓意燕辽生物群、道虎沟生物群和热河生物群的有序衔接，建筑面积 2993 平方米，东西跨度 68 米，南北跨度 50 米，高度 27.3 米，是目前亚洲最大的古生物化石原地保护馆。该馆保存了距今约 1.4 亿年到 1.6 亿年之间的侏罗纪和白垩纪时期以来地球历史和环境变迁的纪录，有着大量品种丰富、保存完整的古生物化石。

道虎沟古生物化石保护馆保存了很多在世界上独一无二的化石品种。有最早学会游泳的哺乳动物——獭形狸尾兽；首次飞上天空的哺乳动物——远古翔兽；最早的冠群真蝾类生物——天义初蝾；中生代的吸血鬼——孟氏中生鳗；首次发现具有原始"羽毛"的翼龙——宁城热河翼龙以及宁城树息龙、道虎沟足羽龙、无尾两栖类蝌蚪等20多个门类的古生物化石。该馆以道虎沟古生物化石赋存的地质剖面为展示主线，辅以该地区出土的特色化石及相关知识介绍，向游人展示古生物化石形成的过程及赋存埋藏状态，讲述地层学、古生物学、古气候与古环境方面的知识，让世人更加了解远古生命的演化过程，是一座集旅游与科普于一体的古生物化石保护馆。道虎沟古生物化石保护馆的建成，可以进一步唤起公众对大自然的保护意识，增强对古生物化石资源珍惜保护的理念。

4. 法轮寺

法轮寺位于宁城县大城子镇，距县城天义镇50公里。该寺原系元代重臣济拉玛（者勒蔑）之后裔、喀喇沁部落蒙古王公的旗庙，为清代较为著名的十大黄教寺庙之一。清乾隆十年（公元1745年），在辽代灵隆寺的废墟上兴建此庙。"法轮"，梵文的意译，佛法的喻称，谓佛法如转轮，圣王之"轮宝"转动，无坚不摧，能催迫众生烦恼无明，催灭一切邪念。又有佛说佛法如车轮辗转，佛法称"转法轮"，祈愿佛常住世说法，佛法住世称"法轮常转"。全寺占地面积2.2万平方米，由法轮寺、大佛寺、普昭寺和白塔寺四部分组成。其中法轮寺居于中轴线上，其东有普昭寺，西有白塔寺，其后有八楹藏经楼、大佛寺。整个建筑群气势宏大，风格独特，浑然一体。法轮寺的佛事活动昌盛。每月初一、十五为诵经日，每年正月十四、十五都举行大型祭祀活动，诵经跳查玛舞，每年盛夏都要举办祭敖包活动，规模宏大，场面隆重。

5. 大明塔

中京塔位于辽中京遗址内城阳德门外东侧。因辽中京延续到明代而只留下塔，人们也习惯称之为"大明塔"。塔高仅次于陕西泾阳的崇文塔和河北定县的料敌塔，为全国第三高塔，体积则全国第一。

中京塔为八角形十三层密檐式实心砖塔，塔高80.22米，基座直径36米，第一层大檐下塔身高近11米，每面雕有细致入微、栩栩如生的菩萨坐像浮雕。每位菩萨左右各有两个肋侍，上端有一对飞天，八面转角柱用砖雕成双层塔的造型，上刻本面菩萨说法地名，下刻本面菩萨的法名。大檐为仿木结构，二层以上为木质密檐。塔顶基部高 7.16 米，铜顶高 2.88 米。整个大塔建筑宏伟，造型秀美，工艺精湛。

6. 小塔、半截塔

在大明塔的西南方另有一塔，高 24 米，俗称"小塔"，也是八角十三层密檐，可能是辽代末年或金代的建筑。大塔和小塔也被称为南北二塔。在二塔的西北侧，也就是现在的三姓庄花塔村内，有另一座与大明塔形状相同的，却只保有底部基座的塔，现称"半截塔"，半截塔的四个正面出假券门，券门两侧浮雕图案大多丢失，云纹较多，浮雕安装类似于辽上京南塔的做法，塔的大檐铺作，双抄五铺作单拱造，转角铺做出 60° 斜拱、不出列拱，与一般意义上辽塔基本严格仿木，出列拱的规矩不同。补间铺作一朵，出 45° 斜拱。二塔与半截塔形成了以佛塔为主的三塔一线的辽中京遗址历史景观，三塔景观作为现存最完好的辽代佛塔遗址，具有十分重要的考古和文化研究意义，也获得了很多历史学者的称赞，有"大明归来不看塔"的说法。但是由于数百年的风吹雨打，特别是经历了元代七级大地震及 1976 年唐山大地震，塔顶倾斜，风铎、铜鉴大部坠落。历史上对该塔可能有过多次维修，但未见史料记载。只是在塔正面菩萨像两边有蒙文字两行，翻译为"大清帝国咸丰甲寅年修"。国家为了保护此珍贵的文物建筑，1981 年投资 50 多万元对该建筑进行了全面修补。施工三年，1984 年 8 月才完工。重修后不仅恢复了原有的面貌，而且更换了原铜顶，新挂风铎1000 多个，铜鉴 40 个。经过这次重修，古塔的千年风貌变的焕然一新，再次恢复了原有的雄姿。

7. 经峰寺

经峰寺坐落在宁城县必斯营子镇东哈脑村 8 组境内名为南山的峡谷中，始建于 1743 年，寺院占地面积 3 亩，寺庙大殿 5 间。寺庙所在南山面积100 多亩。常年有住持 1 人，布僧 1 人管理寺院。由于寺庙后山上的石头像一捆捆摆放的经卷，故取名经峰寺。经峰寺的距必斯营子镇政府 5 公里，通寺道路均已硬化。据说在经峰寺香火最旺盛的时期，常有内蒙古和西藏的高僧来此闭关修习密法。该寺当年对寺庙的管理非常严格，在该寺出家的僧人在完成显宗扎仓之后,就要进行密宗扎仓的修习,并在上师的指导下进入山洞闭关修苦行,因此在山间的岩壁上留下了几处隐秘的山洞,所以又被称作"喇嘛洞庙"。经峰寺曾出过几位精通密法的高僧,据说建寺初期寺内无水,当时的住持便作法从别处借来了一眼清泉,现在寺院内的一口长方形的古井中,即是当年大搬运来的泉水。经峰寺内有几株数百年树龄的古树,其中一棵古柏,据说很是神奇,逢年过节,常有求财求子的人前来树下上香。经峰寺所在的宁城南山,植被丰富,有大片的野生山杏树和沙果树,春夏之际,花香遍野,绿草如茵。是天然氧吧和避暑胜地。在"十年动乱"中经峰寺曾损毁。北京雍和宫高僧尹师傅幼时曾在此出家,生前发愿重修经峰寺,现寺院已经基本修缮完毕。当地民众素有信仰佛教的风俗习惯,每年农历三月十八日为蒙古族庙会日,农历四月初一为汉族庙会日。

六、旅游商品

1. 宁城老窖

产于内蒙古宁城县八里罕镇宁城老窖酒厂,宁城老窖酒取用八里罕的三泉之水,以优质的高粱为原料,采用传统酿酒工艺和最新生产技术,精心酿造而成。该酒具有窖香浓郁,绵甜柔和,香味协调,余味爽净,回味悠长之特点。宁城老窖曾荣获全国麸曲浓香型金杯奖、中国食品博览会金质奖和日本东京国际酒类博览会金质奖,并荣获"全国驰名商标"称号。宁城老窖系列白酒,有着悠久的历史,独特的工艺,驰名国内外,深受广大消费者的喜爱,被誉为"塞外茅台"。

2. 精致草原粉

宁城县三座店乡的"精致草原粉"以优质马铃薯或绿豆为原料,采用传统工艺精制而成,没有任何添加剂,产品洁白纯净、晶莹透明、鲜香可口,属于低脂肪、低糖绿色食品,营养丰富,有去油腻、润肠通便的作用。

3. 燕京啤酒(中京)

燕京啤酒(中京)有限责任公司位于宁城县天义镇生物科技产业园,是北京燕京啤酒集团公司41家啤酒生产企业之一。总占地面积13.3万平方米,年产啤酒20万吨。目前,公司有纯生啤酒、鲜啤酒、干啤酒、熟啤酒等，听装、瓶装多个不同包装类型的高、中、低档产品，可满足不同层次消费群体的需求。产品以其酒液清澈透明、泡沫洁白细腻、持久挂杯、酒花香气明显、杀口力强、口味更加纯正、爽口等特点，赢得了广大消费者的青睐。

生产设备全部实现自动化控制，啤酒的整个生产过程在隔绝空气、全封密状态下进行，与啤酒接触的所有设备、管道均采用卫生级不锈钢制造，实现了生产过程的卫生安全，保证了啤酒口味的纯正、新鲜。先进完备的产品质量检验设备和质量监控、管理体系，保证了每一瓶啤酒的出厂质量。啤酒生产用水全部取自深层地下水，采用世界先进的多层膜过滤技术和反渗透处理技术，全面达到了燕京啤酒的生产用水标准，保证了燕京啤酒的高品质要求，为广大消费者酿造新鲜纯正的燕京啤酒。

4. 宁城特色蔬菜

宁城县蔬菜特色鲜明，种类齐全，形成了以南部日光温室黄瓜、中东部日光温室辣椒、北部日光温室番茄、西部山区食用菌（滑子菇）为主的产业格局。这些产品含有大量的维生素和矿物质，口味独特，具有很高的营养价值，能提高身体的免疫力。主要销往京津冀、东三省等大中城市和通辽、锡林浩特及赤峰周边地区，有的还出口俄罗斯、韩国、日本等国家。宁城黄瓜、宁城尖椒、宁城番茄和宁城滑子菇产品商标均已注册为国家地理标志证明商标。

5. 红玫瑰火龙果

园区位于天义镇巴林村，2010 年 4 月由赤峰市红玫瑰火龙果专业合作社从台湾引进种植，总投资 500 万元，综合占地面积 300 亩，火龙果棚室 53 栋（盛果期棚室 41 栋、初果棚 12 栋），火龙果苗约 8.4 万株，年产火龙果 25 万斤以上，实现效益 500 万元。

该园区种植火龙果品种为玫瑰红，属热带优质水果，通过南果北移，在日光温室中种植具有以下优势：一是粗放管理、省工省力。一个普通劳动力能管理 100 延长米棚 3~5 个，每亩定植 1500~1600 株，盛果期产果 5000~7000 斤，收入 8~10 万元；二是一次投入，多年受益。一次定植可连续采果 25 年以上；三是见效快，发展前景广阔。6 月中旬定植，一年后显蕾挂果，3 年进入盛产期。该品种植株强大、肉质呈玫瑰红色，比市场普通白肉火龙果营养价值高、口感好，特别是抗氧化防衰老的"原花青素"含量是南方主产区的 2 倍以上。该品种商标已被注册"赤玖红"，产品主要销往北京、沈阳等大城市，产品供不应求。

6. 芦笋酒、芦笋茶

赤峰市神久农业科技发展有限公司创建于 2007 年，是集芦笋栽培技术的研究、种植、加工和销售于一体的出口导向型企业。公司产品主要有：鲜芦笋、芦笋酒、芦笋茶、芦笋面等。通过农超对接，产品直接进入北京、天津、上海等大中城市，并远销日本、韩国、中国香港等国家和地区。2013 年被内蒙古自治区人民政府认定为省级农牧业产业化重点龙头企业。

神久公司在经营中，采取与农民专业合作社联姻方式，分别在汐子镇二十家子村和天义镇包古鲁村建立了芦笋示范基地。同时公司在宁城中京工业园区设立了企业总部和研发中心。先后投资 244 万元，新上了一条芦笋深加工生产线，并新建了一座鲜芦笋保鲜库，使芦笋保鲜能力由原来的 1000 吨增加到 2000 吨。神久公司研发生产的芦笋酒、芦笋面、芦笋茶系列产品，由于注重质量，讲究信誉，产品刚刚问世，就赢得了广大消费者的青睐，该系列产品被中国芦笋产业协会评为金奖。"塞外宝"牌芦笋酒荣获国家发明专利。同时，该系列产品代表国家队出席了在波兰、德国和意大利举行的芦笋产品博览会，受到了与会者的广泛赞誉。芦笋酒被指定为第十四届世界芦笋大会专供用酒。

"塞外宝"牌芦笋酒是选用芦笋植物嫩茎和粮谷类熟料、香米和燕麦一同发酵酿制而成，芦笋酒内含十几种氨基酸、总黄酮（芦丁计 7.7mg/100mL）、总皂甙（以人参皂苷 Re 计 12mg/100mL）、天门冬酰胺及多种人体必需的矿物质和微量元素。这些物质对高血压、心脑血管疾病、糖尿病有一定的辅助治疗效果。能有效地抑制癌细胞生长，改善人体机能，增强免疫力，有明显的抗衰老功能。"塞外宝"牌芦笋茶以芦笋嫩芽为原料，精工制作而成。经谱尼测试，芦笋茶中富含维生素、矿物质及色氨酸（g/100g）0.2，胱氨酸（g/100g）0.32。色氨酸是重要的营养剂，可更新体内血浆蛋白质，并能促使核黄素发挥作用、还有助于烟酸及血红素的合成。胱氨酸也是人体内不可缺少的氨基酸之一，半胱氨酸容易氧化还原，与胱氨酸相互转换，还可与有毒的芳香族化合物缩合成硫醚氨酸，有很好的解毒功效。

7. 宁城蒙富苹果

与宁城县巴林果树试验场与沈阳农业大学合作，1978 年以哈尔滨东光苹果为母本和日本富士苹果为父本杂交，经过十几年时间选育而成。1997年内蒙古自治区科委组织国内著名果树专家进行鉴定，定名为蒙富（内蒙古的富士）。

蒙富苹果幼树长势强，结果后趋势中庸，树冠半圆形，树姿较开张，萌芽率高，成枝力强。果实为大型果，平均单果重 250 克，最大果重 850克，底色黄绿，颜色片状鲜红，全面着色，果心小，肉质酥脆多汁，酸甜味浓，有香气，可溶性固形物含量 15.2%，品质上乘。主要特点：①抗寒性强。在我国优质大苹果经济栽培危险区（1 月份均温−12℃）低接苗植安全越冬，在 1 月份均温−14.2 摄氏度的地区高接栽植能正常开花结实；②具有早果性。栽后 2 年见花，3 年有产量，第五六年进入盛果期；③丰产。自交结实率达 70%，座果率较高，果台连续结果能力强，4 年生树单株产 20.1公斤，亩产 1030 公斤，盛果期亩产 3000 公斤以上；④果实耐贮。在一般土窖至翌年 5 月仍然酥脆，不皱皮，风味不减，供应期长达 8 个月。

8. 宁城小米

由赤峰市宁城县志永米业有限公司生产，公司始建于 1993 年，是集粮食种植、收购、加工、销售为一体的综合性粮食贸易公司。公司注册的"乐土"商标荣获"赤峰市知名商标"称号。该公司已建立"生产资料供应→技术服务→农户种植→收割运输→加工储藏→市场销售→物流配送"的谷物种植产业链条。

宁城地区有效积温高，昼夜温差大，光照充足，在这种气候下生产出的小米颗粒饱满、色泽金黄、外观油亮，无杂质。蒸煮香气浓郁，口感柔软光滑，粘甜可口。宁城小米富含人体所需的氨基酸和钙、磷、铁等微量元素，具有健脾和胃、滋阴养血和防止消化不良等功效，是平衡膳食、调节口味的理想食品，为孕期、哺乳期妇女、老人患病、婴儿断奶的首选食物。

9. 黑里河山珍系列

在黑里河自然保护区内，由于土质肥沃气候湿润，生长着供人们食用的三十多种山野菜，他们或花或叶或根茎，均可入菜。主要有蘑菇系列、干果系列、药材系列、禽蛋系列、山野菜系列等。尤其是金针菜、蕨菜、猴腿、野鸡膀子、春杨、春柳芽、山芥菜、山白菜、苦乐菜、蒲公英、山蒿蒿、山梨花、山槐花、苦菜、榛蘑、白蘑、红蘑等，采摘后进行腌渍、消毒、脱盐等工艺，然后进行真空包装，以备食用，可凉拌可热炒。

这些山野菜来自大自然，属于纯天然的绿色食品，含有多种维生素及钙、铁等微量元素，不仅美味清香可口，具有较高的营养价值，同时有清热解毒、安神和胃、养颜保健之功效，是馈赠亲朋好友的佳品。

10. 塞飞亚肉鸭熟食系列

内蒙古塞飞亚农业科技发展股份有限公司是以优质瘦肉型草原鸭原种选育，祖代、父母代种鸭繁育，鸭苗销售，商品鸭养殖加工销售，熟食加工销售和饲料加工等业务于一体的现代化肉鸭全产业链大型企业。公司的"塞飞亚及图"和"塞飞亚草原鸭"两件商标先后被认定为中国驰名商标；塞飞亚草原鸭系列产品是中国地理标志产品、内蒙古名牌产品。

草原鸭生长在北纬 41°17'~41°53'，东经 118°26'~119°25' 之间，这里四季分明，群山叠嶂、森林茂密、流水潺潺、波光粼粼、动植物资源丰富，特有的自然地理位置和自然条件决定了草原鸭的特殊品质。草原鸭成活率高，抗病力强，生长速度快。瘦肉率高，胸肌率、腿肌率高，皮脂率、腹脂率低，肉质细腻，肌间脂肪含量高，具有与其他肉鸭品种不尽相同的独特风味。"塞飞亚草原鸭"系列产品包括冷冻生鲜产品（白条鸭、半边鸭、鸭胸肉和鸭腿肉等）、调理产品（酸萝卜老鸭煲、白蘑菇老鸭煲、烟熏鸭脯肉串和孜然精品肠等）、熟食产品（草原怪味烤鸭、草原百香烤鸭、五香鸭胸、五香鸭头、麻辣鸭脖和香辣鸭翅等）和出口产品，共 200 多个品种。该产品在全国同行业率先通过国家"A 级绿色食品"认证，并在塞飞亚先进的生产链接安全经营管理模式和 ISO 9001∶008 质量管理体系、ISO 22000∶2005 食品安全管理体系、危害分析与关键控制点（HACCP）体系的严格管控及自行开发应用的"林中场、场中林""网架养殖""螺旋预冷排酸""自动温控""自动给水给料"等科技成果和专利技术的应用之下，使草原鸭的产品质量在全国同行业遥遥领先，并被誉为中国最受消费者喜爱的肉鸭品牌。草原鸭商标是国家地理标志证明商标。目前，草原鸭产品已销往全国30多个大中城市，部分产品出口到韩国、日本、中国香港等国家和地区，深受广大消费者所喜爱。

11. 紫蒙湖有机鱼紫蒙湖

（原打虎石水库）以黑里河水为源头，是集防洪、发电、水产养殖、旅游和灌溉于一体的大型山谷型水库。库区水质清新，水量充沛，由于常年发电水体交换快，水中溶解氧十分丰富。库区养鱼水面6000亩，盛产鲢鱼、鲤鱼、草鱼、鲫鱼、银鱼、甲鱼、马口鱼等，尤以鲢鱼最为著名，最大者可达30余公斤。库内活鱼在优质水域内自然生长，不喂任何饲料，在生产、加工、包装、储存、运输等过程中，严格禁止使用化肥、农药等化学物质，不利用离子辐射技术及转基因技术，具有健康，肉质细嫩、口感细腻等特点。因"有机鱼"产于没有受到污染的湖泊、水库，故这种鱼所含的硒、锌、铁等矿物质就要高于普通鱼，留住了大量的营养物质，又避免了有害物质的残留，因而被认为是当今最健康和安全的食品。此外紫蒙湖鲢鱼、鲤鱼、鲫鱼、草鱼、鳙鱼、池沼公鱼经国家权威部门认证是纯天然绿色有机鱼。

12. 东方万旗牛肉

内蒙古东方万旗肉牛产业有限公司成立于2001年7月，是一家以肉牛种源繁育、养殖、屠宰加工和销售为一体的农副产品加工企业，是国家农业产业化重点龙头企业和国家扶贫龙头企业。公司实施的"特色肉牛产业化项目"是国家农副产品深加工食品工业示范工程。东方万旗商标是中国驰名商标。

东方万旗目前在内蒙古拥有占地面积900多亩的四个专业化生态牧场，新鲜健康纯天然无污染的生态牧场为我们的肉牛提供得天独厚的生长环境。此外，东方万旗加工厂屠宰设备由德国伴斯公司引进，采用国际上先进的冷分割加工工艺，按照伊斯兰教风俗和国际卫生标准生产各种冷冻、冷鲜牛肉，产品已获内蒙古名牌农畜产品和绿色无公害食品称号。自然放牧、天然谷物饲喂、零污染的环境、严密的检测、国际级标准的密闭加工过程，保证肉质的天然与鲜嫩，让您放心地品尝鲜嫩多汁的东方万旗牛肉。

13. 宁城化石

20世纪90年代末，在宁城县道虎沟地区发现了大量精美的动、植物化石（如昆虫、叶肢介、双壳类、蜻蜓等），特别是最早的冠群蜻蜓类化石——天义初蜓、迄今发现最早会下水的哺乳动物"獭形狸尾兽"、淡水环境中首次发现的七鳃鳗化石——孟氏中生鳗及迄今发现最早会飞行的哺乳动物——远古翔兽化石，引起了国内外古生物界的广泛关注。到目前为止，宁城已发现20多个门类的古生物化石。其中昆虫化石更是蜚声国际，种类达上千余种。全县共有道虎沟、柳条沟等化石产地10处，涉及4个乡镇，覆盖面积330平方公里。为此，我县积极争取以建立地质公园形式加强地质遗迹保护。经过多方努力，2009年8月，国土资源部批准授予"内蒙古宁城国家地质公园"资格。经过3年建设，于2012年9月16日通过验收，于2013年7月29日揭碑开园。

由此，道虎沟地区被国内外古生物界命名为"道虎沟生物群"，被定性为界于"燕辽生物群"与"热河生物群"之间一个新的古生物化石种群。并因其独特的科研价值，使宁城古生物化石在国际古生物界更加倍受瞩目，掀起了古生物学界对中生代生物群研究的又一个高潮。

七、人文活动

1. 国际旅游节

宁城县创办具有标志意义和影响力的活动之一。旅游节规模宏大，气氛热烈，在周边地区颇具名气。期间举办文艺演出和体育赛事等活动，游客云集，商贸繁荣，既是宁城县的一项重大旅游节庆活动，也是全面展示和宣传宁城旅游资源，提高宁城旅游知名度，提升宁城旅游形象的重要"窗口"。

2. 辽中京文化节

为充分发挥宁城县历史人文资源优势，推动文化大县建设，宁城县定期举办辽中京文化节。内容包括文化活动、体育活动、咨询服务活动、经贸活动、旅游活动和外宣采访活动等，充分展示宁城丰富的自然和人文资源，进一步弘扬宁城精神，打造宁城文化品牌，推出富有宁城特色的系列文化品牌，加强交流合作，激发全县各族人民积极投身到社会主义建设，加快社会主义新农村建设，推动宁城经济社会全面发展。

3. 大明庙会

每年的农历四月初八，是宁城县一年一度的大明庙会，这个传统已延续数百年。每逢这天，辽中京里人山人海，人声鼎沸，整个大塔周围，香烟缭绕，热闹非凡。

公元前 565 年四月初八，是佛教创始人乔达摩悉达多出生的日子。他 29 岁出家，35 岁成佛，传教 45 年，为佛教的创立和发展做出了重要贡献。人们为了纪念他，就在每年的四月初八这天，焚香祭奠，庙会由此发展而来。四月初七这天，人们就到这里，等待第二天清晨给佛祖上香，以祈求佛祖保佑子孙兴旺，富贵平安。有的还要绕大塔一周，顶礼膜拜，把自己的心愿告诉佛祖，祈求佛祖救苦救难，逢凶化吉，以求平安。随着时代的发展，大明庙会在时间上也发生着变化。从四月初一到四月初十，历时 10 天时间。内容上也不仅仅是烧香磕头，还开展文化物资交流等活动。

4. 黑里河杜鹃节

每年的 5 月 12 日至 5 月 18 日，黑里河将举办为期 7 天的"黑里河杜鹃节"。杜鹃花开映红整个黑里河山川，四面八方的游客来到这美丽的山川沟谷，赏花观景。为满足游客更好的观赏杜鹃花，在杜鹃花盛开的 5 月中旬，组织游山赏花活动，还开展戏剧、音乐、篝火晚会等文化娱乐活动，增加游客观景赏花的雅兴。

5. 黑里河漂流节

黑里河漂流景区位于黑里河国家级自然保护区。黑里河漂流有上、中两段，水流清澈激荡，水路九曲连环，水流或急或缓，沿途两岸怪石峥嵘，花木繁茂，蜂鸣蝶舞，既惊险刺激，又尽赏自然美景。每年的七、八月份都将举办盛大的"黑里河漂流节"，开展漂流赛事、商贸等活动。

6. 温泉养生节

宁城温泉温度高、品质好，且久负盛名。萧太后、康熙等均在此沐浴温泉，因而被称为"皇家温泉"。每年的 5 月举办温泉旅游节。期间，文体、娱乐、商贸活动活跃繁荣，"温泉啤酒节"更是富有激情。游人来到温泉参加旅游文化节活动，带着余兴，泡一泡天然温泉，顿觉轻松滑爽，浑身生津，疲劳顿消。

7. 紫蒙湖旅游文化节

每年的 7 月中旬，在紫蒙湖（原打虎石水库）举办"宁城县紫蒙湖旅游文化节"。文化节期间，开展戏剧、歌舞、电影、皮影公演，撒河灯、祭河神、赛龙舟、篝火晚会等群众喜闻乐见、丰富多彩的文化体育娱乐活动，吸引多地文艺团体和娱乐组织参与助阵，商贸经营、餐饮服务繁荣，对宁城县旅游事业发展起到了积极的推动作用。

8. 那达慕大会

每年的农历七月十五日，宁城县都要举办盛大的那达慕大会。"那达慕"蒙古语意为"娱乐"或"游戏"的意思。如今的那达慕大会是集娱乐、体育、经济、文化、旅游于一体的综合性盛会。在那达慕大会上，传统的"男儿三艺"（骑马、摔跤、射箭）是必不可少的项目。另外，还有祭敖包、文化演出、经济贸易等活动。届时，人山人海，非常热闹隆重。它充分体现了浓郁的民族特色，深深吸引着来自四面八方的游客。

9. 祭敖包

宁城祭敖包，集中在每年农历七月十五日的大城子那达慕大会期间。

《敖包相会》是一首在国内流传甚广的蒙古族民歌，那优美的旋律和情意绵绵的歌词，不仅演绎了动人的爱情故事，也让更多的人产生一种拜谒敖包的渴望。"敖包"是蒙语的音译，意为石头堆。内蒙古大草原辽阔无垠，绿草茫茫，天地相连，游牧的路途漫漫，周边的四野平平，难以辨认方位，于是，牧民在游牧的交界处或路口垒石为标记，天长日久，就形成了此风俗。

古代，建敖包和祭敖包很简单。人们在居住地周围，用石头和柳条垒成小包，便可祭祀。后来，随着喇嘛教传入内蒙古地区，为这种建、祭敖包的形式增添了许多宗教色彩，敖包由原来的一个小包也变成了敖包群，有的 7 个敖包并列而建，中间最大，两旁各有 3 个小的陪衬。敖包的个数以奇数为准，最多的可有 13 个：即一个大敖包居中，其东、南、西、北四个方向，各有 3 个小敖包陪衬，形成了由 13 个敖包组成的敖包群。

祭敖包的时间，多在水草丰美，牛羊肥壮的季节，旨在祝福人畜两旺。祭祀时，主体敖包上插杆子，挂旌旗，旗用白绸所做，上书经文。小敖包插树枝，树枝上挂五颜六色的布条或旌旗。祭祀仪式隆重、严肃而热烈。届时，方圆几十里的牧民骑上奔驰的骏马，坐上"草原之舟"勒勒车，手捧祭品来参加祭祀活动。

祭敖包大致有血祭、酒祭、火祭、玉祭四种。祭祀时，祭者围坐三面，面向活佛，并在蒙古包的地面上摆放一人多高的奶食品、阿木苏（即黄油和牛羊肉做成的什锦粥）、点心或全羊等供品。当活佛发出祭祀开始的经令，法号奏出深沉粗犷的音调，众人双手合十，口中念咒为祭。然后，参加祭敖包的人一起围着敖包，从左向右走三圈，祈神降福，保佑人畜两旺。人们外出远行，凡是经过有敖包的地方，都要下马参拜，祈祷平安，还要往敖包上添几块石头或捧几捧土，以求吉祥。

10. 紫蒙湖冬捕节

每年1月中旬都在紫蒙湖旅游风景区举办冬捕节。冬捕节期间举办具有浓郁民族特色的安代舞表演、祭湖醒网仪式和头鱼拍卖等活动。同时，还开展手划冰车、冰陀螺等冰上娱乐活动以及套圈、打气球等有奖娱乐活动和自由贸易等。此外，游客每天都可观赏现场捕鱼，优惠购买新鲜紫蒙湖有机鱼。节日期间的一系列活动，展示了紫蒙湖冬捕渔猎文化、冰雪文化，感受人与自然亲密接触的情趣，激活宁城冬季旅游热潮。

11. 安代舞

安代舞在民间最早是以驱邪治病为目的。后来，人们在发展过程中，取其精华，去其糟粕，成了讴歌新时代、新生活，成为人人会跳的、群众喜闻乐见的娱乐形式，汇入奔流不息的艺术长河之中。

安代舞以多人跳的形式为主，有时人数可多可少。草原上，每逢喜庆的节日或迎接尊贵的客人，蒙古族同胞便穿起艳丽的民族服装，跳起安代舞表达他们真诚喜悦的心情。在蒙古包前或绿茵茵的草地上，他们排成队伍，双手持彩色的手帕或纱巾，边唱边跳，或在马头琴、手风琴的伴奏下翩翩起舞。

12. 查玛

查玛民间俗称"跳大鬼"，是一种传承很久的宗教舞蹈。每逢庙会或佛事活动均跳查玛舞。这种舞蹈在寺庙佛祖宗喀巴的大殿前举行。

据传，大地复苏，有了人间。而统管人间的"千手千眼佛"（即凶神）

和麦德尔宝日汗（即吉神）相争天下，互不相让。于是他们约定，他们眼前各有一朵小红花，闭目合掌默咒后，谁眼前的小红花先开，谁就主管天下。不多时，吉神麦德尔宝日汗的花先开了，因他闭目看不见，却被凶神千手千眼佛的一只眼偷看见了，便把红花用一只手盗换自己面前，于是，他就这样窃取了掌管天下的大权。由于他是凶神，所以他管理的天下奸人、坏人作恶多端，民不聊生。人们期盼太平，就扮成吉神麦德尔宝日汗手下的神与恶神千手千眼佛展开搏斗，直到全部战死，最后，天下终归吉神麦德尔宝日汗掌管，人们过上了平安幸福的生活。

查玛舞大体可分"跳白鬼""跳螺神""跳天王""跳猴神"和"跳蝶神"5幕。表演各具特色，白面鬼者舞的活泼幽默；螺神者舞的缓慢稳重；天王者舞的豪放刚劲；猴神者舞的逼真有趣。整个舞蹈表现出驱逐邪恶，祈求平安，与妖魔做斗争的场面。跳查玛舞时，寺庙众僧头戴面具，身穿彩衣，法器吹出"哞哞"低沉的吼声，鼓乐齐鸣，在鼎沸声中，各角色按序先后出场，脚踏节拍，跳出不同形式的舞蹈。

13. 大城子秧歌

宁城县大城子秧歌有着百年历史，是宁城县非物质文化遗产之一，起源于插秧耕田的劳动生活，又和古代祭祀农神祈求丰收，祈福禳灾时所唱的颂歌、禳歌有关，并在发展过程中不断吸引农歌、菱歌、民间武术、杂技以及戏曲的技艺与形式，形成了广大市民喜闻乐见的一种民间歌舞。秧歌队服装色彩艳丽，多以戏剧服装为主，扮成历史故事、神话传说和现实生活中的人物，伴着锣、鼓、镲、唢呐奏出的热烈而欢快、谐趣而颠浪的曲调，变换各种队形，再加上舞姿丰富多彩，深受广大观众的欢迎。大城子秧歌已成为宁城节日游行的必演节目。它不但给人们带来了无穷的欢乐，也给人们带来了幸福和吉祥。

14. 背阁抬阁

宁城县三座店"背阁抬阁"有着150年历史。清道光年间发展，明清时期最为鼎盛，属民间舞蹈谱系。其共同点是由不同数量的小演员在道具上表演，工艺制作巧妙，表演隐蔽，化妆和服装具有很强的故事性。并配有鼓、镲、铙、唢呐等乐器伴奏。"背阁"是一个人背，"抬阁"是多人抬，集造型、杂技、彩扎、戏剧、音乐为一体，体现出高、难、险、美的特点。三座店"背阁抬阁"是地域特色十分鲜明的民间艺术，反映了人们崇尚自然、追求和谐美好的理念，具有广泛的群众基础，被列为自治区非物质文化遗产名录。

15. 福峰山庙会

农历四月十五，福峰山庙会日。福峰山俗称喇嘛洞山，清代也叫香台山。现存有 5 个石洞，新中国成立前有所古庙香火鼎盛。其山有城，传说为五代名将李存孝母亲的城。距黑城遗址 20 华里，距李存孝打虎处打虎石水库 10 华里。自 1997 年举办首届庙会，迄今二十载，今逢庙会题记之。

八、美食文化

1. 塞飞亚全鸭宴

塞飞亚全鸭是内蒙古塞飞亚食品股份有限公司生产的鸭系列熟食品，是精选内蒙古大草原无污染、无公害生态环境下生长的"樱桃谷"瘦肉型白鸭为原料，全部产品执行国际卫生标准，按照传统配方采用现代工艺，经过数道工序精心加工而成。本品不含任何添加剂、防腐剂，经高温灭菌后，采用全自动机器包装，确保食品新鲜卫生。

全鸭宴包括五香鸭头、酱鸭脖、烧鸭、香酥鸭、五香鸭腿、卤水鸭掌、卤水鸭翅、酱鸭心、卤水鸭珍等，风味独特，鲜香不腻，口味独特，百食不厌，是旅游必备之美食和馈赠亲朋之上乘佳品。全鸭宴营养价值很高，鸭肉蛋白质含量高，富含有钾、铁、铜、锌及多种维生素，具有滋阴补虚、解暑利尿之功效。

2. 紫蒙湖鲜鱼宴

紫蒙湖鲜鱼宴选用紫蒙湖天然生长的鲤鱼、鲢鱼、草鱼、银鱼、甲鱼、马口鱼等为原料，经过炖、烧、炒、炸等烹调工艺将各类鱼做成清炖鱼、炖鲢鱼头、炸鱼段、酱醋鱼、红烧鱼等几十道鱼菜。特别是清炖鲢鱼头，温火慢炖，其鲜嫩、清香，堪称上品。紫蒙湖的鱼生长在无污染的水库内，不用人工撒食喂养，靠水体天然养分，有利于各类鱼的生长，属纯天然无污染的绿色食品。

3. 藏龙谷地锅宴

在藏龙谷风景区内，有一道独特的风景，那就是"藏龙谷地锅宴"。

在庭院中用篱笆围起一个个小院落，院落中建有小锅灶，锅台比较宽，可以当餐桌，中间是小锅，客人们围着地锅就餐。这种地锅可以炖鱼，可以炖鸡，还可以炖排骨等。其特点是温火轻蒸慢炖，辅以各种佐料，炖出的鸡、鱼，鲜嫩上口，清香不腻。就餐时再放一些山野菜和大豆腐之类作为涮菜，清淡香醇，老少皆宜。野外就餐，朋友们围在一起，品着肥鸡鲜鱼，喝着龙泉圣水，饮着陈年佳酿，嚼着散发着米豆香的煎饼，伴着徐徐的山风，耳边还听着鸟语虫鸣，把酒临风，谈笑其间，远离了都市的喧嚣，忘却了人世间的烦恼，好不惬意，恰似来到了世外桃源。呼吸着甘甜的空气，沐浴着和煦的阳光，尽情享受着这美丽的大自然。这是藏龙谷的特色美食，是藏龙谷的一道风景线。来藏龙谷登山赏绿，休闲旅游，一定要品尝这地锅的醇香。

4. 大坝沟山珍宴

大坝沟景区山珍宴是利用黑里河自然生长的菌类和山野菜精制而成，由肉炒黄花菜、肉炒猴头菜、柴鸡炖蘑菇、肉炒长寿菜、鸡蛋炒木耳、凉拌哈拉海等 20 余道菜品组成。辅以农家特色锅贴、黏豆包等主食。绿色食品，质地新鲜，风味独特，营养丰富。

5. 杜鹃山全羊宴

杜鹃山景区全羊宴是选用膘肥顺滑的嫩羊，根据全羊躯干各部肌肉组织的分布不同，用不同的烹调方法：炸、溜、爆、烧、炖、焖、煨、炒，做出色、形、味、香各异的各种菜肴，如制作成手把肉、羊盘肠、羊头肉、羊杂汤等，醇而不腻。其刀工精细，调味考究，具有清淡、口味适中、脆嫩爽鲜等特点。并冠之以吉祥如意的名称，天然食品，抗衰老，保健康。

6. 道须沟豆腐宴

道须沟景区豆腐宴精选优质大豆，取用水为当地澄清甘甜的地下井水，故而使得豆腐在清淡中蕴藏着鲜美，更有着与众不同的独特品质。让您品尝豆腐汁、豆腐脑、豆腐皮、豆腐干等系列 50 余种豆食品。

7. 温泉辽王宴

1007 年辽中京建立到 1122 年失陷，辽王朝在此经历了 115 年，先后有四代辽朝皇帝在此执掌国政，并留下了饮食文化中的辽王宴。辽王宴包括四大部分：一是烤全羊，二是涮羊肉，三是鲜奶茶，四是契丹米酒。在温泉旅游度假区，您可品尝到正宗的辽王宴。

8. 徐记煎饼宴

黑里河镇西泉村徐家，历史上曾开过大车店，摊制煎饼招待过往客人，经多年摸索，形成了摊制煎饼的传统手艺。首先是精选原料，用上等的小白米或小黄米，用上等的黄豆，以一定的比例掺加而成。在工艺上以泡米豆，上石磨磨浆，浆细均匀，然后上煎饼鏊子进行摊制，掌握好火候，摊制均匀，日产量可达200斤，煎饼呈金黄色，散发出一股米豆的芳香。煎饼口感好，就热食用绵软劲道，特别是卷入大葱、韭菜等食用，既甘甜又清香，也可放入锅内加热食用，柔软可口。如稍加油煎热，既清香又酥脆，老少皆宜，是旅游野炊之佳品，是闻名宁城的名优产品。

附录二：

国务院办公厅关于促进
全域旅游发展的指导意见

国办发〔2018〕15号

各省、自治区、直辖市人民政府，国务院各部委、各直属机构：

　　旅游是发展经济、增加就业和满足人民日益增长的美好生活需要的有效手段，旅游业是提高人民生活水平的重要产业。近年来，我国旅游经济快速增长，产业格局日趋完善，市场规模品质同步提升，旅游业已成为国民经济的战略性支柱产业。但是，随着大众旅游时代到来，我国旅游有效供给不足、市场秩序不规范、体制机制不完善等问题日益凸显。发展全域旅游，将一定区域作为完整旅游目的地，以旅游业为优势产业，统一规划布局、优化公共服务、推进产业融合、加强综合管理、实施系统营销，有利于不断提升旅游业现代化、集约化、品质化、国际化水平，更好满足旅游消费需求。为指导各地促进全域旅游发展，经国务院同意，现提出以下意见。

　　一、总体要求

　　（一）指导思想。全面贯彻党的十九大精神，以习近平新时代中国特色社会主义思想为指导，认真落实党中央、国务院决策部署，统筹推进"五位一体"总体布局和协调推进"四个全面"战略布局，牢固树立和贯彻落实新发展理念，加快旅游供给侧结构性改革，着力推动旅游业从门票经济向产业经济转变，从粗放低效方式向精细高效方式转变，从封闭的旅游自循环向开放的"旅游+"转变，从企业单打独享向社会共建共享转变，从景区内部管理向全面依法治理转变，从部门行为向政府统筹推进转变，从单一景点景区建设向综合目的地服务转变。

（二）基本原则。统筹协调，融合发展。把促进全域旅游发展作为推动经济社会发展的重要抓手，从区域发展全局出发，统一规划，整合资源，凝聚全域旅游发展新合力。大力推进"旅游+"，促进产业融合、产城融合，全面增强旅游发展新功能，使发展成果惠及各方，构建全域旅游共建共享新格局。

因地制宜，绿色发展。注重产品、设施与项目的特色，不搞一个模式，防止千城一面、千村一面、千景一面，推行各具特色、差异化推进的全域旅游发展新方式。牢固树立绿水青山就是金山银山理念，坚持保护优先，合理有序开发，防止破坏环境，摒弃盲目开发，实现经济效益、社会效益、生态效益相互促进、共同提升。

改革创新，示范引导。突出目标导向和问题导向，努力破除制约旅游发展的瓶颈与障碍，不断完善全域旅游发展的体制机制、政策措施、产业体系。开展全域旅游示范区创建工作，打造全域旅游发展典型，形成可借鉴可推广的经验，树立全域旅游发展新标杆。

（三）主要目标。旅游发展全域化。推进全域统筹规划、全域合理布局、全域服务提升、全域系统营销，构建良好自然生态环境、人文社会环境和放心旅游消费环境，实现全域宜居宜业宜游。

旅游供给品质化。加大旅游产业融合开放力度，提升科技水平、文化内涵、绿色含量，增加创意产品、体验产品、定制产品，发展融合新业态，提供更多精细化、差异化旅游产品和更加舒心、放心的旅游服务，增加有效供给。

旅游治理规范化。加强组织领导，增强全社会参与意识，建立各部门联动、全社会参与的旅游综合协调机制。坚持依法治旅，创新管理机制，提升治理效能，形成综合产业综合抓的局面。

旅游效益最大化。把旅游业作为经济社会发展的重要支撑，发挥旅游"一业兴百业"的带动作用，促进传统产业提档升级，孵化一批新产业、新业态，不断提高旅游对经济和就业的综合贡献水平。

二、推进融合发展，创新产品供给

（四）推动旅游与城镇化、工业化和商贸业融合发展。建设美丽宜居村庄、旅游小镇、风情县城以及城市绿道、慢行系统，支持旅游综合体、主题功能区、中央游憩区等建设。依托风景名胜区、历史文化名城名镇名村、特色景观旅游名镇、传统村落，探索名胜名城名镇名村"四名一体"全域旅游发展模式。利用工业园区、工业展示区、工业历史遗迹等开展工业旅游，发展旅游用品、户外休闲用品和旅游装备制造业。积极发展商务会展旅游，完善城市商业区旅游服务功能，开发具有自主知识产权和鲜明地方特色的时尚性、实用性、便携性旅游商品，增加旅游购物收入。

（五）推动旅游与农业、林业、水利融合发展。大力发展观光农业、休闲农业，培育田园艺术景观、阳台农艺等创意农业，鼓励发展具备旅游功能的定制农业、会展农业、众筹农业、家庭农场、家庭牧场等新型农业业态，打造一、二、三产业融合发展的美丽休闲乡村。积极建设森林公园、湿地公园、沙漠公园、海洋公园，发展"森林人家""森林小镇"。科学合理利用水域和水利工程，发展观光、游憩、休闲度假等水利旅游。

（六）推动旅游与交通、环保、国土、海洋、气象融合发展。加快建设自驾车房车旅游营地，推广精品自驾游线路，打造旅游风景道和铁路遗产、大型交通工程等特色交通旅游产品，积极发展邮轮游艇旅游、低空旅游。开发建设生态旅游区、天然氧吧、地质公园、矿山公园、气象公园以及山地旅游、海洋海岛旅游等产品，大力开发避暑避寒旅游产品，推动建设一批避暑避寒度假目的地。

（七）推动旅游与科技、教育、文化、卫生、体育融合发展。充分利用科技工程、科普场馆、科研设施等发展科技旅游。以弘扬社会主义核心价值观为主线发展红色旅游，积极开发爱国主义和革命传统教育、国情教育等研学旅游产品。科学利用传统村落、文物遗迹及博物馆、纪念馆、美术馆、艺术馆、世界文化遗产、非物质文化遗产展示馆等文化场所开展文化、文物旅游，推动剧场、演艺、游乐、动漫等产业与旅游业融合开展文化体验旅游。加快开发高端医疗、中医药特色、康复疗养、休闲养生等健康旅游。大力发展冰雪运动、山地户外运动、水上运动、汽车摩托车运动、航空运动、健身气功养生等体育旅游，将城市大型商场、有条件景区、开发区闲置空间、体育场馆、运动休闲特色小镇、连片美丽乡村打造成体育旅游综合体。

（八）提升旅游产品品质。深入挖掘历史文化、地域特色文化、民族民俗文化、传统农耕文化等，实施中国传统工艺振兴计划，提升传统工艺产品品质和旅游产品文化含量。积极利用新能源、新材料和新科技装备，提高旅游产品科技含量。推广资源循环利用、生态修复、无害化处理等生态技术，加强环境综合治理，提高旅游开发生态含量。

（九）培育壮大市场主体。大力推进旅游领域大众创业、万众创新，开展旅游创客行动，建设旅游创客示范基地，加强政策引导和专业培训，促进旅游领域创业和就业。鼓励各类市场主体通过资源整合、改革重组、收购兼并、线上线下融合等投资旅游业，促进旅游投资主体多元化。培育和引进有竞争力的旅游骨干企业和大型旅游集团，促进规模化、品牌化、网络化经营。落实中小旅游企业扶持政策，引导其向专业、精品、特色、创新方向发展，形成以旅游骨干企业为龙头、大中小旅游企业协调发展的格局。

三、加强旅游服务，提升满意指数

（十）以标准化提升服务品质。完善服务标准，加强涉旅行业从业人员培训，规范服务礼仪与服务流程，增强服务意识与服务能力，塑造规范专业、热情主动的旅游服务形象。

（十一）以品牌化提高满意度。按照个性化需求，实施旅游服务质量标杆引领计划和服务承诺制度，建立优质旅游服务商名录，推出优质旅游服务品牌，开展以游客评价为主的旅游目的地评价，不断提高游客满意度。

（十二）推进服务智能化。涉旅场所实现免费 WiFi、通信信号、视频监控全覆盖，主要旅游消费场所实现在线预订、网上支付，主要旅游区实现智能导游、电子讲解、实时信息推送，开发建设咨询、导览、导游、导购、导航和分享评价等智能化旅游服务系统。

（十三）推行旅游志愿服务。建立旅游志愿服务工作站，制定管理激励制度，开展志愿服务公益行动，提供文明引导、游览讲解、信息咨询和应急救援等服务，打造旅游志愿服务品牌。

（十四）提升导游服务质量。加强导游队伍建设和权益保护，指导督促用人单位依法与导游签订劳动合同，落实导游薪酬和社会保险制度，明确用人单位与导游的权利义务，构建和谐稳定的劳动关系，为持续提升导游服务质量奠定坚实基础。全面开展导游培训，组织导游服务技能竞赛，建设导游服务网络平台，切实提高导游服务水平。

四、加强基础配套，提升公共服务

（十五）扎实推进"厕所革命"。加强规划引导、科学布局和配套设施建设，提高城乡公厕管理维护水平，因地制宜推进农村"厕所革命"。加大中央预算内资金、旅游发展基金和地方各级政府投资对"厕所革命"的支持力度，加强厕所技术攻关和科技支撑，全面开展文明用厕宣传教育。在重要旅游活动场所设置第三卫生间，做到主要旅游景区、旅游线路以及客运列车、车站等场所厕所数量充足、干净卫生、实用免费、管理有效。

（十六）构建畅达便捷交通网络。完善综合交通运输体系，加快新建或改建支线机场和通用机场，优化旅游旺季以及通重点客源地与目的地的航班配置。改善公路通达条件，提高旅游景区可进入性，推进干线公路与重要景区连接，强化旅游客运、城市公交对旅游景区、景点的服务保障，推进城市绿道、骑行专线、登山步道、慢行系统、交通驿站等旅游休闲设施建设，打造具有通达、游憩、体验、运动、健身、文化、教育等复合功能的主题旅游线路。鼓励在国省干线公路和通景区公路沿线增设观景台、自驾车房车营地和公路服务区等设施，推动高速公路服务区向集交通、旅游、生态等服务于一体的复合型服务场所转型升级。

（十七）完善集散咨询服务体系。继续建设提升景区服务中心，加快建设全域旅游集散中心，在商业街区、交通枢纽、景点景区等游客集聚区设立旅游咨询服务中心，有效提供景区、线路、交通、气象、海洋、安全、医疗急救等信息与服务。

（十八）规范完善旅游引导标识系统。建立位置科学、布局合理、指向清晰的旅游引导标识体系，重点涉旅场所规范使用符合国家标准的公共信息图形符号。

五、加强环境保护，推进共建共享

（十九）加强资源环境保护。强化对自然生态、田园风光、传统村落、历史文化、民族文化等资源的保护，依法保护名胜、名城、名镇、名村的真实性和完整性，严格规划建设管控，保持传统村镇原有肌理，延续传统空间格局，注重文化挖掘和传承，构筑具有地域特征、民族特色的城乡建筑风貌。倡导绿色旅游消费，实施旅游能效提升计划，降低资源消耗，推广使用节水节能产品和技术，推进节水节能型景区、酒店和旅游村镇建设。

（二十）推进全域环境整治。积极开展主要旅游线路沿线风貌集中整治，在路边、水边、山边、村边开展净化、绿化、美化行动，在重点旅游村镇实行改厨、改厕、改客房、整理院落和垃圾污水无害化、生态化处理，全面优化旅游环境。

（二十一）强化旅游安全保障。组织开展旅游风险评估，加强旅游安全制度建设，按照职责分工强化各有关部门安全监管责任。强化安全警示、宣传、引导，完善各项应急预案，定期组织开展应急培训和应急演练，建立政府救助与商业救援相结合的旅游救援体系。加强景点景区最大承载量警示、重点时段游客量调控和应急管理工作，提高景区灾害风险管理能力，强化对客运索道、大型游乐设施、玻璃栈道等设施设备和旅游客运、旅游道路、旅游节庆活动等重点领域及环节的监管，落实旅行社、饭店、景区安全规范。完善旅游保险产品，扩大旅游保险覆盖面，提高保险理赔服务水平。

（二十二）大力推进旅游扶贫和旅游富民。大力实施乡村旅游扶贫富民工程，通过资源整合积极发展旅游产业，健全完善"景区带村、能人带户"的旅游扶贫模式。通过民宿改造提升、安排就业、定点采购、输送客源、培训指导以及建立农副土特产品销售区、乡村旅游后备箱基地等方式，增加贫困村集体收入和建档立卡贫困人口人均收入。加强对深度贫困地区旅游资源普查，完善旅游扶贫规划，指导和帮助深度贫困地区设计、推广跨区域自驾游等精品旅游线路，提高旅游扶贫的精准性，真正让贫困地区、贫困人口受益。

（二十三）营造良好社会环境。树立"处处都是旅游环境，人人都是旅游形象"理念，面向目的地居民开展旅游知识宣传教育，强化居民旅游参与意识、形象意识和责任意识。加强旅游惠民便民服务，推动博物馆、纪念馆、全国爱国主义教育示范基地、美术馆、公共图书馆、文化馆、科技馆等免费开放。加强对老年人、残疾人等特殊群体的旅游服务。

六、实施系统营销，塑造品牌形象

（二十四）制定营销规划。把营销工作纳入全域旅游发展大局，坚持以需求为导向，树立系统营销和全面营销理念，明确市场开发和营销战略，加强市场推广部门与生产供给部门的协调沟通，实现产品开发与市场开发无缝对接。制定客源市场开发规划和工作计划，切实做好入境旅游营销。

（二十五）丰富营销内容。进一步提高景点景区、饭店宾馆等旅游宣传推广水平，深入挖掘和展示地区特色，做好商贸活动、科技产业、文化节庆、体育赛事、特色企业、知名院校、城乡社区、乡风民俗、优良生态等旅游宣传推介，提升旅游整体吸引力。

（二十六）实施品牌战略。着力塑造特色鲜明的旅游目的地形象，打造主题突出、传播广泛、社会认可度高的旅游目的地品牌，建立多层次、全产业链的品牌体系，提升区域内各类旅游品牌影响力。

（二十七）完善营销机制。建立政府、行业、媒体、公众等共同参与的整体营销机制，整合利用各类宣传营销资源和渠道，建立推广联盟等合作平台，形成上下结合、横向联动、多方参与的全域旅游营销格局。

（二十八）创新营销方式。有效运用高层营销、网络营销、公众营销、节庆营销等多种方式，借助大数据分析加强市场调研，充分运用现代新媒体、新技术和新手段，提高营销精准度。

七、加强规划工作，实施科学发展

（二十九）加强旅游规划统筹协调。将旅游发展作为重要内容纳入经济社会发展规划和城乡建设、土地利用、海洋主体功能区和海洋功能区划、基础设施建设、生态环境保护等相关规划中，由当地人民政府编制旅游发展规划并依法开展环境影响评价。

（三十）完善旅游规划体系。编制旅游产品指导目录，制定旅游公共服务、营销推广、市场治理、人力资源开发等专项规划或行动方案，形成层次分明、相互衔接、规范有效的规划体系。

（三十一）做好旅游规划实施工作。全域旅游发展总体规划、重要专项规划及重点项目规划应制定实施分工方案与细则，建立规划评估与实施督导机制，提升旅游规划实施效果。

八、创新体制机制，完善治理体系

（三十二）推进旅游管理体制改革。加强旅游业发展统筹协调和部门联动，各级旅游部门要切实承担起旅游资源整合与开发、旅游规划与产业促进、旅游监督管理与综合执法、旅游营销推广与形象提升、旅游公共服务与资金管理、旅游数据统计与综合考核等职责。发挥旅游行业协会自律作用，完善旅游监管服务平台，健全旅游诚信体系。

（三十三）加强旅游综合执法。建立健全旅游部门与相关部门联合执法机制，强化涉旅领域执法检查。加强旅游执法领域行政执法与刑事执法衔接，促进旅游部门与有关监管部门协调配合，形成工作合力。加强旅游质监执法工作，组织开展旅游执法人员培训，提高旅游执法专业化和人性化水平。

（三十四）创新旅游协调参与机制。强化全域旅游组织领导，加强部门联动，建立健全旅游联席会议、旅游投融资、旅游标准化建设和考核激励等工作机制。

（三十五）加强旅游投诉举报处理。建立统一受理旅游投诉举报机制，积极运用"12301"智慧旅游服务平台、"12345"政府服务热线以及手机APP、微信公众号、咨询中心等多种手段，形成线上线下联动、高效便捷畅通的旅游投诉举报受理、处理、反馈机制，做到及时公正，规范有效。

（三十六）推进文明旅游。加强文明旅游宣传引导，全面推行文明旅游公约，树立文明旅游典型，建立旅游不文明行为记录制度和部门间信息通报机制，促进文明旅游工作制度化、常态化。

九、强化政策支持，认真组织实施

（三十七）加大财政金融支持力度。通过现有资金渠道，加大旅游基础设施和公共服务设施建设投入力度，鼓励地方统筹相关资金支持全域旅游发展。创新旅游投融资机制，鼓励有条件的地方设立旅游产业促进基金并实行市场化运作，充分依托已有平台促进旅游资源资产交易，促进旅游资源市场化配置，加强监管、防范风险，积极引导私募股权、创业投资基金等投资各类旅游项目。

（三十八）强化旅游用地用海保障。将旅游发展所需用地纳入土地利用总体规划、城乡规划统筹安排，年度土地利用计划适当向旅游领域倾斜，适度扩大旅游产业用地供给，优先保障旅游重点项目和乡村旅游扶贫项目用地。鼓励通过开展城乡建设用地增减挂钩和工矿废弃地复垦利用试点的方式建设旅游项目。农村集体经济组织可依法使用建设用地自办或以土地使用权入股、联营等方式开办旅游企业。城乡居民可以利用自有住宅依法从事民宿等旅游经营。在不改变用地主体、规划条件的前提下，市场主体利用旧厂房、仓库提供符合全域旅游发展需要的旅游休闲服务的，可执行在五年内继续按原用途和土地权利类型使用土地的过渡期政策。在符合管控要求的前提下，合理有序安排旅游产业用海需求。

（三十九）加强旅游人才保障。实施"人才强旅、科教兴旅"战略，将旅游人才队伍建设纳入重点人才支持计划。大力发展旅游职业教育，深化校企合作，加快培养适应全域旅游发展要求的技术技能人才，有条件的县市应积极推进涉旅行业全员培训。鼓励规划、建筑、设计、艺术等各类专业人才通过到基层挂职等方式帮扶指导旅游发展。

（四十）加强旅游专业支持。推进旅游基础理论、应用研究和学科体系建设，优化专业设置。推动旅游科研单位、旅游规划单位与国土、交通、住建等相关规划研究机构服务全域旅游建设。强化全域旅游宣传教育，营造全社会支持旅游业发展的环境氛围。增强科学技术对旅游产业发展的支撑作用，加快推进旅游业现代化、信息化建设。

各地区、各部门要充分认识发展全域旅游的重大意义，统一思想、勇于创新，积极作为、狠抓落实，确保全域旅游发展工作取得实效。国务院旅游行政部门要组织开展好全域旅游示范区创建工作，会同有关部门对全域旅游发展情况进行监督检查和跟踪评估，重要情况及时报告国务院。

国务院办公厅

2018 年 3 月 9 日

（此件公开发布）

附录三：

关于做好 2016 年特色小镇推荐工作的通知

建村建函〔2016〕71 号

各省（区、市）住房城乡建设厅（建委）、北京市农委、上海市规划和国土
资源管理局：

　　根据《住房城乡建设部、国家发展改革委、财政部关于开展特色小镇
培育工作的通知》（建村〔2016〕147 号）（以下简称《通知》）的要求，为
做好 2016 年特色小镇推荐上报工作，现将有关事项通知如下。

一、推荐数量

　　根据各省（区、市）经济规模、建制镇数量、近年来小城镇建设工作
及省级支持政策情况，确定 2016 年各省推荐数量（见附件 1）。

二、推荐材料

　　推荐特色小镇应提供下列资料：

　　（一）小城镇基本信息表（见附件 2）。各项信息要客观真实。

　　（二）小城镇建设工作情况报告及 PPT（编写提纲见附件 3）。报告要紧
紧围绕《通知》中 5 项培育要求编写。同时按编写提纲提供能直观、全面反
映小城镇培育情况的 PPT。有条件的地方可提供不超过 15 分钟的视频材料。

　　（三）镇总体规划。符合特色小镇培育要求、能够有效指导小城镇建设
的规划成果。

　　（四）相关政策支持文件。被推荐镇列为省、市、县支持对象的证明资
料及县级以上支持政策文件。

　　以上材料均需提供电子版，基本信息表还需提供纸质盖章文件。

三、推荐程序

各省（区、市）要认真组织相关县级人民政府做好推荐填报工作，组织专家评估把关并实地考核，填写专家意见和实地考核意见，将优秀的候选特色小镇报我司。候选特色小镇近5年应无重大安全生产事故、重大环境污染、重大生态破坏、重大群体性社会事件、历史文化遗存破坏现象。我司将会同国家发展改革委规划司、财政部农业司组织专家对各地推荐上报的候选特色小镇进行复核，并现场抽查，认定公布特色小镇名单。

各省（区、市）村镇建设相关部门严格按照推荐数量上报，并于2016年8月30日前将候选特色小镇材料及电子版上报我司，同时完成在我部网站（网址：http://czjs.mohurd.gov.cn）上的信息填报。

联 系 人：林岚岚、陈玲、贾一石
电　　话：010-58934431、58934432
传　　真：010-58933123
地　　址：北京市海淀区三里河路9号　邮编：100835
邮　　箱：qgtsxz2016@126.com

附件：1.各省（区、市）特色小镇推荐数量分配表
　　　2.小城镇基本信息表
　　　3.小城镇建设工作情况报告编写提纲

中华人民共和国住房和城乡建设部村镇建设司
2016年8月3日

附件 1

各省（区、市）特色小镇推荐数量分配表

编号	省（区、市）	数量
1	北京市	4
2	天津市	3
3	河北省	5
4	山西省	4
5	内蒙古自治区	4
6	辽宁省	5
7	吉林省	3
8	黑龙江省	4
9	上海市	4
10	江苏省	8
11	浙江省	10
12	安徽省	6
13	福建省	6
14	江西省	5
15	山东省	8
16	河南省	5
17	湖北省	6
18	湖南省	6
19	广东省	8
20	广西壮族自治区	5
21	海南省	3
22	重庆市	5
23	四川省	8
24	贵州省	6
25	云南省	4
26	西藏自治区	3
27	陕西省	6
28	甘肃省	3
29	青海省	3
30	宁夏回族自治区	3
31	新疆维吾尔自治区	4
32	新疆生产建设兵团	2
合　计		159

附件 2

小城镇基本信息表

* 表格数据均指 2015 年数据

镇名称				所属省、市、县			
地形	□山区	□平原	□丘陵	区位	□大城市近郊	□远郊区	□农业地区
功能类型	A 商贸流通型 B 工业发展型 C 农业服务型 D 旅游发展型 E 历史文化型 F 民族聚居型 G 其他（请注明）						
镇域面积（平方公里）				镇区建成区面积（平方公里）			
镇域常住人口（人）				下辖村庄数量（个）			
镇区常住人口（人）				镇区户籍人口（人）			
本镇就业总人口（人）	_____；其中：来自于周边农村的就业人口（人）_____；						
镇 GDP（万元）				镇所属县 GDP（万元）			
城镇居民人均纯收入（元）				公共财政收入（万元）			
农村居民人均纯收入（元）				其中：本级公共财政收入（万元）			
市政基础设施建设投资（万元）				上级补贴（万元）			
全社会固定资产投资（万元）	2013		2014			2015	
民间资本固定资产投资（万元）	2013		2014			2015	

已获称号	国家级称号： 　　□全国重点镇　　□中国历史文化名镇　　□全国特色景观旅游名镇 　　□美丽宜居小镇　　□国家园林城镇　　□全国环境优美乡镇 　　□国家发改委新型城镇化试点镇　　□财政部、住建部建制镇试点示范 　　□其他 省级称号： 　　□省级重点镇、中心镇、示范镇　　□省级卫生乡镇　　□省级美丽宜居镇　　□其他 镇域内是否有传统村落？□是 □否 数量：□中国传统村落；□省级传统村落 镇域内是否有美丽宜居村庄 / 美丽乡村？□是　　□否 其他（请注明称号名称及哪级认定）：
规划	镇规划区面积（平方公里）：_____　　控制性详细规划编制面积（平方公里）：_____ 镇规划区是否编制了与特色小镇相关的专项规划？□是　　□否　　规划名称：_____

年份		2013	2014	2015
产业	主导产业类型			
	主导产业企业数量（个）			
	主导产业企业年投资额（万元）			
	主导产业产值（万元）			
	主导产业吸纳的就业人员数量（人）			
	龙头企业大专以上学历就业人数			
	主导产业产品品牌荣誉、称号	国家级_____；省级_____；市、县级_____；		
	主导产业产值在省、市、县同类行业镇中排名	省排名_____；市排名_____；县排名_____；		
	全镇当年新增注册公司数量（个）			
基础设施	是否通二级以上公路	□是 □否	停车位数量（个）	
	自来水供水率（%）		自来水卫生达标率（%）	
	生活垃圾无害化处理率（%）		生活污水达标排放率（%）	
	宽带入户率（%）		街头小公园、绿地（处）	
	主要灾害设施（防洪、排涝、消防等）名称	_____		
	有污水处理设施的行政村比例（%）		垃圾得到有效治理的行政村比例（%）	
用地	各类产业用地面积（公顷）		镇区人均建设用地面积（平方米）	
公共服务	小学（所）		是否为市级以上重点小学	□是 □否
	初中（所）		是否为市级以上重点中学	□是 □否
	高中（所）		职业学校（所）	
	医院等级		养老服务设施（处）	
	银行（信用社）网点（个）	_____个；分属银行_____；_____；_____；		
	大型连锁超市或商业中心（处）		三星标准以上酒店（个）	
	快递网点（个）		公共区域 WiFi 全覆盖	□是 □否
文化传播	非物质文化遗产	国家____项；省级____项；市级____项；县____项；		
	地域特色文化	□民俗活动□特色餐饮□民间技艺□民间戏曲 □其他特色_____		
	文化活动中心 / 场所（处）	举办居民文化活动类型		（类）
	文化传播手段（多选）	□广播电视 □网站 □微信 □短信 □其他		

社会管理	镇级组织机构设置（镇政府及下设办公室）		_____	
	近 3 年曾获得县级以上表彰		_____	
	是否有综合执法机构	□是 □否	是否"一站式"综合行政服务	□是 □否
	是否有规划建设管理机构	□是 □否	镇政府工作人员数量（人）	
	是否核发乡村规划许可？	□是 □否	其中：有编制的人员数量（人）	
			规划建设管理人员数量（人）	
	是否有 PPP 项目？	□是 □否 项目名称_____		
	是否有政府购买服务项目？	□是 □否 项目名称_____		

县级申报单位意见

申报意见：

单位盖章

日期：　年　月　日

省级村镇建设管理部门意见

专家组审核意见：

现场考核专家意见：

单位盖章

日期：　年　月　日

附件 3

小城镇建设工作情况报告编写提纲

（字数不超过 5000 字）

一、近 3 年小城镇建设工作情况

要求：简述小城镇区位、交通、人口、经济水平、产业基础等社会经济发展基本情况。简述近 3 年小城镇建设情况，主要实施项目，特色化方面开展的工作情况。

二、小城镇建设培育工作评估

要求：按照建村〔2016〕147 号文中培育要求，简述本镇在"产业发展、小镇环境、传统文化、设施服务、体制机制"5 个方面的情况，逐项评估。

（一）特色鲜明的产业形态

从产业特色、带动作用、发展环境 3 个方面阐述小城镇的产业发展特色。

（二）和谐宜居的美丽环境

从城镇风貌、镇区环境、美丽乡村 3 个方面阐述小城镇的环境风貌特色。

（三）彰显特色的传统文化

从文化传承、文化传播 2 个方面阐述小城镇的文化特色。

（四）便捷完善的设施服务

从道路交通、公用设施、公共服务 3 个方面阐述小城镇服务设施的便捷性。

（五）充满活力的体制机制

从理念模式、规划建设、社会管理、体制机制等方面阐述小城镇的体制机制活力。

三、当前小城镇培育面临的困难和问题

四、发展目标及政策措施

（一）到 2020 年总体发展目标及年度目标

（二）近期工作安排

从产业培育、环境整治、文化传承、基础设施建设、体制机制建设等方面阐述 2017 年、2018 年工作安排。

（三）县级支持政策

附录四：

国家发展改革委关于加快美丽特色小（城）镇建设的指导意见

发改规划〔2016〕2125 号

各省、自治区、直辖市、计划单列市发展改革委，新疆生产建设兵团发展改革委：

特色小（城）镇包括特色小镇、小城镇两种形态。特色小镇主要指聚焦特色产业和新兴产业，集聚发展要素，不同于行政建制镇和产业园区的创新创业平台。特色小城镇是指以传统行政区划为单元，特色产业鲜明、具有一定人口和经济规模的建制镇。特色小镇和小城镇相得益彰、互为支撑。发展美丽特色小（城）镇是推进供给侧结构性改革的重要平台，是深入推进新型城镇化的重要抓手，有利于推动经济转型升级和发展动能转换，有利于促进大中小城市和小城镇协调发展，有利于充分发挥城镇化对新农村建设的辐射带动作用。为深入贯彻落实习近平总书记、李克强总理等党中央、国务院领导同志关于特色小镇、小城镇建设的重要批示指示精神，现就加快美丽特色小（城）镇建设提出如下意见。

一、总体要求

全面贯彻党的十八大和十八届三中、四中、五中全会精神，深入学习贯彻习近平总书记系列重要讲话精神，牢固树立和贯彻落实创新、协调、绿色、开放、共享的发展理念，按照党中央、国务院的部署，深入推进供给侧结构性改革，以人为本、因地制宜、突出特色、创新机制，夯实城镇产业基础，完善城镇服务功能，优化城镇生态环境，提升城镇发展品质，建设美丽特色新型小（城）镇，有机对接美丽乡村建设，促进城乡发展一体化。

——坚持创新探索。创新美丽特色小（城）镇的思路、方法、机制，着力培育供给侧小镇经济，防止"新瓶装旧酒""穿新鞋走老路"，努力走出一条特色鲜明、产城融合、惠及群众的新型小城镇之路。

——坚持因地制宜。从各地实际出发，遵循客观规律，挖掘特色优势，体现区域差异性，提倡形态多样性，彰显小（城）镇独特魅力，防止照搬照抄、"东施效颦"、一哄而上。

——坚持产业建镇。根据区域要素禀赋和比较优势，挖掘本地最有基础、最具潜力、最能成长的特色产业，做精做强主导特色产业，打造具有持续竞争力和可持续发展特征的独特产业生态，防止千镇一面。

——坚持以人为本。围绕人的城镇化，统筹生产、生活、生态空间布局，完善城镇功能，补齐城镇基础设施、公共服务、生态环境短板，打造宜居宜业环境，提高人民群众获得感和幸福感，防止形象工程。

——坚持市场主导。按照政府引导、企业主体、市场化运作的要求，创新建设模式、管理方式和服务手段，提高多元化主体共同推动美丽特色小（城）镇发展的积极性。发挥好政府制定规划政策、提供公共服务等作用，防止大包大揽。

二、分类施策，探索城镇发展新路径

总结推广浙江等地特色小镇发展模式，立足产业"特而强"、功能"聚而合"、形态"小而美"、机制"新而活"，将创新性供给与个性化需求有效对接，打造创新创业发展平台和新型城镇化有效载体。

按照控制数量、提高质量，节约用地、体现特色的要求，推动小（城）镇发展与疏解大城市中心城区功能相结合、与特色产业发展相结合、与服务"三农"相结合。大城市周边的重点镇，要加强与城市发展的统筹规划与功能配套，逐步发展成为卫星城。具有特色资源、区位优势的小城镇，要通过规划引导、市场运作，培育成为休闲旅游、商贸物流、智能制造、科技教育、民俗文化传承的专业特色镇。远离中心城市的小城镇，要完善基础设施和公共服务，发展成为服务农村、带动周边的综合性小城镇。

统筹地域、功能、特色三大重点，以镇区常住人口 5 万以上的特大镇、镇区常住人口 3 万以上的专业特色镇为重点，兼顾多类型多形态的特色小镇，因地制宜建设美丽特色小（城）镇。

三、突出特色，打造产业发展新平台

产业是小城镇发展的生命力，特色是产业发展的竞争力。要立足资源禀赋、区位环境、历史文化、产业集聚等特色，加快发展特色优势主导产业，延伸产业链、提升价值链，促进产业跨界融合发展，在差异定位和领域细分中构建小镇大产业，扩大就业，集聚人口，实现特色产业立镇、强镇、富镇。

有条件的小城镇特别是中心城市和都市圈周边的小城镇，要积极吸引高端要素集聚，发展先进制造业和现代服务业。鼓励外出农民工回乡创业定居。强化校企合作、产研融合、产教融合，积极依托职业院校、成人教育学院、继续教育学院等院校建设就业技能培训基地，培育特色产业发展所需各类人才。

四、创业创新，培育经济发展新动能

创新是小城镇持续健康发展的根本动力。要发挥小城镇创业创新成本低、进入门槛低、各项束缚少、生态环境好的优势，打造大众创业、万众创新的有效平台和载体。鼓励特色小（城）镇发展面向大众、服务小微企业的低成本、便利化、开放式服务平台，构建富有活力的创业创新生态圈，集聚创业者、风投资本、孵化器等高端要素，促进产业链、创新链、人才链的耦合；依托互联网拓宽市场资源、社会需求与创业创新对接通道，推进专业空间、网络平台和企业内部众创，推动新技术、新产业、新业态蓬勃发展。

营造吸引各类人才、激发企业家活力的创新环境，为初创期、中小微企业和创业者提供便利、完善的"双创"服务；鼓励企业家构筑创新平台、集聚创新资源；深化投资便利化、商事仲裁、负面清单管理等改革创新，打造有利于创新创业的营商环境，推动形成一批集聚高端要素、新兴

产业和现代服务业特色鲜明、富有活力和竞争力的新型小城镇。

五、完善功能，强化基础设施新支撑

便捷完善的基础设施是小城镇集聚产业的基础条件。要按照适度超前、综合配套、集约利用的原则，加强小城镇道路、供水、供电、通信、污水垃圾处理、物流等基础设施建设。建设高速通畅、质优价廉、服务便捷的宽带网络基础设施和服务设施，以人为本推动信息惠民，加强小城镇信息基础设施建设，加速光纤入户进程，建设智慧小镇。加强步行和自行车等慢行交通设施建设，做好慢行交通系统与公共交通系统的衔接。

强化城镇与交通干线、交通枢纽城市的连接，提高公路技术等级和通行能力，改善交通条件，提升服务水平。推进大城市市域（郊）铁路发展，形成多层次轨道交通骨干网络，高效衔接大中小城市和小城镇，促进互联互通。鼓励综合开发，形成集交通、商业、休闲等为一体的开放式小城镇功能区。推进公共停车场建设。鼓励建设开放式住宅小区，提升微循环能力。鼓励有条件的小城镇开发利用地下空间，提高土地利用效率。

六、提升质量，增加公共服务新供给

完善的公共服务特别是较高质量的教育医疗资源供给是增强小城镇人口集聚能力的重要因素。要推动公共服务从按行政等级配置向按常住人口规模配置转变，根据城镇常住人口增长趋势和空间分布，统筹布局建设学校、医疗卫生机构、文化体育场所等公共服务设施，大力提高教育卫生等公共服务的质量和水平，使群众在特色小（城）镇能够享受更有质量的教育、医疗等公共服务。要聚焦居民日常需求，提升社区服务功能，加快构建便捷"生活圈"、完善"服务圈"和繁荣"商业圈"。

镇区人口10万以上的特大镇要按同等城市标准配置教育和医疗资源，其他城镇要不断缩小与城市基本公共服务差距。实施医疗卫生服务能力提升计划，参照县级医院水平提高硬件设施和诊疗水平，鼓励在有条件的小城镇布局三级医院。大力提高教育质量，加快推进义务教育学校标准化建设，推动市县知名中小学和城镇中小学联合办学，扩大优质教育资源覆盖面。

七、绿色引领，建设美丽宜居新城镇

优美宜居的生态环境是人民群众对城镇生活的新期待。要牢固树立"绿水青山就是金山银山"的发展理念，保护城镇特色景观资源，加强环境综合整治，构建生态网络。深入开展大气污染、水污染、土壤污染防治行动，溯源倒逼、系统治理，带动城镇生态环境质量全面改善。有机协调城镇内外绿地、河湖、林地、耕地，推动生态保护与旅游发展互促共融、新型城镇化与旅游业有机结合，打造宜居宜业宜游的优美环境。鼓励有条件的小城镇按照不低于 3A 级景区的标准规划建设特色旅游景区，将美丽资源转化为"美丽经济"。

加强历史文化名城名镇名村、历史文化街区、民族风情小镇等的保护，保护独特风貌，挖掘文化内涵，彰显乡愁特色，建设有历史记忆、文化脉络、地域风貌、民族特点的美丽小（城）镇。

八、主体多元，打造共建共享新模式

创新社会治理模式是建设美丽特色小（城）镇的重要内容。要统筹政府、社会、市民三大主体积极性，推动政府、社会、市民同心同向行动。充分发挥社会力量作用，最大限度激发市场主体活力和企业家创造力，鼓励企业、其他社会组织和市民积极参与城镇投资、建设、运营和管理，成为美丽特色小（城）镇建设的主力军。积极调动市民参与美丽特色小（城）镇建设热情，促进其致富增收，让发展成果惠及广大群众。逐步形成多方主体参与、良性互动的现代城镇治理模式。

政府主要负责提供美丽特色小（城）镇制度供给、设施配套、要素保障、生态环境保护、安全生产监管等管理和服务，营造更加公平、开放的市场环境，深化"放管服"改革，简化审批环节，减少行政干预。

九、城乡联动，拓展要素配置新通道

美丽特色小（城）镇是辐射带动新农村的重要载体。要统筹规划城乡

基础设施网络，健全农村基础设施投入长效机制，促进水电路气信等基础设施城乡联网、生态环保设施城乡统一布局建设。推进城乡配电网建设改造，加快农村宽带网络和快递网络建设，以美丽特色小（城）镇为节点，推进农村电商发展和"快递下乡"。推动城镇公共服务向农村延伸，逐步实现城乡基本公共服务制度并轨、标准统一。

搭建农村一、二、三产业融合发展服务平台，推进农业与旅游、教育、文化、健康养老等产业深度融合，大力发展农业新型业态。依托优势资源，积极探索承接产业转移新模式，引导城镇资金、信息、人才、管理等要素向农村流动，推动城乡产业链双向延伸对接。促进城乡劳动力、土地、资本和创新要素高效配置。

十、创新机制，激发城镇发展新活力

释放美丽特色小（城）镇的内生动力关键要靠体制机制创新。要全面放开小城镇落户限制，全面落实居住证制度，不断拓展公共服务范围。积极盘活存量土地，建立低效用地再开发激励机制。建立健全进城落户农民农村土地承包权、宅基地使用权、集体收益分配权自愿有偿流转和退出机制。创新特色小（城）镇建设投融资机制，大力推进政府和社会资本合作，鼓励利用财政资金撬动社会资金，共同发起设立美丽特色小（城）镇建设基金。研究设立国家新型城镇化建设基金，倾斜支持美丽特色小（城）镇开发建设。鼓励开发银行、农业发展银行、农业银行和其他金融机构加大金融支持力度。鼓励有条件的小城镇通过发行债券等多种方式拓宽融资渠道。

按照"小政府、大服务"模式，推行大部门制，降低行政成本，提高行政效率。深入推进强镇扩权，赋予镇区人口10万以上的特大镇县级管理职能和权限，强化事权、财权、人事权和用地指标等保障。推动具备条件的特大镇有序设市。

各级发展改革部门要把加快建设美丽特色小（城）镇作为落实新型城镇化战略部署和推进供给侧结构性改革的重要抓手，坚持用改革的思路、创新的举措发挥统筹协调作用，借鉴浙江等地采取创建制培育特色小镇的

经验，整合各方面力量，加强分类指导，结合地方实际研究出台配套政策，努力打造一批新兴产业集聚、传统产业升级、体制机制灵活、人文气息浓厚、生态环境优美的美丽特色小（城）镇。国家发展和改革委员会将加强统筹协调，加大项目、资金、政策等的支持力度，及时总结推广各地典型经验，推动美丽特色小（城）镇持续健康发展。

国家发展和改革委员会

2016 年 10 月 8 日